EUROPAVERLAG

HANS-OLAF HENKEL
JOACHIM STARBATTY

DEUTSCH-LAND GEHÖRT AUF DIE COUCH!

Warum Angela Merkel die Welt rettet und unser Land ruiniert

EUROPAVERLAG

© 2016 Europa Verlag GmbH & Co. KG, München
Umschlaggestaltung und Motiv:
Hauptmann & Kompanie Werbeagentur, Zürich
Bildnachweis: Umschlagfotos privat
Layout und Satz: BuchHaus Robert Gigler, München
Druck und Bindung: Pustet, Regensburg
ISBN 978-3-95890-061-5
Alle Rechte vorbehalten.
www.europa-verlag.com

INHALTSVERZEICHNIS

ANSTELLE EINES VORWORTS

Im Sommer 2016 wurde in der Berliner Schaubühne ein bemerkenswertes Stück aufgeführt. Sieben großartige Schauspieler brachten unter der Regie Simon McBurneys den einzigen Roman von Stefan Zweig, *Ungeduld des Herzens*, auf die Bühne. Er handelt »von leidenschaftlicher, einseitiger Liebe und falschem Mitleid. Mitleid«, so die Rezensentin Jasmin Carow, »das nicht von Nutzen ist, sondern von Schaden.« Ein gutmütiger und empfindsamer junger Offizier erhält eine Einladung in das Schloss eines ungarischen Juden, wo er die gelähmte Tochter des Hauses kennenlernt. Erst als er sie zum Tanz auffordert, sieht er ihre Behinderung und wird fortan von einem schlechten Gewissen geplagt. »Nun ist der Grundstein gelegt«, schreibt die Rezensentin, »mit der die ganze Sache begann.« Danach versucht der junge Offizier, den Fauxpas auszugleichen. Dabei stellt er immer wieder fest, »was es für ein erhebendes Gefühl sein kann, einem anderen Menschen eine Freude zu bereiten ...«. Das Mädchen verliebt sich bald in den Leutnant, der dies als Letzter bemerkt.

Stefan Zweig lässt Dr. Condor, den behandelnden Arzt des unglücklichen Mädchens, der selbst mit einer Blinden verheiratet ist, dieses Dilemma kommentieren: »Aber verhängnisvollerweise besitzt der Organismus, der Körper wie die Seele, eine unheimliche Anpassungskraft; so wie die Nerven immer mehr Morphium, be-

8

nötigt das Gefühl immer mehr Mitleid, und schließlich mehr, als man geben kann. Einmal kommt unvermeidlich der Augenblick, da und dort, wo man Nein sagen muss und sich nicht kümmern darf, ob der Andere einen für dieses letzte Weigern mehr hasst, als wenn man ihm nie geholfen hätte. Ja, lieber Herr Leutnant, man muss sein Mitleid richtig im Zaum halten, sonst richtet es schlimmeren Schaden an als alle Gleichgültigkeit – das wissen wir Ärzte und wissen die Richter und die Gerichtsvollzieher und die Pfandleiher; wenn die alle immer nur ihrem Mitleid nachgeben wollten, stünde unsere Welt still – gefährliche Sache das Mitleid, gefährliche Sache! Sie sehen selbst, was Ihre Schwäche angerichtet hat.«

»An jenem Abend war ich Gott«, meinte der junge Leutnant, als er, vom Mitleid überwältigt, dem gelähmten Mädchen Versprechen machte, die er nie einhalten konnte. »Ich hatte die Welt erschaffen, und siehe, sie war voll Güte und Gerechtigkeit. Ich hatte einen Menschen erschaffen, seine Stirn glänzte rein wie der Morgen, und in seinen Augen spiegelte sich der Regenbogen des Glücks. Ich hatte die Tafel gedeckt mit Reichtum und Fülle, ich hatte die Früchte gezeitigt, den Wein und die Speisen.«

Umso brutaler war die Erkenntnis, als er feststellen musste, was er mit seinem Mitleid anrichtete. »Ich war nicht mehr Gott, sondern nur ein kleiner, ein kläglicher Mensch, der mit seiner Schwäche schurkisch schadete, mit seinem Mitleid verstörte und zerstörte.«

Mit dem vorliegenden Buch verschreiben wir unserem Patienten das gleiche Rezept, das Stefan Zweig den Arzt Dr. Condor ausstellen ließ: »Einmal kommt unvermeidlich der Augenblick, da und dort, wo man Nein sagen muss und sich nicht kümmern darf.«

I. DEUTSCHLAND LEIDET UNTER DEM HELFERSYNDROM

Vorneweg: Dass es Gründe geben kann, nicht nur eine Person, sondern ganze Gesellschaften auf ihren Geisteszustand hin zu untersuchen, ist nicht allein unsere Idee. Wenn selbst eine Wochenzeitung wie die dem Einheitseuro, dem europäischen Zentralstaat und einem ungebremsten Gutmenschentum in Nibelungentreue verpflichtete *Die Zeit* titeln darf: »Sind die Deutschen verrückt? Oder ist es der Rest der Welt, der keine Flüchtlinge aufnimmt?«, dann dürfen wir das auch! Es wird höchste Zeit, sich des Patienten Deutschland anzunehmen, ihn auf die Couch zu legen, zuerst eine Anamnese und danach eine Diagnose zu erstellen. Woran leidet er? Warum rettet Angela Merkel dauernd die Welt zulasten vor allem ihrer Landsleute? Warum lassen sich die Deutschen das gefallen, und warum retten sie mit?

Als Erfinder der Methode, Patienten auf die Couch zu legen, um ihren Motiven, Psychosen und Antrieben auf den Grund zu gehen, gilt im Allgemeinen Sigmund Freud, der österreichische Neurologe und weltberühmte Begründer der Psychoanalyse. Man verbindet mit ihm maßgebliche Forschungen über das Bewusstsein und das Unterbewusstsein und wie das eine das andere beeinflussen kann.

Im Zusammenhang mit unserem Patienten Deutschland sind weniger Freuds Thesen über das »Es« von Interesse, also über das triebhafte Element der Psyche, in dem beispielsweise Neid, Hass, Liebe oder Vertrauen gründen. Auch seine Arbeit über das »Ich«, also jene psychische Ausprägung, die vernünftiges Denken mithilfe verlässlicher Normen ermöglicht, interessiert uns weniger. Vielmehr sind wir der Meinung, dass uns die dritte psychische Struktur der Freud'schen Theorie, das »Über-Ich«, bei der Diagnose, Prognose und letztendlich der Therapie für unseren Patienten weiterhelfen kann.

Freud erklärt die Bedeutung des »Über-Ichs« mit jenen Verhaltensstandards, die dem Menschen aus der Erziehung angeeignet werden. Wertvorstellungen, Moral und Gewissen bekommt der Mensch nicht in die Wiege gelegt. Wir erinnern uns an unseren Religionsunterricht und daran, dass die Menschen die Zehn Gebote damals nicht mit der Muttermilch einsaugten, sondern dass sie erst einmal von Moses deklariert werden mussten. Das moralische »Über-Ich« steht also im Gegensatz zum triebhaften »Es« und sorgt für die Balance, den Ausgleich zwischen dem egoistischen Individuum und dem Mitglied der Gemeinschaft. Laut Freud lässt uns das »Über-Ich« Vorstellungen aus dem »Es« verdrängen, was nichts anderes bedeutet, als dass das menschliche Verhalten durch einen unbewussten Konflikt zwischen Trieben (»Es«) und Moral (»Über-Ich«) immer wieder beeinflusst wird.

Wir wollen diesen kurzen Exkurs über die komplexen und oft auch einander widersprechenden Theorien Freuds nicht weiter fortsetzen, aber doch auf eine Erkenntnis Freuds aufmerksam machen, die für die Beurteilung dessen, an was unser Patient Deutschland leiden könnte, von großer Relevanz ist: Freud hat darauf hingewiesen, dass nicht nur Individuen, sondern auch Gesellschaften einer Triebdynamik unterliegen können.

Leidet der Patient möglicherweise an pathologischer Hilfsbereitschaft, dem »Helfersyndrom«?

Der Psychoanalytiker Wolfgang Schmidbauer beschrieb das Helfersyndrom als ein Abwehrmanöver gegen die Übermacht eigener Bedürftigkeit, das von manchen Menschen, ohne dass sie sich über ihre Motive im Klaren sind, in der Form einer »altruistischen Abtretung« vollzogen wird, um so ihre seelischen Probleme zu bewältigen.

Laut Schmidbauer hat ein vom Helfersyndrom Betroffener ein schwaches Selbstwertgefühl und ist deshalb auf seine Helferrolle fixiert; das Helfen wird zur Sucht. Dabei versucht er, ein Ideal zu verkörpern, das er selbst bei seinen Eltern oder generell in seiner Kindheit vermisst hat. Naturgemäß tritt dieses Phänomen am ehesten bei Angehörigen sozialer Berufe zutage.

Wir wollen nun dieses von Schmidbauer beschriebene Syndrom im Sinne von Sigmund Freud vom einzelnen Menschen auf die Gesellschaft übertragen, also auf unseren Patienten, den wir auf der Couch vor uns liegen sehen, auf Deutschland.

Das von den Deutschen in ihrer »Kindheit« vermisste Ideal hat mit den unsäglichen Taten ihrer Vorfahren im Dritten Reich zu tun. Und heute verkörpert kaum jemand das »schwache Selbstwertgefühl«, das der Psychologe Schmidbauer als Ursache pathologischer Hilfsbereitschaft ausmacht, so sehr wie Angela Merkel.

Sie nun allein dafür verantwortlich zu machen wäre ungerecht, denn die in der Bevölkerung weitgehende Akzeptanz dieser für sie selbst schädlichen Entscheidungen der politischen Elite zeigt, dass dieses Syndrom nicht nur den Kopf, sondern den ganzen Körper des auf der Couch liegenden Patienten erfasst hat.

Zwar hat Frau Merkel Tausende von Flüchtlingen eingeladen, unter Verletzung des Dubliner Abkommens und ohne sich registrieren zu lassen, aber es gab dann die äußerst sympathischen Bilder vom Münchner Hauptbahnhof, auf denen Hunderte begeisterter Mitbürger die ankommenden Flüchtlinge mit Zurufen, Geschenken und Transparenten willkommen hießen, auf denen »Refugees Welcome!« stand, wobei noch die Frage zu klären wäre, warum sie eigentlich nicht in der Sprache ihres neuen Gastlandes, sondern in einer anderen für die meisten von ihnen fremden Sprache willkommen geheißen werden mussten.

Laut Schmidbauer geht die Hilfsbereitschaft einer vom Helfersyndrom erfassten Person bis zur Selbstschädigung und Vernachlässigung von Familie und Partnerschaft. Dass genau dies auch für unseren Patienten zutrifft, der sich mit der Rettung des Weltklimas, der Bewahrung vor den Folgen durch Störfälle deutscher Kernkraftwerke, der Aufnahme von Hunderttausenden von Flüchtlingen plus Millionen nachziehender Verwandter, der Rettung des Euro, der Rettung von Griechenland, Irland, Portugal, Spanien und ganz Europa und der Rettung italienischer Eidechsen nicht nur selbst schädigt, sondern oft unsere europäischen Partner und paradoxerweise die vermeintlich Geretteten gleich mit, wird in dieser Streitschrift weiter belegt.

Über eine vom Helfersyndrom befallene Person lässt sich darüber hinaus sagen, dass sie die Grenzen des Möglichen falsch einschätzt, dass sie auch die Frage ignoriert, ob ihre Hilfe überhaupt erwünscht oder sinnvoll ist.

Auch dass der auf der Couch liegende Patient Deutschland die Grenzen des Möglichen längst überstrapaziert hat, werden die ihn untersuchenden Autoren Henkel und Starbatty in der vorliegenden Schrift bestätigen können.

Im Verlaufe der Untersuchung zeigte der Patient eine weitere Auffälligkeit. Die Autoren fragten sich, ob der Patient auch an Schizophrenie leiden könnte. Die Flüchtlingskrise zeigt, dass er einerseits stolz auf seine den Flüchtlingen entgegengebrachte Willkommenskultur ist, andererseits große Bedenken bezüglich der Folgen ungezügelter und unkontrollierter Zuwanderung hat. Angesichts der oft gegensätzlichen Signale, die ihm die Politik sendet, ist das kein Wunder. Angela Merkel sagt: »Wir schaffen das!« Nicht nur immer mehr Bürgermeister, sondern auch ihr Innenminister Lothar de Maiziere – ganz abgesehen vom bayerischen Ministerpräsidenten Horst Seehofer und sämtlichen europäischen Staats- und Regierungschefs – sagen:»Wir schaffen das nicht!«

Schizophren erscheint uns auch, dass auf der einen Seite die Bedeutung schneller und gründlicher Integration der zu uns Geflüchteten von Kanzlerin Merkel von Anfang an angemahnt wurde, sie andererseits neuerdings von den Kriegsflüchtlingen erwartet, im Falle der Beendigung der Konflikte in ihre Heimatländer zurückzukehren. Schizophren erscheint uns auch, dass die Kanzlerin die Gestrandeten von Budapest willkommen heißt, die von Idomeni aber nicht. Josef Joffe, Herausgeber von *Die Zeit* und eine Art Fels des gesunden Menschenverstands in der Brandung dieser Zeitschrift, wies darauf hin, dass aus Merkels»Wir schaffen das« ein»Die schaffen das« geworden ist.»Wir bleiben die Guten, die anderen nehmen uns die Flüchtlingslast ab«, heißt es in der Überschrift eines Artikels aus der Reihe»Zeitgeist«. Das ist für uns Scheinheiligkeit.

In der Eurorettungspolitik zeigte sich solch widersprüchliches Verhalten schon seit geraumer Zeit. Im Bundestag gibt es, mit Ausnahme der LINKEN-Politikerin Sahra Wagenknecht, keinen Abgeordneten, der sich offen gegen den Euro ausspricht. Dafür gab es aber Dutzende, die sich durch ihre Ablehnung des Europäischen Stabilitätsmechanismus (ESM) als»mutige Abweichler« profilierten. Dabei war jedem dieser Abweichler klar: Hätte der Bundestag den ESM abgelehnt, wäre der Euro zu Beginn der darauf folgenden Woche auseinandergebrochen. Mit anderen Worten, diese Politiker wollen zwar den Euro behalten, ihn aber nicht retten.

Das nennen wir schizophren, weil dieser Begriff umgangssprachlich synonym zu»widersprüchlich«,»inkonsequent« oder »absurd« verwendet wird, was von der falschen Vorstellung einer »gespaltenen Persönlichkeit« eines solchen Erkrankten herrührt, wiederum auf einer fehlerhaften Rückübersetzung des Begriffs Schizophrenie beruhend.

Wie dem auch sei, das Phänomen der Widersprüchlichkeit, der Inkonsequenz oder gar der Absurdität spiegelt sich inzwischen nicht nur im Bundestag, also gewissermaßen im Kopf unseres Patienten, sondern in seinem ganzen Körper wider. Befragt man die Bevölkerung heute nach dem Euro, so spricht sich eine Mehrheit für die Beibehaltung der Einheitswährung aus. Eine noch größere Mehrheit will jedoch keine weiteren Hilfszahlungen. So wie die steigende Zahl der Abweichler im Bundestag, wenn es wieder einmal um neue deutsche Zahlungen, Kredite oder Bürgschaften für Griechenland geht, will auch die Bevölkerung den Euro zwar behalten, sie will ihn aber nicht retten. Nach Meinung der Autoren ist diese kollektive Schizophrenie die direkte Folge des Merkel'schen Diktums:»Scheitert der Euro, scheitert Europa!« Und wer will schon das Scheitern Europas?

Wir erlauben uns, Fragen zu stellen. Warum rettet Deutschland zulasten seiner Steuerzahler und deren Kinder den Euro, Portugal, Irland, Spanien, dreimal Griechenland, das Weltklima, die Flüchtlinge? Was sind die Gründe für das Helfersyndrom, das viele Deutsche mit Merkel an der Spitze befallen hat? Warum weigern sich so viele deutsche Politiker, die Interessen ihres Landes zu vertreten?

II. WIE ANGELA MERKEL
DIE WELT RETTET

1. Der Weg zur Mutter Teresa und zurück

Fast zeitgleich mit Angela Merkels Ernennung zur Umweltministerin im Kabinett Helmut Kohls wurde Henkel Anfang 1995 Präsident des Bundesverbandes der Deutschen Industrie (BDI). Wie in einem späteren Kapitel beschrieben (»Angela Merkel rettet das Weltklima«), hatte er von Merkel einen professionell wie auch persönlich sehr positiven Eindruck. Naturgemäß wurden die Kontakte zwischen beiden nach der durch Rot/Grün gewonnenen Bundestagswahl spärlicher. Es ist kein Wunder, dass Jürgen Trittin, ihr Nachfolger im Ministeramt, als ein fast hundertprozentiges Kontrastprogramm wahrgenommen werden musste. Nüchternheit, Wille, zu lernen, und die Fähigkeit, zuzuhören, wurden von Ideologie, Verbohrtheit und Arroganz abgelöst. Trittins Anschläge auf die Wirtschaft, besonders wenn diese auch noch nachweisbar zulasten der Umwelt gingen, wären mit Merkel undenkbar gewesen.

Auch nach dem Machtwechsel in Bonn beziehungsweise Berlin begegneten sich Merkel und Henkel immer mal wieder. Henkel gründete 2003 zusammen mit anderen Persönlichkeiten, unter anderem Roman Herzog, Klaus von Dohnanyi, Rupert Scholz und den inzwischen verstorbenen Peter Glotz und Otto

Graf Lambsdorff, den »Konvent für Deutschland«. Dieser setzte sich zum Ziel, für eine Reform der Reformfähigkeit zu werben und entsprechende Vorschläge zu erarbeiten. Im Januar 2004 suchte er die Parteivorsitzende und Oppositionsführerin in ihrem Büro im Reichstag zu einem allgemeinen Meinungsaustausch auf. Es ging dabei im Wesentlichen um Vorschläge, die der überparteiliche Konvent für Deutschland zum Föderalismus erarbeitet hatte.

Als Mitglied von Amnesty International nahm sich Henkel bei diesem Gespräch auch die Freiheit, Merkel ans Herz zu legen, sich öffentlich zum Thema Menschenrechte zu positionieren. Die nicht unberechtigte öffentliche Wahrnehmung war, dass dieses Thema vor allem von den Grünen besetzt wurde. Henkel gewann den Eindruck, dass dieser – persönlich vorgebrachte – Vorschlag bei ihr auf größeres Interesse stieß als die gemeinsam im Konvent erarbeiteten Ideen zur Wiederbelebung des Föderalismus, zum Abbau der Übermacht der politischen Parteien und zu mehr Mitsprache der Bürger bei politischen Entscheidungen. Natürlich ist es gut möglich, dass sie auch von selbst darauf gekommen wäre und nicht eines solchen Anstoßes bedurfte, aber genauso ist es denkbar, dass dieses Gespräch sie dazu brachte, sich für das Thema zu begeistern. Zwar hat sie sich schon früh nach der Wende für Politik engagiert, aber dass sie zu den aktiven Widerständlern gehörte, die sich gegen das Regime in der DDR auflehnten, behauptet sie nicht einmal selbst.

Im Januar 2006 machte sich Merkel, inzwischen Bundeskanzlerin, zu ihrem ersten Treffen mit dem US-Präsidenten George W. Bush auf den Weg nach Washington. Henkel hatte sich Jahre zuvor mehrfach mit Fidel Castro getroffen, sich mit ihm stundenlang über Menschenrechte, Demokratie und Marktwirtschaft gestritten. Besonders engagierte er sich in Havanna für die Abschaffung der Todesstrafe und fand dabei in Carlos Lage, einem der engsten Vertrauten Castros, auch einen Mitstreiter. Seit 2003 wurde auf der tropischen Insel niemand mehr hingerichtet, und das, obwohl Carlos Lage wenig später bei den Castro-Brüdern in Ungnade fiel.

Später beschäftigte sich Henkel erneut mit Kuba. Es ging um die menschenunwürdigen Umstände des Gefangenenlagers der Amerikaner in Guantánamo. Der Bremer Rechtsanwalt Bernhard Docke machte ihn auf den Fall von Murat Kurnaz aufmerksam, eines in Deutschland geborenen und aufgewachsenen türkischen Staatsbürgers, der im November 2001 nach den Anschlägen auf das World Trade Center in New York in die Fänge pakistanischer Sicherheitskräfte geriet und gegen ein Kopfgeld an amerikanische Militärs ausgeliefert wurde, um dann nach Guantánamo verbracht zu werden.

Docke ist ein engagierter Menschenrechtsanwalt, für sein vielfältiges Eintreten für Bürger- und Menschenrechte und seinen Kampf gegen Rassismus und Fremdenfeindlichkeit erhielt er den Werner-Holtfort-Preis und den Udo-Lindenberg-Preis. Für sein Eintreten für Murat Kurnaz bekam er die Carl-von-Ossietzky-Medaille. Docke arbeitet als Sozius der Kanzlei Hannover und Partner, die vom Bremer Rechtsanwalt und Kinderbuchautor Heinrich Hannover begründet wurde.

Selbst nach Einschätzung zweier Mitarbeiter des Bundesnachrichtendienstes (BND) und eines Mitarbeiters des Bundesamtes für Verfassungsschutz (BfV), die Kurnaz 2002 in Guantánamo verhörten, saß Kurnaz nur deshalb dort, weil er sich zur falschen Zeit am falschen Ort befunden hatte. Dass später ein Untersuchungsausschuss des Europäischen Parlaments feststellen musste, dass die rot-grüne Bundesregierung das amerikanische Angebot, Kurnaz freizulassen, ausgeschlagen hatte, belegt eindrücklich, wie wenig sich die Regierung Schröder/Fischer um die Menschenrechte kümmerte.

Kurz vor ihrer Abreise nach Washington und ihrem ersten offiziellen Treffen mit Bush schrieb Henkel Kanzlerin Merkel einen

Brief, in dem er sie bat, sich beim amerikanischen Präsidenten nicht nur über Guantánamo im Allgemeinen zu beschweren, sondern insbesondere für Kurnaz' Freilassung zu werben. Schon vorher fiel ihm auf, dass das Kanzleramt für Eingaben und Diskussionen über Menschenrechte nicht nur empfänglicher war als die Vorgängerregierung, es hatte auch mit dem Sicherheitsberater Merkels, Christoph Heusgen, einen äußerst engagierten wie diskreten Mitstreiter und Ansprechpartner für Fälle von Menschenrechtsverletzungen an Bord. Die Presse berichtete während ihres Besuches bei Bush über Merkels scharfe Kritik an den Zuständen in Guantánamo. Wenige Monate nach ihrer Intervention bei George W. Bush wurde Kurnaz freigelassen.

In seinem Brief machte Henkel Kanzlerin Merkel auch darauf aufmerksam, dass es ihr nach ihrer Kritik an Bush in Washington entsprechend leichter fallen würde, auch gegen die zunehmend gravierender zutage tretenden Menschenrechtsverletzungen Putins in Moskau vorzugehen. Letzterer wurde von ihrem Vorgänger im Amt zum »lupenreinen Demokraten« geadelt, was diesem sicherlich nicht zum Nachteil gereichte, als es um die Besetzung der Position des Aufsichtsratsvorsitzenden von North-Stream ging, einer Tochtergesellschaft der russischen Gazprom. Merkel hat bei ihren Besuchen in Moskau Kritik in einer Deutlichkeit geäußert, die ihr seitens der deutschen Industrie, insbesondere des Putin-freundlichen Ostausschusses, zwar viel Kritik, aber anderswo auch großen Respekt eingebracht hat. Nicht nur Amnesty International und Non-Governmental Organisations (NGOs) mit ähnlichen Zielen zeigten sich beeindruckt, sondern auch Putin selbst. Dass sie sich weder von ihm noch von einem beim Besuch im Kreml offensichtlich zur Einschüchterung in ihrer Nähe platzierten Hund einschüchtern ließ, hat Putin sicher mehr beeindruckt als die regelmäßigen Kotaus, mit denen sich andere deutsche Politiker und Wirtschaftsbosse bei ihm vorstellten.

Auch bei ihren zahlreichen Besuchen in China brachte Merkel

Themen wie Pressefreiheit und Unterdrückung von Dissidenten auf die Tagesordnung, selbst wenn das vor Ort zu einiger Verstimmung führte.

Als im Oktober 2008 der chinesische Bürgerrechtler Hu Jia den Sacharow-Preis des Europäischen Parlaments zugesprochen bekam, war Angela Merkel zufälligerweise in Peking. Entgegen der protokollarischen Usance hat sie sich noch im Gastland vor laufenden Fernsehkameras begeistert über die Entscheidung des Parlaments geäußert. Das führte zu erheblicher Verstimmung nicht nur bei den Gastgebern, sondern sorgte auch bei den sie begleitenden Wirtschaftsbossen für Kopfschütteln. »Gerhard Schröder hätte das nie getan«, wurde gemurmelt. Damit hatten die Kritiker zwar recht, aber keine deutsche Exportfirma hat einen Auftrag verloren. Im Gegenteil, gerade Despoten verachten eher westliche Politiker, die sich vor ihnen in den Staub werfen, so wie es der SPD-Chef und Wirtschaftsminister Sigmar Gabriel tat, als er den mit diktatorischen Vollmachten ausgestatteten ägyptischen Staatspräsidenten Sisi Anfang 2016 noch vor Ort in Kairo eine »beeindruckende Persönlichkeit« nannte.

Nach unserer Beobachtung hat sich noch kein Bundeskanzler so intensiv für die Menschenrechte im Allgemeinen und auch für einzelne Fälle verdient gemacht wie Kanzlerin Merkel. Dass sie trotz der heftig dagegen protestierenden chinesischen Regierung als erste Kanzlerin den Mut hatte, den Dalai Lama im Kanzleramt zu empfangen, wurde von vielen als geradezu selbstmörderisch für die chinesisch-deutschen Beziehungen bezeichnet. Klar, es gab Unmutsbezeugungen aus Peking, aber kann jemand behaupten, dass Merkel von den Russen oder Chinesen nicht besonders ernst genommen wird?

Beispielhaft für Merkels Einsatz sei hier ihr Engagement für den chinesischen Konzeptkünstler und Menschenrechtsaktivisten Ai Weiwei hervorgehoben, der Anfang 2011 plötzlich von der Bildfläche verschwand. Wir erwähnen diesen Fall auch deshalb, weil er nicht nur über Merkel, sondern auch über die Politik der chinesischen Führung Wichtiges und Neues verrät. Der Berliner Galerist Alexander Ochs lancierte zusammen mit dem Unternehmer Jochen Noth, dem Sinologen Professor Michael Lackner und Hans-Olaf Henkel den »Berliner Appell«. Gemeinsam mit der Berliner Sektion von Amnesty International demonstrierten Henkel und seine Frau Bettina vor dem Brandenburger Tor. Das Motto der Demonstration trugen sie auf Transparenten, auf denen in großen Lettern stand: »Where is Ai Weiwei?« Als bekannt wurde, dass die chinesischen Behörden ihn in eklatanter Verletzung ihrer eigenen Gesetze festgenommen hatten, wurde vom Berliner Appell die nächste Proteststufe gezündet: »Free Ai Weiwei!« Parallel dazu standen der Berliner Appell und das Kanzleramt in regelmäßiger Kommunikation. Ohne in Details gehen zu können, deren Preisgabe möglicherweise ein zukünftiges Eintreten für andere ihrer Menschenrechte beraubten Personen gefährdet, sei angemerkt, dass alle, die sich um Ais Freilassung bemühten, den Eindruck hatten, in Angela Merkel eine engagierte Mitstreiterin, wenn nicht gar Vorkämpferin zu haben.

Nach 81 Tagen kam Ai Weiwei frei. Kurz danach traf Henkel den Künstler in dessen Pekinger Atelier. Beide kannten sich von früheren Begegnungen beim wohl bedeutendsten Sammler moderner chinesischer Kunst, dem Schweizer Uli Sigg. Ai umarmte Henkel und sagte zu ihm: »I know, I owe my freedom mainly to the Germans!« Angesichts der Tatsache, dass sich für diesen weltbekannten Künstler und Bürgerrechtler fast die ganze Welt eingesetzt hatte, darf man als Deutscher das Kompliment gern annehmen, sollte es aber an die Bundeskanzlerin weiterreichen.

An seine Freilassung waren allerdings Auflagen geknüpft, die es in sich hatten. So wurde Ai Weiweis Anwesen von zahlreichen Videokameras regelrecht eingekreist. Als Henkel den Künstler unterhalb einer dieser Überwachungskameras mit seinem Smartphone fotografierte, machte Ai ihn darauf aufmerksam, dass er nun selbst ins Visier der Überwacher geraten sei. Bei der Ausreise beschlich Henkel vor der Passkontrolle auf dem Pekinger Flughafen denn auch zum ersten Mal ein mulmiges Gefühl. Auch sonst musste Ai regelmäßige Schikanen der Behörden ertragen. Dazu gehörten Verhaftungen seiner engsten Mitarbeiter und seiner Anwälte. Zwar durfte Ai einige Wochen nach seiner Freilassung im Land herumreisen, aber ins Ausland konnte er nicht. Die Behörden hatten seinen Reisepass eingezogen. Monate später schickte Ai Weiwei seine Partnerin Wang Fen und ihren gemeinsamen Sohn Ai Lao nach Berlin. Sie bezogen eine Wohnung in Berlin-Mitte, und der damals Fünfjährige wurde auf einer internationalen Schule angemeldet. Schon vor Jahren hatte Ai riesige Kellerräume einer stillgelegten Brauerei erworben, um sich hier eine zweite künstlerische Basis neben seinem Atelier in Peking aufzubauen. Ein weiteres Atelier in Schanghai hatten die Behörden einige Jahre zuvor zerstört. Nun warteten Mutter und Sohn sehnsüchtig auf die Ankunft Ai Weiweis. Um die Trennung erträglicher zu gestalten, »trafen« sie sich täglich über Face Time. Immer wieder schien die Rückgabe seines Reisepasses unmittelbar bevorzustehen, ein ums andere Mal war die Enttäuschung groß, wenn sich die Hoffnung auf eine Familienzusammenführung in Berlin erneut zerschlug.

Für den Berliner Appell war das der Grund, die dritte Stufe seines Engagements für Ai Weiwei zu zünden: »Give Ai Weiwei his Passport back!«, hieß es fortan. Wieder wurde das Kanzleramt eingeschaltet. Jedes Mal, wenn eine Reise der Kanzlerin nach China bevorstand oder sich eine Delegation unter der Leitung des Präsidenten oder des Ministerpräsidenten Chinas nach Deutschland auf den Weg machte, baten Vertreter des Berliner Appells entweder den Menschenrechtsbeauftragten im Auswärtigen Amt oder Christoph Heusgen vom Kanzleramt, die chinesischen Gesprächspartner auf die Herausgabe des Reisepasses von Ai Weiwei anzusprechen. Im Frühjahr 2015 sprach Henkel auch bei der chinesischen Botschaft bei der Europäischen Union mit dieser Bitte vor, nicht ohne darauf hinzuweisen, dass er an einer entsprechenden Resolution des Europäischen Parlaments arbeiten würde. Diese hätte zum Ziel, eine Mehrheit der 751 Abgeordneten für den Aufruf »Give Ai Weiwei his Passport back!« zu gewinnen.

Als sich im Juli 2015 eine Abordnung der China-Delegation des Europäischen Parlaments auf eine lange geplante Reise nach China vorbereitete, ließ sich Henkel als Mitglied seiner Fraktion der Europäischen Konservativen und Reformer (EKR) mit einladen. Neun Abgeordnete, an der Spitze der Leiter der Delegation, Jo Leinen, und einer seiner Stellvertreter, Reinhard Bütikofer, machten sich auf den Weg zunächst nach Peking. Teil des Programms war der Besuch einer Ausstellung im Künstlerviertel »798« in Dashanzi mit Werken auch von Ai Weiwei. Dieser für solche Delegationsreisen unübliche Abstecher wurde zuvor mit dem Künstler verabredet. Bei einem Essen am Vorabend bedurfte es einiger Anstrengung, Ai davon zu überzeugen, bei dem Besuch der Abgeordneten des Europäischen Parlaments selbst anwesend zu sein. Ihm war klar, wie übrigens auch den Vertretern der EU-Botschaft in Peking und den Abgeordneten selbst, dass jeder Schritt von den Behörden mit Argusaugen überwacht werden würde und ein Zusammentreffen der Delegation mit dem bekanntesten Dissidenten des Landes unkalkulierbare Reaktionen auslösen könnte. Ai kam dann doch, und die Begegnung mit den Europaabgeordneten wurde als ein Treffen mit einem großen chinesischen Künstler inszeniert statt mit einem Bürgerrechtler.

Nicht nur für die deutsche Kanzlerin, auch für Vertreter der Europäischen Kommission und besonders des Europäischen Parlaments versteht es sich von selbst, bei ihren Gesprächen mit offiziellen Vertretern Chinas auch Menschenrechtsfragen zu thematisieren. Nach intensiver Beratung mit Ai Weiwei wurde vereinbart, dass in den darauf folgenden Tagen zwar alle zuvor besprochenen Themen wie Pressefreiheit, Schicksale von Dissidenten, insbesondere die der kurz zuvor festgenommenen Rechtsanwälte, aber nicht die Herausgabe des Reisepasses von Ai Weiwei zur Sprache kommen sollten. Der Grund hierfür lag in der Einschätzung des Künstlers selbst, dass sowohl der Druck der deutschen Botschaft und damit auch der der Bundesregierung wie das Zusammentreffen der Delegation mit ihm auf der Ausstellung im Pekinger Künstlerviertel groß genug war und ein Gesichtsverlust der Verantwortlichen nur kontraproduktiv sein könne. Obwohl alle Mitreisenden das Anliegen des Reisepasses für Ai Weiwei »auf dem Zettel« hatten, hielten sie sich an diese Absprache.

Bei einem gemeinsamen Abschiedsessen in Shenyang, zu der ein regionaler Parteifürst und seine Entourage die europäische Delegation zwei Tage später eingeladen hatte, meldete das auf lautlos gestellte Smartphone von Henkel mit einem kurzen Rütteln den Eingang einer E-Mail. Henkel öffnete die Mail und sah ein Foto auf dem Display. Er legte das Gerät auf den Rand des elektrisch betriebenen Büfetts in der Mitte des Tisches. In vielen chinesischen Restaurants ist es üblich, die verschiedenen Speisen auf einer rotierenden Scheibe an den Tellern der Gäste vorbeifahren zu lassen, sodass sich jeder das nehmen kann, worauf er gerade Appetit verspürt. In diesem Fall sorgte ein Elektromotor für die Rotation, damit alle Gäste gleichermaßen in den Genuss des reichhaltigen Angebots chinesischer Leckereien kamen. Das auf das Büfett gelegte Smartphone wurde von einem Mitglied der Delegation nach dem anderen aufgenommen, und mit großer Begeisterung wurde ein aktuelles Selfie von Ai Weiwei betrachtet: Es zeigte sein lachendes Gesicht und die hochgehaltene linke Hand mit seinem Reisepass.

Natürlich nahmen auch die offiziellen Vertreter der regionalen Regierung das Smartphone auf. Sie legten es alle schnell wieder auf die rotierende Platte zurück und setzten dabei eine Miene auf, als hätten sie gerade etwas Ungenießbares gekostet. Die Stimmung der Abgeordneten erreichte einen auf dieser Reise ungeahnten Höhepunkt. Henkel meinte später, dass dies sein erstes Erfolgserlebnis im Europäischen Parlament gewesen sei, er sich aber keine Illusionen mache: Ohne Kanzlerin Merkels Engagement wäre Ai Weiwei heute noch nicht frei und schon gar nicht in Berlin.

Es liegt beiden Autoren am Herzen, klarzustellen, dass sie glauben, in ihrer Beurteilung der Politik Angela Merkels unvoreingenommen geblieben zu sein. Sie halten Merkel weiß Gott nicht für alles verantwortlich, das sie in diesem Buch aufspießen. Es lohnt sich dennoch, die dramatischen Kehrtwendungen Merkels zu analysieren. Eine ihrer spektakulärsten »U-Turns« erfolgte im »Fall Erdogan gegen Böhmermann«. Dass sie sich durch ihre Flüchtlingspolitik erpressbar gemacht hat, wird wohl nur von eisern zu ihr haltenden und für sie durch dick und dünn gehenden Parteisoldaten noch abgestritten. Dass sie aber entscheidende Grundsätze, für die sie die Autoren in diesem Kapitel gelobt haben, auf Druck der türkischen Regierung in einem Telefonat mit deren Ministerpräsidenten über Bord warf, ist für uns einer der größten Fehler ihrer Amtszeit. Sicher, es war ein fast unauflösbares Dilemma für sie. Vor die Wahl gestellt, einen weiteren Pfeiler ihrer Flüchtlingspolitik durch Erdogan einreißen zu lassen oder es sich mit der deutschen Medienlandschaft zu verderben, hat sie sich für eine von zwei schrecklichen Alternativen entscheiden müssen. Um die Kritik an ihrer Entscheidung von der von ihr wohl zu Recht als übermächtig empfundenen »Vierten Gewalt« einigermaßen in Grenzen zu halten, versprach sie einerseits, die strafrechtliche Verfolgung dieser Schmähung zuzulassen, andererseits die Abschaffung jenes Paragrafen im Strafgesetzbuch, der bis heute Majestätsbeleidigung strafbar macht. Nicht nur wir haben uns gefragt: Was soll das denn? Wenn sie gegen die Strafbarkeit der Majestätsbeleidigung an sich ist, hätte sie dann nicht konsequenterweise gerade diese geschmack- und niveaulose Entgleisung nicht mehr zulassen dürfen? »Wasch mir den Pelz, aber mach mich nicht nass!« – so ihre Devise. Wir wollen hier auch nicht behaupten, dass es eine richtige Entscheidung hätte geben können, denn beide Optionen mussten zwangsläufig falsch sein. Aber Merkel war es selbst, die sich in diese Zwickmühle gebracht hat.

Eine ähnliche Zwickmühle wie die, in die sie sich durch das Schleifen des finanziellen Beistandsverbots in der Europolitik auf Druck der Franzosen hatte bringen lassen, oder jene, in die sie durch Einladung der am Budapester Bahnhof festsitzenden Flüchtlinge aufgrund des Drucks der Bilder geriet.

Wir sind nicht der Ansicht, dass es Aufgabe eines deutschen Parlaments sein muss, sich über einhundert Jahre zurückliegende Verbrechen anderer Völker zu äußern. Wir halten das Verbrechen an den Armeniern für einen Genozid, aber das zuzugeben und aufzuarbeiten ist Sache des türkischen Parlaments, nicht des deutschen. Als eine entsprechende Resolution dem Bundestag vorlag, blieb Angela Merkel der Veranstaltung fern. Wie beschrieben, nimmt sie immer gern in Anspruch, sich für Rede- und Meinungsfreiheit einzusetzen. Da sie sich nun durch ihre Flüchtlingspolitik in eine verhängnisvolle Abhängigkeit von Erdogan begeben hat, war dies plötzlich anders. Sie hat, wie es in einem Leserbrief an die *Frankfurter Allgemeine Zeitung (FAZ)* zu Recht hieß, ein »jämmerliches Bild« abgegeben.

Scheinheiligkeit wird ihr auch von vielen anderen europäischen Politikern in der Flüchtlingspolitik vorgeworfen. Für sie hat Merkel Hunderttausende Flüchtlinge, ohne sich mit den europäischen Partnern vorher abzusprechen, erst nach Deutschland eingeladen, um sie dann, europäische Solidarität einfordernd, auf andere Länder verteilen zu wollen. Auch wir empfinden es als scheinheilig, wenn sich Merkel von Menschenrechtsorganisationen dafür loben lässt, dass Deutschland seine Grenzen für Flüchtlinge offen hält, während sie andere Länder dafür kritisiert, dass diese ihre Grenzen mit Zäunen geschlossen haben, um dann das damit verbundene Abebben der Flüchtlingsflut als Resultat ihrer Politik zu verbuchen. Ebenfalls in einem Leserbrief an die *FAZ* stand dazu: »Da Merkel auf diese Weise kaum vorankommt, kehrt sie zu dem ihr eigenen Trippelschritt-Opportunismus zurück, dabei die Nase wieder in den Wind haltend.«

Scheinheilig erscheint uns auch die Reaktion der Medien – wenn nicht der Mehrheit der Bevölkerung – auf das widerliche Schmähgedicht des ZDF-Satirikers Böhmermann. Ist Merkels Einsatz für die Menschenrechte, für Kurnaz, Ai Weiwei und Co. und für die am Budapester Bahnhof festsitzenden Flüchtlinge am Ende nicht einem tiefen moralischen Impuls, sondern auch nur machtpolitischem Kalkül zu verdanken gewesen? Wäre vielleicht sogar Scheinheiligkeit der angemessenere Begriff für ihr Handeln zulasten anderer? Ihre Bereitschaft, den im Sommer 2015 am Budapester Bahnhof gestrandeten Flüchtlingen zu helfen, wurde mit der »Unerträglichkeit der Bilder« erklärt. Immerhin hatten diese Flüchtlinge ein Dach über dem Kopf. Die Bilder von Tausenden in Idomeni an der griechisch-mazedonischen Grenze bei Eiseskälte, im Regen und Schlamm festsitzenden Flüchtlingen waren um eine Größenordnung brutaler. Hätten diese Flüchtlinge nicht erst recht Merkels Mitleid verdient gehabt, um am Münchner Hauptbahnhof nicht nur mit Teddybären und Blumen, sondern mit trockener Kleidung, Decken und sich um die Kranken kümmernden Ärzte versorgt zu werden?

Nichts kam uns so entlarvend vor wie Merkels Aussage vom Mai 2015, mit der sie den Erfolg des von ihr forcierten Abkommens mit der Türkei beweisen wollte. »Seit dem Abkommen sind nur sieben Flüchtlinge ertrunken!« Uns ist jeder Zynismus fremd, und wir wollen ihre Aussage auch nicht falsch interpretieren. Auch Merkel weiß natürlich, dass auch ein ertrunkener Flüchtling schon einer zu viel ist. War ihr eigentlich klar, dass sie sich mit dieser Aussage selbst eine Falle stellte und in diese hineintappte? Nach dieser Aussage lässt sich nun mit Recht die Frage stellen, wie viele Flüchtlinge zuvor ertrunken sind, weil sie glaubten, der Merkel'schen Einladung folgen zu können?

Gerade Idomeni hat gezeigt, dass es nicht die Bilder am Grenzzaun waren, die die Deutschen immer weniger ertragen wollten. Es waren die Bilder der Flüchtlingsströme. Fortan galt es diese zu vermeiden. So hat sie sich von der Rolle einer Mutter Teresa wieder verabschiedet!

2. Angela Merkel rettet die Flüchtlinge dieser Welt

Bundeskanzlerin Merkels Einladung an die Flüchtlinge dieser Welt hat nicht nur innerhalb unseres Landes für Kopfschütteln gesorgt. Immer wieder wurden wir in Straßburg und Brüssel von ausländischen Kollegen angesprochen und gefragt, warum Frau Merkel das Dublin-Abkommen außer Kraft gesetzt habe, warum sie optisch (bezogen auf die zahlreichen Selfies mit Flüchtlingen), mit Worten, aber vor allen Dingen auch mit Taten die Flüchtlinge aus Syrien, Afghanistan, Afrika sowie vom Balkan eingeladen habe, nach Deutschland zu kommen. Man stellt diese Frage nicht nur, weil auch andere europäische Länder darunter leiden, dass Frau Merkel das Tor so sperrangelweit geöffnet hat. Ein Flüchtling, der nach Deutschland kommt, kann ohne Weiteres auch nach Frankreich, Belgien, Holland oder Polen weiterreisen. Nein, man stellt sich diese Frage auch als Deutscher. Sind wir alle Masochisten? Kein Franzose, Belgier oder Holländer käme auf die Idee, seinem Regierungschef dafür Beifall zu zollen, dass er die Welt zu einer Völkerwanderung ins eigene Land einlädt.

Klar, es kann sein, dass Merkel einfach einen Fehler gemacht hat. Das Ruder herumzureißen hieße, diesen Fehler zuzugeben. Das fällt jedem Menschen schwer, und wenn es dann noch vor großem Publikum zu geschehen hätte, umso schwerer. Und so könnte es sein, dass auch die Politikerin Merkel, wie alle anderen Politiker, einfach nicht in der Lage ist, einen Fehler zuzugeben; zumal das Öffnen der Schleusentore für Hunderttausende, wenn nicht sogar Millionen von Flüchtlingen einschließlich der nachziehenden Verwandten ein gigantischer Fehler war. Es spricht also einiges dafür, dass Frau Merkel am Steuer kurz die Übersicht verloren und eine falsche Abbiegung gewählt hat. Das Dumme ist, dass diese Abbiegung in eine Sackgasse führt.

Hatte sie bisher ihre ruhige Hand kultiviert, verglichen mit dem von ihrem Vorgänger Gerhard Schröder gefahrenen Zickzackkurs, nützt ihr das jetzt nichts mehr. In der Politik wie am Ruder eines Segelschiffs oder am Steuer eines Autos bedeutet eine ruhige Hand: »Kurs halten!« Mit ruhiger Hand kommt sie nicht mehr, wie bei anderen Entscheidungen zuvor, über einen »nur« den Steuerzahler belastenden Umweg zurück auf den richtigen Kurs. Denn es ist offensichtlich, dass sie eine dramatische Kehrtwende machen müsste, und das vor aller Augen. Sie müsste das Ende ihrer Willkommenspolitik erklären; sie müsste zugeben, dass es eine Obergrenze für die Aufnahme von Flüchtlingen aus aller Welt gibt; sie müsste das tun, was sie zwar im Hinblick auf die Außengrenzen der Europäischen Union öffentlich immer wieder fordert, dem ungarischen Premier Orban aber nicht zubilligte: die Grenzen schließen, und sei es nur für einen befristeten Zeitraum.

Allein, sie tut es nicht. Die Frage nach dem »Warum?« stellt sich: Weil sie es nicht will oder weil sie es nicht kann? Nur sie selbst könnte diese Frage beantworten. Uns wurde diese Frage nicht nur von Mitgliedern unserer ALFA-Partei gestellt, auch nicht nur von Mitgliedern unserer EKR-Fraktion im Europäischen Parlament, sondern auch von Abgeordneten anderer Fraktionen, besonders von solchen aus der Fraktion der Europäischen Volkspartei (EVP). Auffällig dabei war, dass nicht nur Hinterbänkler, sondern auch prominente Vertreter der CDU/CSU nicht bloß stumm den Kopf schütteln, sondern auch laut diese Frage stellen.

Am 28. Juli 2016 gab sie auf ihrer »Neun-Punkte-Plan-Pressekonferenz« auch nach unserer Wahrnehmung eine eindeutige Antwort. Diesmal wiederholte sie nicht nur ihr Mantra vom »Wir schaffen das!« und bezog diese Aussage auf die gesellschaftlichen und politischen Folgen ihrer Flüchtlingspolitik. Sie verteilte diese Beruhigungspille auch, um die durch terroristische Anschläge beunruhigte Bevölkerung zu sedieren. Die *FAZ* konstatierte: »Flüchtlingsmäßig ist gar nichts geschafft, seitdem die Kanzlerin ihren ›humanitären Imperativ‹ dahingehend gelockert hat, dass jetzt andere Länder zusehen sollen, wie sie mit den Flüchtlingen klarkommen ... Und was heißt das schon, wie Merkel sagt: den Terror schaffen? Terrormäßig erleben wir täglich in aller Welt, wie der islamistische Terror nicht geschafft wird.« Angela Merkel ist unfähig oder nicht willig, zuzugeben, dass sie einen katastrophalen Fehler beging. Um gar nicht erst die Idee aufkommen zu lassen, dass es einer gewesen sein könnte, will sie nun aus ihrer individuellen Schaffensfreude nationale kollektive Schaffenskräfte produzieren. Anstatt zuzugeben, dass unter den Hunderttausenden nicht registrierten Flüchtlingen auch Terroristen eingereist sein könnten, maßt sie sich an, den Terror per Ordre de Mufti auch noch (ab-)»schaffen« zu können!

Wenn es denn das erste Mal gewesen wäre.

Aber da es nicht das erste Mal war, kommt man einer Antwort näher, wenn man sich andere Fälle seltsam anmutender Entscheidungen von Frau Merkel näher ansieht. Alle diese Entscheidungen haben gemeinsam, dass das Merkel-Deutschland meint, den Rest der Welt retten und moralisches Vorbild sein zu müssen. Sie haben zur Folge, dass die Wettbewerbsfähigkeit nicht nur der Wirtschaft, sondern Deutschlands Wohlstand insgesamt leichtfertig aufs Spiel gesetzt wird. In dem Maße, in dem die wirtschaftliche Bedeutung Deutschlands sinkt, soll unsere moralische Bedeutung steigen! Merkel schrammte zwar als gefeierte Retterin der Flüchtlinge nur knapp am Friedensnobelpreis 2015 vorbei, doch stieg Deutschland mit ihrer Hilfe zu einer moralischen Supermacht auf.

Dass dabei die Interessen der Bürgerinnen und Bürger, die sie gewählt haben, auf der Strecke bleiben, verwundert zwar zunehmend Beobachter im Ausland, scheint jedoch im Inland weniger Aufregung zu verursachen.

3. Angela Merkel rettet das Weltklima

1995 fand der erste Weltklimagipfel in Berlin statt. Merkel forderte schon damals die rasche Reduzierung des Ausstoßes des Klimagases Kohlendioxid, die Verlagerung des Verkehrs von der Straße auf die Schiene und sogar eine Maut für Autofahrer. 1997 reiste Henkel mit Angela Merkel zum ersten großen Klimagipfel nach Kyoto; sie als Umweltministerin, er als Präsident des Bundesverbandes der Deutschen Industrie (BDI). Merkel war damals aus der Sicht der Umweltverbände eine für mehr Umweltschutz sehr engagierte Politikerin, aus der Sicht der Wirtschaft aber auch eine vernünftige Ministerin. Ihr Vorgänger, Klaus Töpfer, hatte sich, wohl auch nach Meinung von Bundeskanzler Helmut Kohl, erkennbar zu sehr auf die Seite des WWF, des NaBu, von Greenpeace und anderen Umweltverbänden geschlagen.

Als selbst der CDU-Fraktionsvorsitzende Wolfgang Schäuble begann, öffentlich über die Einführung einer nationalen (!) Ökosteuer »nachzudenken«, gingen in der Wirtschaft die roten Warnlampen an. Merkel, Physikerin, und sicherlich von Kohl damit betraut, die Wettbewerbsfähigkeit der deutschen Industrie nicht völlig aus den Augen zu verlieren, begriff als neue Umweltministerin schnell, dass nicht nur die Einführung einer nationalen Ökosteuer, sondern auch absolute Klimaziele besonders bedrohlich für die energieintensive deutsche Industrie, aber auch schädlich für die gesamte Wirtschaft und für deutsche Arbeitsplätze sein würden. Sie entschied sich gegen eine Ökosteuer, statt absoluter für spezifische CO_2-Reduktionsziele, das heißt für Energieeffizienz und nicht für ein Abwürgen der Industrieproduktion insgesamt.

Um es anhand eines Beispiels zu erklären: Die Bundesregierung wollte erreichen, dass bei der Herstellung jeweils einer Tonne Zement in Zukunft weniger CO_2 ausgestoßen wird, anstatt eine Obergrenze für die Menge hergestellten Zements einzuführen. Letzteres hätte den CO_2-Ausstoß auch reduziert, aber mit der Folge, dass deutsche Zementfabriken ins Ausland abgewandert wären. Dadurch hätte sich paradoxerweise der CO_2-Ausstoß insgesamt erhöht, denn schon vorher hatte eine zu diesem Thema vom Deutschen Bundestag eingesetzte Enquete-Kommission festgestellt: Würde die ganze Welt mit den gleichen, in der deutschen Industrie üblichen Umweltstandards arbeiten, könnte man den globalen CO_2-Ausstoß um 17 Prozent senken. Insgesamt trägt Deutschland aber nur zu weniger als 3 Prozent des globalen CO_2-Ausstoßes bei. Wenn Zementfabriken in Deutschland umweltschonender arbeiten als anderswo, dann hätte die Abwanderung ins Ausland zwangsläufig zu einer Erhöhung des CO_2-Ausstoßes führen müssen. Merkel hatte begriffen, dass angesichts der Globalisierung der Wirtschaft einerseits und der Globalität des Klimaproblems andererseits eine nationale Ökosteuer Unsinn war.

Statt nun den Umweltverbänden nachzugeben und entsprechende Gesetze zu erlassen und die Wirtschaft mit der damit verbundenen Bürokratie zu überziehen, vereinbarten Merkel und der BDI 1997 eine »freiwillige Selbstverpflichtung der Industrie«, die eine Reduzierung des spezifischen CO_2-Ausstoßes um 25 Prozent bis zum Jahre 2005 zum Ziel hatte. Damit dies der deutschen Wirtschaft nicht zum Nachteil gereichen würde, hatten beide 1998 auf dem Umweltgipfel in Kyoto für eine weltweite Anwendung einer solchen Selbstverpflichtung geworben.

Umso erstaunlicher, dass sich Angela Merkel als Bundeskanzlerin später zur »Weltklimaretterin« aufschwang und dabei alle früher gewonnenen Einsichten über Bord warf. Wir ersparen unseren Lesern die Aufzählung der zahlreichen Klimakonferenzen, die von Tausenden von Politikern, Beamten, Umweltschützern und Journalisten in den verschiedensten Luxusherbergen dieser Welt abgehalten wurden. Immer ging es um höhere Reduktionsziele, zu denen mehr Länder verpflichtet werden sollten, und auch darum, Konflikte zwischen Industrie-, Schwellen- und Entwicklungsländern zu vermeiden. Das wird von den Autoren nicht kritisiert. Im Gegenteil, so wie die meisten Wissenschaftler sind auch sie davon überzeugt, dass der erhöhte CO_2-Anteil der Luft nicht nur menschengemacht, sondern auch ursächlich für die weltweite Klimaveränderung ist.

Daneben führt die Merkel'sche Klima- und Energiepolitik auch zu erheblichen negativen Folgen für die Wettbewerbsfähigkeit der deutschen Industrie. Als glaubwürdigen Zeugen führen wir nicht Stimmen des Bundesverbandes der deutschen Industrie (BDI) oder der deutschen Wirtschaftsforschungsinstitute, sondern den Vorsitzenden der Industriegewerkschaft Bergbau, Chemie, Energie (IG BCE), Michael Vassiliadis, an, der nicht nur 650 000 Mitglieder vertritt, sondern auch in zahlreichen Aufsichtsräten die Folgen deutscher Klimapolitik unmittelbar zu spüren bekommt. Es sei auch darauf hingewiesen, dass er Mitglied der SPD ist. Am 30. Jahrestag der Gründung des Bundesumweltministeriums kritisierte er die deutschen Versuche, aus den Beschlüssen der jüngsten Klimakonferenz von Paris die Notwendigkeit abzuleiten, die vorgegebenen Klimaziele noch schneller zu erreichen. Im Gegenteil, er erkenne nicht, dass irgendjemand auf der Welt »das deutsche Modell kopieren will«. Die hohen Zusatzkosten für die Ökostrom-Förderung und die steigenden Ausgaben für die Versorgungssicherheit könnten zu einer »Überforderung von Wirtschaft und Gesellschaft« führen, so berichtete die *FAZ* über Vassiliadis' Ausführungen. Nicht nur das, Vassiliadis meinte auch in der Klimapolitik Merkels einen Grund für das Erstarken der Alternative für Deutschland (AfD) erkennen zu können, welche die Existenz des Klimawandels rundweg abstreite. So wie wir auch, warnt Vassiliadis davor, »alle Politikfelder dem Klimaschutzplan zu unterwerfen, als müsse Deutschland die Welt retten«! Wir fügen noch hinzu, dass auch die Wirtschaftsminister der Bundesländer im Juni 2016 erklärten, dass der von der Regierung vorgelegte Maßnahmenkatalog für den Klimaschutz »hohe Risiken für den Wirtschaftsstandort« (Deutschland) in sich birgt.

Der im Juni 2016 veröffentlichte Entwurf eines »Klimaschutzplans 2050« ist nicht nur realitätsfern, er ist schlichtweg verantwortungslos. Darin ist die Umstellung des gesamten Energieverbrauchs auf Ökostrom vorgesehen. Wir wissen nicht, um welchen Faktor, aber die Anzahl der sich in Deutschland drehenden Windräder wird dann zu vervielfachen sein, von den Strommasten und Überlandleitungen einmal ganz abgesehen. Dieser Plan wird seinen Beitrag zur weiteren optischen Umweltverschmutzung beitragen, und das natürlich für einen guten Zweck. Außerdem sollen Öl- und Gasbrenner ganz verboten sein. Die Industrie soll CO_2 irgendwo in die Erde leiten und dort unter großem Druck lagern. Zu Recht weist Andreas Mihm von der *FAZ* darauf hin, dass diese Forderung »eine besondere Frechheit« sei, denn genau diese Technik wurde von der gleichen Bundesregierung vor Kurzem glatt verboten. Ach so, fast hätten wir vergessen zu erwähnen, dass gemäß diesem Plan der Vegetarismus als neue deutsche Volksideologie eingeführt wird, denn die Regierung plant, den Fleischkonsum um die Hälfte zu reduzieren. Anstatt mehr in Forschung zu investieren, setzt Angela Merkel auf Vorschriften, auf Gängelung und vor allem auf nationale Alleingänge. Der Umweltökonom Prof. Dr. Joachim Weimann von der Universität Magdeburg hat recht, wenn er über den »Klimaschutzplan 2050« urteilt: »Rationale Umweltpolitik geht anders!«

Koste es uns Deutsche, was es wolle, immer soll Deutschland Vorreiter sein! Das Pferd ist der deutsche Steuerzahler, geritten wird es von der Weltklimaretterin Angela Merkel. Man stelle sich diese Szene im Kino vor. Ob in einer militärischen Schlacht oder in einem Western: Mutig führt der General oder der Indianerhäuptling seine Leute an. Auch wenn er sich nicht umblickt, er kann sich darauf verlassen, dass seine Männer ihm mit gebotenem Abstand folgen. Die Vorreiterin Merkel dagegen reitet meist allein in den Sonnenuntergang. Würde sie sich mal umdrehen, wäre da keiner.

4. Angela Merkel rettet uns vor der Kernenergie

Wie schon erwähnt, beeindruckte Merkel noch als Umweltministerin, als Generalsekretärin und als Parteivorsitzende der CDU durch die Kühle einer naturwissenschaftlich ausgebildeten Politikerin. Kein Wunder, sind doch die meisten ihrer Kollegen Lehrer, Sozialarbeiter, Gewerkschaftler, Betriebsräte oder ganz einfach nur Politiker.

So war es denn auch keine Überraschung, dass Merkel, frisch zur Bundeskanzlerin gekürt, sich die Forderung der Industrie, die Kernkraftwerke länger laufen zu lassen, zu eigen machte.

Umso verblüffender war dann ihre Reaktion auf Fukushima! Als ob ein Tsunami in der Nordsee entstehen, den Rhein und die Elbe hochrauschen könnte und imstande wäre, deutsche Kraftwerke in eine ähnliche Gefahr zu bringen, wie sie an der erdbebengefährdeten japanischen Küste besteht, vollzog Merkel einen der spektakulärsten politischen U-Turns in der deutschen Nachkriegsgeschichte. Anstatt die durch dramatische Bilder von Explosionen in Kernkraftblocks und Berichte über radioaktive Kontamination aus Fukushima in Angst und Schrecken versetzte deutsche Bevölkerung aufzuklären, beförderte sie die entstandene »German Angst« erst einmal, um sich dann als die Politikerin zu profilieren, die den Deutschen mit ihrer atomaren Kehrtwende diese Angst wieder nehmen konnte. Viele Wähler waren Merkel dankbar dafür, ihnen die Ängste genommen zu haben; nur wenige merkten, dass sie vorher einiges dazu beigetragen hatte, diese zu schüren.

So nimmt es auch nicht wunder, dass sich an dieser neuen Vorreiterrolle Merkels kaum Politiker anderer Länder beteiligen wollten. Außer den Österreichern hat sich niemand von der Panikmache in Deutschland anstecken lassen. Nach Fukushima hielt Frankreich nicht nur an der Kernkraft fest, seine Regierung entschied, die Laufzeit ihrer Meiler um weitere zehn Jahre zu verlängern! Frankreich plant sogar den Bau »mehrerer Dutzend« neuer Atomreaktoren, um seine alten zu ersetzen. Belgien rückte inzwischen von einem kurz nach Fukushima beschlossenen Ausstieg wieder ab. Schweden kassierte einen früheren Beschluss zum Ausstieg aus der Kernkraft. Die finnische Regierung beschloss den Bau eines weiteren Kernkraftwerks. Großbritannien bereitet sich auf den Bau neuer Kernkraftwerke vor. In den USA wurde inzwischen der Bau neuer Kernkraftwerke genehmigt. Auch in anderen Ländern Osteuropas, in Russland und in Asien werden zurzeit neue Atomkraftwerke gebaut oder geplant. Allein in China werden zurzeit 24 Kernkraftwerke gebaut. Man höre und staune: China will nun sogar im Sudan ein neues Kernkraftwerk bauen. Weltweit stehen inzwischen 443 Kernkraftwerke in 31 Ländern – mehr als vor Fukushima –, ca. 65 neue Atommeiler sind weltweit im Bau. Wie Henkel im Mai 2015 von den zuständigen Politikern auf einer Reise der Japandelegation des Europäischen Parlaments in Tokio erfuhr, bringt selbst die japanische Regierung ihre unmittelbar nach Fukushima abgeschalteten Kernkraftwerke jetzt wieder ans Netz.

Der Beschluss, aus der Kernkraft auszusteigen, hat auch einen verheerenden Einfluss auf die deutsche Wissenschaft. Kernenergietechnik und Reaktorforschung sind nur in Deutschland zu einem Tabuthema der Wissenschaft erhoben worden. Das führt auch zu einem Mangel an Atomphysikern und Strahlungsexperten. Solche braucht man aber auch für den jahrzehntelangen Rückbau der bestehenden Meiler. Dass sich unter den Hunderttausenden Flüchtlingen entsprechende Experten befinden, ist eher unwahrscheinlich.

Hier tun sich lukrative Arbeitsplätze für ausländische Unternehmen und ausländische Arbeitskräfte auf. Die Osteuropa-Historikerin Anna Veronika Wendland vom Herder-Institut in Marburg stellte fest, dass es nun vorbei sei mit der »Deutschen Technik als Goldstandard«. Sie wies darauf hin, dass im russischen Nowoworonesch erstmals in Europa ein Druckwasserreaktor der sogenannten Generation III+ in Betrieb genommen wurde, dessen Sicherheitskriterien inzwischen auch die der deutschen Anlagen übertreffen. Diese gewährleisten, dass auch bei schwersten Störfällen keine Strahlungen aus dem Reaktor dringen können. Auch sie berichtet, wie die Osteuropäer »über die deutsche Selbstdemontage staunen. Weder in der Ukraine noch in Russland, weder in Tschechien, Polen, der Slowakei oder Ungarn gibt es starke Anti-Atom-Bewegungen.« Besucht man die eindrucksvolle Galerie Berliner Nobelpreisträger im ersten Stock des Hauptgebäudes der Humboldt-Universität, stößt man auf zahlreiche Deutsche, die dieser Technologie zum Durchbruch verholfen haben. Tempi passati, dafür setzen wir uns jetzt die Krone des größten Abwrackers in Friedenszeiten der Industriegeschichte auf.

Vor Fukushima hatte die deutsche Industrie noch eine echte Vorreiterrolle: Auf der jährlich von der Atombehörde in Genf veröffentlichten Liste der zehn effizientesten und sichersten Kernkraftwerke waren die meisten deutsche. So wie schon bei anderen nationalen Alleingängen, der Rettung der Flüchtlinge oder des Weltklimas, erweist sich auch die »Rettung« vor möglichen Unfällen in deutschen Kernkraftwerken als schädlich vor allem für die Deutschen selbst. Wenn Tschernobyl und Fukushima eins gezeigt haben, dann dies: Ein schwerer Störfall kann sich verheerend auch auf die Nachbarn auswirken. Wenn Merkels Plan wirklich auf der Erkenntnis beruhte, dass Kernkraftwerke der deutschen Bevölkerung untragbare Risiken aufbürden, dann hätte sie nicht entscheiden dürfen, ausgerechnet die sichersten Kernkraftwerke der Welt abschalten zu lassen und dadurch verstärkt in die Abhängigkeit weniger sicherer Kernkraftwerke im Ausland zu geraten. Folgt man ihrer Logik, hat sie mit ihrer Entscheidung nicht nur die Versorgungssicherheit der Deutschen aufs Spiel gesetzt, sie hat deren Risiko erhöht.

Über die zusätzlichen Kosten der mit dem Ausstieg verbundenen Energiewende wird ebenfalls kaum gesprochen: Sie werden allein zwischen 2011 und bis Ende 2016 mit ca. 540 Euro pro Haushalt veranschlagt. Darin sind nicht die Kosten enthalten, die dem Bund, den Kommunen und den Aktionären durch das Zertrümmern einstmals stolzer und profitabler Energiekonzerne wie RWE oder e.on entstanden sind, von den Schadensersatzforderungen dieser und anderer Betreiber abgesehen. 2014 veröffentlichte die internationale Forschungsgruppe IHS, dass die durchschnittlichen Strompreise in Deutschland seit dem Ausstieg aus der Kernenergie und dem Einstieg in die Energiewende sechsmal so schnell gestiegen sind wie die in den USA und China, unseren Hauptkonkurrenten auf dem Weltmarkt.

Wir stellen fest: Auch hier ist vor allem der Patient selbst, das deutsche Volk, Opfer seines moralischen Anspruchs. Schlimm daran ist, dass der nichts bewirkt. Auch hier folgen Vorreiterin Merkel keine Truppen.

Vergleicht man Merkels Reaktion auf Fukushima mit ihrer Flüchtlingspolitik, ergibt sich eine weitere Parallele: Zwar überschlagen sich deutsche Politiker geradezu, wenn es um die Demonstration europaromantischer Bekenntnisse geht. Jedoch weder bei ihrer Einladung an die Flüchtlinge, übrigens unter Umgehung gültiger europäischer Abkommen (»Dublin«), noch bei ihrer Entscheidung, alle deutschen Kernkraftwerke abzuschalten, hat Merkel ihre europäischen Partner informiert, geschweige denn konsultiert. Wie bei »Dublin« in der Flüchtlingspolitik wurde auch bei der panikartig vollzogenen Energiewende das Recht gebeugt. Lassen wir noch einmal die Historikerin Wendland zu

Wort kommen: »Den Osteuropäern missfällt auch der Modus des moralischen Imperialismus in den deutschen Aussagen. Die Deutschen von heute, so scheint es ihnen, kommen nicht mehr auf Panzern. Doch sie tun, was ihnen opportun scheint, mit ›höheren Begründungen‹.«

Das Brüsseler Magazin *POLITICO* sezierte Merkels Energiepolitik in einem Artikel und traf mit der Überschrift: »A laboratory for the renewable future!« den Nagel auf den Kopf – mit der Meinung, hinter Merkels Energiewende stünde die Überzeugung, es »nicht nur für die Deutschen, sondern für die ganze Menschheit« zu tun. Hier ist sie wieder, diesmal Weltmeisterin in einer weiteren moralischen Lieblingsdisziplin, der Abschaffung der Kernkraft.

Langsam müsste es auch dem naivsten politischen Beobachter dämmern: Angela Merkel rettet weder Deutschland noch Europa.

5. Angela Merkel rettet Europa

Mit ihrem Credo »Scheitert der Euro, scheitert Europa!« begründete Angela Merkel schon früher eine andere skandalöse Rechtsbeugung: den Bruch des Maastricht-Vertrages.

Was hatten uns ihr Vorgänger Helmut Kohl und dessen Finanzminister Theo Waigel bei der Aufgabe der D-Mark nicht alles versprochen? Die Neuverschuldung eines jeden Eurolandes sollte nicht größer sein als das Äquivalent von 3 Prozent des Bruttoinlandsproduktes, die Gesamtverschuldung nicht höher als 60 Prozent. Nicht nur brach Frankreich schon am Anfang der Währungsunion dieses Versprechen, die damalige rot-grüne Bundesregierung unter Gerhard Schröder und seinem Finanzminister Hans Eichel tat es ebenfalls. Schlimmer noch, Länder wie Italien, Portugal und Griechenland wurden in die Union aufgenommen, obwohl sie gemäß Maastricht-Vertrag gar nicht hätten hineingelassen werden dürfen. Die Europäische Zentralbank (EZB) sollte in der Zukunft so unabhängig sein und der Stabilität verpflichtet agieren dürfen wie bisher die Deutsche Bundesbank. Heute verhält sich die EZB wie die Banque de France und hat einen Italiener an der Spitze, der die Notenpresse angeworfen hat wie kaum eine große Nationalbank mehr seit der Deutschen Reichsbank 1923.

Inzwischen gibt es kaum noch ernst zu nehmende Ökonomen, die nicht beklagen, dass diese »one-size-fits-all«-Währung für die Misere in der Eurozone verantwortlich ist. Der Euro ist erkennbar zu stark für den Süden Europas einschließlich Frankreich; er ist offensichtlich auch viel zu schwach für den Norden Europas, insbesondere Deutschland. Das Resultat lässt sich seit Jahren an den einschlägigen Statistiken besichtigen. Die Eurozone wächst nicht nur weniger stark als die Nichteuroländer in der EU, sie wird seit Jahren von fast allen Regionen der Welt abgehängt.

Mit einem zu starken Euro verlor der Süden Europas einschließlich Frankreich dramatisch an Wettbewerbsfähigkeit. Deren Waren wurden zu teuer und konnten nicht mehr exportiert werden. Auf der anderen Seite wurden Importe für die lokale Bevölkerung immer erschwinglicher. Das Resultat? Der Süden dümpelt dahin, wird immer weiter deindustrialisiert, die Arbeitslosigkeit hat Rekordhöhen erreicht, insbesondere der Jugend ist dort jede Perspektive genommen.

Deutschland exportiert mit einer aus der Sicht der deutschen Industrie klar unterbewerteten Währung immer noch auf hohem Niveau und glaubt, sich nun einen großen Schluck nach dem anderen aus der Sozialpulle leisten zu können. Noch werden die steigenden Arbeitskosten durch Frühverrentung, Einführung eines der höchsten Mindestlöhne der Europäischen Union, Mütterrente und demnächst anstehende zusätzliche Kosten aufgrund neuer Leistungen durch die Pflegeversicherung durch einen abgewerteten Euro kaschiert. Der zu schwache Euro wirkt, das müsste eigentlich auch den Vorständen der exportierenden Wirtschaft klar sein, wie ein süßes Gift. Jetzt steigen die Sozialkosten schneller als das Bruttoinlandsprodukt. Inzwischen haben sich, je nachdem, welchem Wirtschaftsforschungsinstitut man folgt, 600 bis 800 Milliarden an potenziellen Verbindlichkeiten aufgetürmt, die irgendwann mal den Deutschen auf die Füße fallen. Das entspräche im Schadensfall einem Zuwachs von einem weiteren Drittel der bereits aufgelaufenen deutschen Staatsschulden.

Ähnlich wie bei der Entstehung der derzeitigen Flüchtlingskrise, der Energiewende und der Klimarettung hat das Tandem Merkel/ Schäuble Deutschland in eine Sackgasse geführt. Auch in der Europolitik gab es immer wieder Situationen, bei denen es angebracht gewesen wäre, umzukehren, um nicht irgendwann einmal gegen die Wand zu fahren. Im Mai 2010 bot sich die erste Gelegenheit, als Griechenland, mit für Deutschland relativ geringen Folgekosten, aus dem Währungsverbund hätte entlassen werden können. Noch kurz vor der ersten »Rettung« des Euro (und von Griechenland und ganz Europa!) hatten sowohl die Bundeskanzlerin als auch ihr Finanzminister unmissverständlich erklärt, dass sie zum Maastricht-Vertrag stünden. Inzwischen weiß man, wo das viele Geld gelandet ist. Ca. 5 Prozent der Hilfszahlungen landeten bei »den Griechen«, also im griechischen Haushalt, 95 Prozent wurden an Banken überwiesen.

Im Mai 2010, umzingelt vom damaligen Staatspräsidenten Sarkozy, seiner Finanzministerin Lagarde, dem damaligen Chef der europäischen Zentralbank, Trichet, und dem damaligen Präsidenten des Internationalen Währungsfonds (IWF), Strauss-Kahn, alles Franzosen, und dem luxemburgischen Ministerpräsidenten Juncker, gab sie nach.

Dann folgte eine Rettungstat nach der anderen: Irland, Portugal, Spanien und noch zwei weitere Male Griechenland. Zeitweise war nicht klar, wer von den beiden auf ihrer Fahrt in die Sackgasse am Steuer und wer auf dem Beifahrersitz saß. Angela Merkel mit ihrem Mantra »Scheitert der Euro, scheitert Europa!« oder

der mit dem Karlspreis ausgezeichnete »große Europäer« Wolfgang Schäuble? Beim dritten Rettungspaket »für Griechenland, den Euro und Europa« schien es eine Zeit lang so, als wäre Schäuble auf den Fahrersitz gesetzt worden. Nicht nur er, eine Mehrheit der Finanzminister der Eurozone wollte diesmal umkehren, um das Fahrzeug wieder in Richtung Maastricht zu lenken. Frankreichs Staatspräsident Hollande, Italiens Premier Renzi und Kommissionspräsident Juncker setzten Merkel erneut unter Druck. Danach griff sie Schäuble ins Steuer, anstatt nach Maastricht fährt die Eurozone weiter in Richtung Athen. Ende Mai 2016 beschleunigte Schäuble das Tempo in Richtung Athen noch einmal kräftig. Dem dritten Hilfspaket für Griechenland war 2015 vom Bundestag nur unter der Bedingung zugestimmt worden, dass der IWF sich weiterhin an der Finanzierung und mit seiner Expertise beteiligt. Kernstück seiner Expertise war die Überzeugung, man müsse Griechenland einen Schuldenerlass gewähren; ohne einen solchen wäre die sogenannte Schuldentragfähigkeit nicht zu erreichen. Schäuble sorgte dafür, dass diese Erkenntnis beiseitegeschoben wurde. Der Grund dafür ist klar: Er hätte zugeben müssen, dass Milliarden Euro abzuschreiben gewesen wären. Seine »Schwarze Null« hätte sich als das entpuppt, was sie von Anfang an war: eine Bilanzfälschung.

III. WIE DEUTSCHLAND DIE WELT RETTET

1. TTIP:
Deutsche retten uns vor der Globalisierung

Keine der größeren Industrienationen profitiert so vom freien Welthandel wie Deutschland. Jeder vierte Arbeitsplatz hängt vom Export ab. Der Aufstieg unseres Landes, der damit verbundene Aufbau Millionen neuer Arbeitsplätze, unser Wohlstand und schließlich unser Ansehen in der Welt sind unauflöslich mit den Exporterfolgen deutscher Unternehmen verbunden. Dass unser Land mit weniger als 1,5 Prozent des Anteils der Weltbevölkerung immer noch den Platz der viertgrößten Wirtschaftsnation einnehmen kann, liegt vor allem an unseren Exporterfolgen.

Doch ist diese Position nicht von Gott gegeben, und sie ist auch nicht garantiert. Wir waren mal Exportweltmeister, heute stehen wir zwar noch auf einem respektablen dritten Platz der Hitparade der großen Exportnationen, aber diese Position ist durch erhebliche Risiken gefährdet. Erstens suchen andere Nationen den Anschluss und machen dabei große Fortschritte. China hat uns als Wirtschaftsnation schon überholt, andere Schwellenländer sind uns auf den Fersen. Zweitens stellen die Autoren fest, dass ein großes Maß an Selbstzufriedenheit bei deutschen Politikern, Unternehmern und Gewerkschaften zu einem Reformstau der gesamten Gesellschaft und damit auch der Wettbewerbsfähigkeit unserer Unternehmen führt. Fast sämtliche wirtschafts- und sozialpolitischen Entscheidungen der Großen Koalition (Rente mit 63, Mindestlohn, Mütterrente, Mietpreisregulierung) gehen letzten Endes zulasten der Wettbewerbsfähigkeit deutscher Unternehmen. Drittens führte die chronische Unterbewertung des Einheitseuro zu einer gigantischen Subventionierung der deutschen Exportindustrie, die nicht nachhaltig sein dürfte: Wenn deutsche Exporteure von einem aus deutscher Sicht deutlich unterbewerteten Euro profitieren, werden für die finanziellen Folgen eines aus südeuropäischer und französischer Sicht viel zu starken Euro vor allem deutsche Steuerzahler beziehungsweise deren Kinder aufkommen müssen. Über die kurz- und langfristigen Folgen der Einheitseuropolitik wird noch zu berichten sein.

Dass ein freier Welthandel überall zu mehr Wachstum und Wohlstand führt, kann man an den Statistiken der letzten Dekaden gut ablesen. Das durchschnittliche Wachstum des Bruttoinlandsproduktes der OECD-Länder nahm wesentlich langsamer als der Welthandel insgesamt zu. Deshalb darf die Frage erlaubt sein, um wie viel weniger die Weltwirtschaft ohne den schneller steigenden Welthandel gewachsen wäre. Die Frage für die Gründe des stark steigenden Welthandels nach dem Zweiten Weltkrieg beantworten die Autoren vor allem mit drei Faktoren:

Erstens sorgte die Reduktion der Transportkosten für einen Aufschwung der Ex- und Importe. Die enormen Produktionsfortschritte (Container, effiziente Frachtschiffe, Logistik) führten zum Beispiel dazu, dass der Kauf eines deutschen Autos einen japanischen Kunden mit Transportkosten belastet, die weniger hoch sind als die Bestellung eines zweiten Außenspiegels. Noch in den 1960er-Jahren waren wegen der Transportkosten Importe ausländischer Autos in der Regel zu kostspielig.

Zweitens glauben die Autoren, dass mit dem Einzug moderner Kommunikations- und Informationstechniken ein großer Beitrag zur Transparenz hergestellt wurde. Hersteller lernten neue Kunden und Alternativen zu ihren bisherigen Lieferanten kennen.

Keiner dieser Beiträge hatte jedoch einen ähnlich starken Einfluss auf das Wachstum des Welthandels wie dessen Liberalisierung, die in zahlreichen multinationalen Handelsverträgen verankert wurde. Erinnert sei an unter der Aufsicht der World Trade Organisation (WTO) zustande gekommene Handelsrunden, die entweder nach dem Initiator der jeweiligen Runde oder nach dem Ort benannt wurden, an dem diese Verhandlungen stattfanden beziehungsweise initiiert wurden. Noch heute profitieren Exporteure von der »Kennedy-Runde«, der »Uruguay-Runde« oder der »Doha-Runde«. Letztere läuft zurzeit noch. Alle diese Abkommen führten zum Absenken von Zöllen und sogenannter nichttarifärer Handelshemmnisse.

Parallel dazu führten einzelne Länder oder Wirtschaftsblöcke bilaterale Verhandlungen, die das gleiche Ziel hatten: die Liberalisierung und damit die Ausweitung des Handels zwischen zwei Ländern oder Handelsblöcken. Deutschland hat direkt oder über die Europäische Union bisher mehr als 150 bilaterale Freihandelsabkommen abgeschlossen, die in der Summe mindestens so viel zum Exporterfolg deutscher Waren beitrugen wie alle WTO-Abkommen zusammen.

Wir legen Wert auf die Feststellung, dass die Globalisierung kein reines ökonomisches Phänomen ist. Sie bringt auch Ideen und Werte um die Welt. Eine dieser Ideen, die sich im Rahmen der Globalisierung durchgesetzt hat, ist die der Marktwirtschaft. Heute gibt es mehr Nationen, die markwirtschaftlich organisiert sind, als je zuvor. Wir erkennen deutlich, dass es den Menschen in den Ländern, die sich für die Marktwirtschaft entschieden haben, besser geht als denjenigen, die im Sozialismus stecken geblieben sind. Wir erkennen auch, dass es den Ländern, die früher sozialistisch waren und mittlerweile marktwirtschaftlich organisiert sind, heute besser geht als früher. Schließlich fügen wir an, dass die mehr marktwirtschaftlich organisierten Länder meist besser dran sind als solche, die weniger auf die Marktwirtschaft und mehr auf den Staat bauen (zum Beispiel Deutschland versus Frankreich). Neben der Marktwirtschaft haben sich aber auch andere Ideen immer mehr durchgesetzt. Heute gibt es mehr Demokratien auf der Welt als je zuvor. Wobei anzumerken ist, dass die Autoren keine Demokratie ohne ein marktwirtschaftliches System kennen, diese Beobachtung aber nicht immer umgekehrt gilt. Sie kennen aber auch viele Beispiele dafür, dass bei ausländischen Investitionen in noch nicht demokratischen Ländern die Ideen der Demokratie und der Menschenrechte oft als blinde Passagiere mitreisen. Auch die Verbreitung der Menschenrechte wurde erst durch die Globalisierung möglich. Zwar werden im Europäischen Parlament immer wieder grausame Beispiele von Menschenrechtsverletzungen thematisiert, aber es gibt grosso modo Fortschritte. Heute gibt es in Europa die Todesstrafe nur noch in Weißrussland, sie ist selbst in Russland und in der Türkei abgeschafft beziehungsweise ausgesetzt, wenn sie auch im Iran, in China, Saudi-Arabien, Pakistan und leider noch in fast allen islamischen Ländern und in den USA vollzogen wird.

Natürlich wissen die Autoren, dass es immer noch weitverbreitete Ungerechtigkeit, Armut und Brutalität auf der Welt gibt, aber für sie besteht kein Zweifel daran, dass Globalisierung, freier Welthandel und Offenheit der jeweiligen Märkte ein Segen für die Menschheit darstellen; ganz besonders für Deutschland.

Umso seltsamer mutet es an, dass ausgerechnet Deutsche geradezu hysterisch auf die Verhandlungen über Freihandelsabkommen zwischen der EU und den USA (TTIP) und Kanada (CETA) reagieren. Als Abgeordnete fällt uns in Brüssel und Straßburg immer wieder auf, dass es vor allem Deutsche sind, die sowohl an der Heimatfront als auch auf internationaler Bühne hinter diesen Abkommen verschiedene Verschwörungen wittern. Man könnte darüber achselzuckend hinweggehen, hatten nicht schon immer deutsche Vertreter der Grünen, Linken und Sozialdemokraten gegen den Kapitalismus protestiert und demonstriert?

Die Ablehnung von Freihandelsabkommen wird mit teilweise grotesken Argumenten begründet: TTIP-Gegner bestreiten seit dem Aufflammen der Proteste die demokratische Legitimation des Abkommens. Von Anfang an war klar, dass das Europäische Parlament und der Rat TTIP zustimmen müssen wie jedem anderen Handelsabkommen auch. De facto steht ebenfalls von Anfang an fest, dass auch die Parlamente der Mitgliedstaaten zustimmen müssen. Die Zuständigkeit für Handelsabkommen liegt zwar seit dem Lissabonner Vertrag bei der Europäischen Kommission und damit auf der europäischen Ebene, doch hat der Europäische Gerichtshof (EuGH) festgestellt, dass Abkommen mit gemischten Zuständigkeiten von den nationalen Parlamenten ratifiziert werden müssen. TTIP als umfassendes Abkommen bedarf ebenfalls der Zustimmung der nationalen Parlamente. Das gilt auch für CETA.

Es müssen also gleich mehrere demokratisch legitimierte Ebenen zustimmen. Davor muss das Abkommen in allen EU-Sprachen öffentlich verfügbar sein, sodass vor der Abstimmung volle Transparenz herrscht. Zu diesem Zeitpunkt kann eine Diskussion auf sachlicher Ebene geführt werden. Das war wohl die Intention von Kommissar de Gucht (bis Mitte 2014), der die Diskussion lieber über ein ausverhandeltes Abkommen führen wollte und deswegen zu Anfang der Verhandlungen nur vergleichsweise wenig an die Öffentlichkeit weitergab.

Ein Fehler – denn das führte zum am häufigsten wiederholten Argument gegen TTIP: die angeblich mangelnde Transparenz. Mittlerweile ist dieses Argument gegenstandslos. Mit der Amtsübernahme durch Handelskommissarin Cecilia Malmström startete die Europäische Kommission eine Initiative, die TTIP zum transparentesten Handelsabkommen aller Zeiten macht. So ist mittlerweile das Verhandlungsmandat öffentlich zugänglich. Dort sind die wichtigsten Ziele und Bedingungen für TTIP festgelegt. Hunderte weitere Dokumente stellt die Kommission öffentlich zur Verfügung und informiert regelmäßig auch in öffentlichen Sitzungen das Europäische Parlament. Mittlerweile ist aus Kreisen der Kommission zu hören, dass mehr Mitarbeiter mit der Kommunikation und Aufklärung zu TTIP beschäftigt sind als mit den eigentlichen Verhandlungen. Mehr Transparenz geht nicht – ohne dass dies von TTIP-Kritikern anerkannt wird. Es ist absurd: Während die Kommission bemängelt, dass die online gestellten Dokumente kaum angesehen werden, sind sich alle TTIP-Kritiker einig, dass es an Transparenz mangele.

Angeprangert wird die angebliche Abschaffung des Vorsorgeprinzips. Das Vorsorgeprinzip ist zwar nicht gerade innovationsfördernd, und über seine Sinnhaftigkeit lässt sich trefflich streiten. Aber es ist in den Verträgen der EU festgelegt. Ein internationales Abkommen verändert hier nichts. Das Vorsorgeprinzip beizubehalten war immer Standpunkt der Europäischen Kommission.

Noch emotionaler ist die Debatte um Lebensmittelstandards. Die Europäische Kommission wird nicht müde zu betonen, dass sie im Bereich genveränderter Lebensmittel an den europäischen Standards festhalten wird. Dies steht so im Verhandlungsmandat, wird in fast jeder Sitzung im Europäischen Parlament wiederholt (was die Abgeordneten aus Linkspartei, Front Nàtional und Grünen nicht abhält, dieselbe Frage in der nächsten Sitzung wieder zu stellen) und ist auch durch die »geleakten« Dokumente bestätigt worden. Die Kommission hält sich an ihre Vorgaben und geht nicht auf die US-Forderungen ein. Deshalb stehen in den »konsolidierten Texten« die US-Maximalposition und die EU-Position nebeneinander. Aber statt dies, der Wahrheit entsprechend, als Bestätigung der EU-Position zu verstehen, wurde behauptet, dass sich die »schlimmsten Befürchtungen bestätigt« hätten.

Weitere Beispiele gäbe es zuhauf – »Schiedsgerichte«, »Hormonfleisch«, »Verlust der Regulierungsautonomie« –, alle diese

Argumente werden zu Unrecht oder mit nicht nachvollziehbarer Sorge gegen TTIP ins Feld geführt. Rationale Gegenargumente, wie der reduzierte Regulierungswettbewerb, die fehlenden Zolleinnahmen und die durch zusätzlichen Handel und Transport steigenden CO_2-Emmissionen spielen hingegen keine Rolle.

Warum reagieren gerade die Deutschen auf TTIP und CETA derart fanatisch und argumentieren offensichtlich gegen ihre eigenen Interessen? Und warum versuchen sie, andere mit ihrem Virus anzustecken und ihre Sicht der Dinge, koste es, was es wolle, anderen den Rachen herunterzuwürgen? Die Symptome scheinen leicht erkennbar, bei der Diagnose vermuten wir unterschiedliche Ursachen als wahrscheinlich. Zum einen leiden viele Deutsche an einem latenten Anti-Amerikanismus, denn warum störten sie sich nicht daran, als Dutzende durchaus ähnliche Freihandelsabkommen zwischen unseren Handelspartnern und der EU beziehungsweise Deutschland – das jüngste mit Korea – unterschrieben wurden? Zum anderen scheinen einige von ihnen eine längst verlorene Schlacht wieder aufnehmen zu wollen: die um das bessere Wirtschaftssystem.

Wenn selbst die kanadische Handelsministerin Chrystia Freeland – hier scheint der Name Programm zu sein – gemerkt hat, dass im Grunde nicht ein weiteres Freihandelsabkommen verhindert, sondern »Globalisierung und der Kapitalismus des 21. Jahrhunderts hinterfragt« werden sollen, dann müssten bei uns eigentlich sämtliche roten Warnlampen angehen. Wenn wir dann noch im Europäischen Parlament feststellen müssen, dass die abstrusen Vorstellungen der Grünen und vieler Sozialisten über TTIP und CETA von den Kommunisten ganz links und den Radikalen von rechts – vorneweg dabei die Partei der Französin Marine Le Pen, die österreichische FPÖ und die deutsche AfD – gleichermaßen geteilt werden, dann darf man sich nicht wundern, dass der deutsche Patient von einer neuen »Angst« erfasst wurde, der Angst vor dem, was ihm am meisten nützt.

2. Deutsche retten Polens Demokratie

2015 wählten die Polen mit Andrzej Duda einen neuen Präsidenten. Im Jahr davor war Duda mit uns zusammen ins Europäische Parlament und in die Fraktion der Europäischen Konservativen und Reformer (EKR) eingezogen. Uns ist er gleich als sehr sympathischer und umgänglicher Kollege aufgefallen. Sein mächtiger Parteichef, Jarosław Kaczyński, wollte offensichtlich lieber aus dem Hintergrund die Strippen ziehen, als selbst wieder exekutive Verantwortung übernehmen. Er selbst war ja schon einmal Ministerpräsident, und sein bei einem Flugzeugabsturz verunglückter Zwillingsbruder Lech war Präsident. Außerdem hielt Jarosław Kaczyński Duda für wählbarer als sich selbst und lag damit wohl auch richtig.

Die Wahl Dudas war eine riesengroße Überraschung nicht nur für die Polen selbst, sie war offensichtlich auch ein großes Ärgernis für die Europaromantiker Westeuropas in Brüssel und ganz besonders in Berlin. Hatte das polnische Volk doch gewagt, den Kandidaten der Partei »Recht und Gerechtigkeit« (PiS) zum Staatsoberhaupt zu wählen, die sich gegen den galoppierenden Zentralismus in Europa wandte, die nichts mit dem Einheitseuro am Hut hatte und die, ganz gegen den linksliberalen Mainstream, klassische konservative Werte vertrat.

Zwar hat der Präsident Polens durchaus mehr Macht und Einfluss auf das politische Geschehen seines Landes als der Bundespräsident auf unseres, aber es standen ja noch die Parlamentswahlen und damit auch die einer neuen Regierung im Herbst des gleichen Jahres an. Schon ein Jahr zuvor hatte Kanzlerin Merkel dem Ministerpräsidenten der regierenden Bürgerplattform, Donald Tusk, zur Präsidentschaft des europäischen Rates verholfen. Um der Kandidatin der Bürgerplattform für den Wahlkampf einen guten Start zu verschaffen, übergab Tusk seinen Amtsstab an seine Parteifreundin Ewa Kopacz in einer Art fliegendem Wechsel.

Wieder überraschte Jarosław Kaczyński mit der Nominierung einer weitgehend unbekannten Gegenkandidatin, Beata Szydło.

Auch diese gewann haushoch die Parlamentswahlen, und wieder läuteten in Brüssel und Berlin die Alarmglocken, denn jetzt waren nicht nur mit dem Präsidenten und der Ministerpräsidentin in Polen ausgewiesene Skeptiker des Projekts der Vereinigten Staaten von Europa an der Macht, die Partei »Recht und Gerechtigkeit« hatte auch eine absolute Mehrheit im Parlament errungen.

Mit für demokratische Verhältnisse bemerkenswerter Geschwindigkeit machte sich die neue Regierung daran, das nach ihrer Meinung mit Parteigängern der Vorgängerregierung monopolartig besetzte Verfassungsgericht neu zu besetzen und die Entscheidungsmechanismen des Gerichts zu verändern. Kritiker unterstellten der neuen Regierung, sie wolle das Verfassungsgericht ganz unter ihre Kontrolle bringen, mit neuen Verfahrensvorschriften arbeitsunfähig machen oder beides. Parallel dazu machte sich das von der PiS nun beherrschte Parlament daran, einige Mediengesetze so zu verändern, dass die nach Auffassung der PiS in den öffentlich-rechtlichen Medienanstalten entstandene Schlagseite zugunsten der Vorgängerregierung korrigiert werden konnte.

Aus der Ferne betrachtet, muteten uns diese Veränderungen auch fremd an. Zwar hatten wir die Entscheidungen der neuen Regierung als verständliche Reaktion auf die Arroganz der jahrelang amtierenden Vorgängerregierung empfunden, aber sowohl die Geschwindigkeit des Gesetzgebungsverfahrens als auch die mögliche Behinderung der zukünftigen Arbeit des Verfassungsgerichts und die Unterstellung des öffentlich-rechtlichen Rundfunks und Fernsehens unter die Autorität des Finanzministers empfanden auch wir zumindest als erklärungsbedürftig.

Es war trotzdem auffällig, dass vor allem deutsche Politiker und deutsche Medien besonders eifrig auf die neue polnische Regierung einschlugen. Fast sämtliche deutschen Medien, nicht nur die bekannten »üblichen Verdächtigen« plus ARD und ZDF, sahen in den vom Parlament demokratisch beschlossenen Gesetzen den Beginn einer aufziehenden Diktatur mit dem bösen Strippenzieher Jarosław Kaczyński im Hintergrund. Klar, einige seiner früheren Aussagen über alte deutsche Sünden und vermeintliche neue deutsche Hegemonialansprüche kamen uns befremdlich vor. Auch die von PiS-Vertretern mehr oder weniger direkt vorgebrachte Unterstellung, Wladimir Putin könnte seine Hände im Spiel gehabt haben, als 2010 der Absturz des Regierungsflugzeugs im dichten Nebel auf dem Flug nach Smolensk 96 Passagiere in den Tod riss, erschien uns recht weit hergeholt. Zu den Opfern gehörten der polnische Staatspräsident Lech Kaczyński, Jarosławs Zwillingsbruder, dessen Ehefrau und zahlreiche Abgeordnete des Parlaments, Regierungsmitglieder, hochrangige Offiziere, Kirchenvertreter, leitende Vertreter von Zentralbehörden sowie Vertreter von Verbänden der Opferangehörigen des Massakers von Katyn. Aber kann man es der neuen Regierung verdenken, dass sie nun eine neue Untersuchung über die Umstände des Absturzes eingeleitet hat?

Wir empfanden die Einlassungen hochrangiger deutscher Würdenträger über die inneren Angelegenheiten in Polen nicht nur als überflüssig und vor allem vorschnell, sondern auch als im höchsten Maße beleidigend. Kein Geringerer als der Präsident des Europäischen Parlaments, Martin Schulz, bezeichnete die vom polnischen Parlament beschlossenen Gesetzesänderungen als »Staatsstreich«! Man muss kein intimer Kenner der polnischen Geschichte und der polnischen Befindlichkeiten sein, um die Ungeheuerlichkeit eines solchen Vorwurfs zu erkennen. Nicht nur das, er setzte noch »einen drauf«, indem er Polen auf dem Weg in eine »gelenkte Demokratie nach Putins Art« schreiten sah. Dass Polen in seiner Geschichte nicht nur unter den Deutschen gelitten hat, dass die Erinnerung an die stalinistische Fuchtel, unter der das Land bis 1989 stand, sogar noch frischer ist als die an deutsche Gräueltaten, war dem nach seinen eigenen Aussagen so belesenen ehemaligen Buchhändler aus Würselen natürlich bewusst. Was man in Brüssel nicht alles tut, um den Kritikern der Politik einer »immer engeren Europäischen Union« eins über die Rübe zu ziehen!

Da mochte auch der zweite Deutsche in ähnlich verantwortungsvoller Position nicht zurückstehen. Günther Oettinger, EU-Kommissar in zweiter Amtszeit und uns in Brüssel erst als Energie-Kommissar und jetzt als Kommissar für den Digitalen Binnenmarkt (DSM) bislang als besonnener Politiker bekannt, kündigte sogar an, Polen wegen seiner neuen Mediengesetze »unter Aufsicht« zu stellen. Natürlich bekleiden Schulz und Oettinger europäische Positionen, aber uns ist schon aufgefallen, dass nicht nur in Berlin, sondern auch in Brüssel und Straßburg vor allem deutsche Politiker meinen, mit großer Verve die polnische Demokratie retten zu müssen. Der Vorsitzende der CDU-Fraktion im Deutschen Bundestag, Volker Kauder, wollte natürlich auch nicht zurückstehen und forderte sogar Sanktionen gegen Polen.

Die fünf Abgeordneten des Europäischen Parlaments von ALFA (Allianz für Fortschritt und Aufbruch) haben beschlossen, weder die polnischen Gesetze zu verteidigen noch sie zu kritisieren. In einem Europa souveräner Staaten sollte man es zunächst den betroffenen Bürgern selbst überlassen, über vermeintliche oder tatsächliche Verstöße gegen demokratische Prinzipien zu entscheiden. Und die Tatsache, dass die Regierung nichts dagegen unternimmt, wenn in Polen Zehntausende im Protest gegen die neuen Gesetze auf die Straße gehen, sollte eigentlich genügen.

Unmittelbar nachdem der niederländische Vizepräsident der EU-Kommission Frans Timmermans wegen der durch das Parlament verfügten Änderungen der polnischen Verfassungsgerichtsbarkeit die Eröffnung eines Rechtsstaatsverfahrens gegen Polen ankündigt hatte, erinnerte Jarosław Kaczyński ihn daran, dass die Niederlande überhaupt kein Verfassungsgericht haben. Für ihn sei die Prozedur »ein fröhliches Schaffen zum Vergnügen der EU-Kommission und ihrer Beamten«.

Anlässlich ihres ersten Besuches im Januar 2016 in Straßburg empfing die neue Ministerpräsidentin Beata Szydło den ALFA-Abgeordneten Henkel zu einem einstündigen Gespräch. Ihr Außenminister, Witold Waszczykowski, und die beiden polnischen Fraktionskollegen Professor Ryszard Legutko und Tomasz Poreba waren ebenfalls anwesend. Henkel wurde in diesem Gespräch deutlich, was das deutsche Sperrfeuer gegen die neue polnische Regierung bei den polnischen Akteuren inzwischen angerichtet hatte.

Henkel beschwerte sich bei Beata Szydło allerdings auch über unangemessene Reaktionen einiger hoher polnischer Politiker. Wie bei ähnlichen Auseinandersetzungen zwischen Politikern verschiedener Länder der Fall, wurde die deutsche Bevölkerung insgesamt für die Ausfälle einiger deutscher Scharfmacher von polnischen Politikern in Sippenhaft genommen. Dass es keine weiteren überzogenen, beleidigenden und inakzeptablen Reaktionen polnischer Politiker gegen Deutschland auf die Ausfälle von Schulz, Oettinger und Co. geben würde, hatte die polnische Seite Henkel bei diesem Treffen zugesagt. Das allerdings setze voraus, wie es der polnische Verteidigungsminister Antoni Macierewicz zu Recht formulierte, dass »Polen sich nicht weiter von Deutschland über Demokratie und Freiheit belehren« lassen müsse.

Trotzdem, die führenden Vertreter der neuen moralischen Supermacht Deutschland hatten es geschafft: Nach dem Gespräch mit Henkel musste sich die polnische Ministerpräsidentin im Straßburger Parlament einer, wie es Henkel in seiner Rede später formulierte, »grotesken Inquisition« über die angeblichen polnischen Verfehlungen stellen. Sie tat es mit einem Mut und einem Selbstbewusstsein, das ihr offensichtlich auch bei ihren fanatischsten Kritikern im Parlament großen Respekt einbrachte.

Eine vergleichbare Inquisition hatte es in der gesamten Geschichte des Europäischen Parlaments noch nicht gegeben. Da stopften sich jahrelang reihenweise Politiker Bulgariens und Rumäniens ihre Taschen mit Milliarden Euros voll – meist von deutschen Steuerzahlern finanziert –, aber niemand zitierte sie deshalb jemals ins Parlament. Wurden die Politiker, die seit dem Aussetzen der »No-Bail-Out-Klausel« Rechtsbruch auf Rechtsbruch begehen, dafür jemals im Parlament zur Rechenschaft gezogen? Drei ehemalige Richter am Bundesverfassungsgericht, darunter ein ehemaliger Vorsitzender dieses Gremiums, attestierten Kanzlerin Angela Merkel, mit ihrer Flüchtlingspolitik nicht nur gegen die Dublin-Verträge, sondern auch gegen das Grundgesetz verstoßen zu haben. Regte das jemanden im Europäischen Parlament auf? Dabei hätte man schon bei der früheren polnischen Regierung Kritik üben können, als sie angesichts der drohenden Wahlniederlage noch mal schnell beschloss, das polnische Verfassungsgericht auf ihre Weise zu monopolisieren. 14 von 15 Richtersitzen hatte sie im Gericht besetzt. Der polnische Justizminister zog in einem Interview mit der *FAZ* einen Vergleich: »Das wäre so, als hätte Kanzler Schröder im Jahr 2005 kurz vor der Bundestagswahl 15 von 16 Sitzen in Karlsruhe beansprucht!« Wir finden, dass dieser Vergleich keineswegs hinkt, da in Karlsruhe auch 16 Richter ihres Amtes walten.

Auch die deutsche Kritik an den neuen vom polnischen Parlament beschlossenen Mediengesetzen erscheint uns zumindest als scheinheilig. Der polnische Justizminister Zbigniew Ziobro erinnerte in seinem Interview mit der *FAZ* daran, dass sich der damalige ZDF-Chefredakteur Brender über Anrufe deutscher Politiker bei ZDF-Redakteuren beschweren musste. Henkel beklagte im Europäischen Parlament dann auch, dass hier mit zweierlei Maß gemessen wurde, und forderte Kommissar Oettinger auf, sich doch einmal mit dem deutschen zwangsgebührenfinanzierten Staatsfunk zu beschäftigen. »Jahrelang berichteten ARD und ZDF mit einer rosaroten Optik über die Eurokrise, monatelang mit der gleichen Optik über die Flüchtlingskrise und tagelang über die skandalösen Vorgänge in der Silvesternacht am Kölner Hauptbahnhof gar nicht!«Stattdessen sorgten viele Medien gerade in Deutschland für den Eindruck, dass die neue polnische Regierung geltende Gesetze brechen würde.

Dass eine klare Mehrheit der Polen diese Regierung gewählt hat und eine Minderheit das Ergebnis auch noch Monate später nicht akzeptiert, wird selten thematisiert. Zu Recht heißt es in einem Leserbrief an die *FAZ*: »Dass der Wasserkopf Brüssel aufgeregt gackert und gerade deutsche Funktionsträger den Polen öffentlich die Leviten lesen, macht die ganze Angelegenheit besonders pikant.«

Dass hier an möglichen Gegnern der Politik der »ever closer Union« ein Exempel statuiert werden sollte, ist in der Tat nicht ganz unwahrscheinlich. Während sich Schulz, Oettinger und Kauder noch vor dem Abschluss des für solche Fälle vorgesehenen Untersuchungsverfahrens (»Venedig-Verfahren«) über die Änderungen der Verfassungs- und Mediengesetze echauffierten und damit eine öffentliche Vorverurteilung ablieferten, blieben sie still, als mögliche Verletzungen des deutschen Grundgesetzes durch die Merkel-Regierung publik wurden. Der polnische Justizminister brachte es in der *FAZ* auf den Punkt: »Europa wird sich dann entfalten, wenn es nicht das Gefühl gibt, dass irgendein Land den anderen seine Hegemonie aufzwingt!« Genau das macht Deutschland seit Ende 2015 nicht mehr nur in der Energiepolitik, im Aufnötigen deutscher Wirtschafts- und Fiskalpolitik, in der Flüchtlingspolitik, sondern nun auch in der direkten Einmischung in die polnische Innenpolitik aus Berlin und über die Bande aus Brüssel. Dass ausgerechnet die wichtigste Protagonistin für europäische Zusammenarbeit in zentralen Fragen wie der Flüchtlings- und der Energiepolitik ohne Konsultationen Entscheidungen fällt, die Partnerländer wie Polen empfindlich treffen, muss die Polen doch aufs Höchste beunruhigen.

Einige deutsche Polenkritiker meinten, sie müssten den Polen nicht nur moralisch kommen, sondern auch mit ökonomischen Konsequenzen drohen. Die Argumentation verläuft so: »Wenn ihr euch nicht den Brüsseler (und deutschen) Auflagen beugt, dann könnte das finanzielle Konsequenzen für euch haben!« Auf deutsch (!): Wenn ihr nicht spurt, verliert ihr europäische Beihilfen. Dieser Versuch des Kommissars Oettinger verfing nicht, denn die Umsetzung würde nicht nur einen weiteren eklatanten Vertragsbruch seitens der Kommission bedeuten – die zahlreichen im Zusammenhang mit der Rettung des Euro und der Flüchtlinge begangenen Vertragsbrüche mal außen vorgelassen –, er verfing auch nicht bei den deutschen Investoren. Die Wirtschaftsbeziehungen zwischen den beiden Staaten sind und bleiben auch unter der neuen Regierung exzellent. Polen ist inzwischen Deutschlands siebtgrößter Handelspartner, es bleibt das wichtigste ökonomische Zugpferd im Osten Europas. Die Deutsch-Polnische Industrie- und Handelskammer hat gerade bestätigt, dass Polen das beliebteste Investitionsziel der Region bleibt, da können Schulz, Oettinger und Co. Polen so schlechtreden, wie sie wollen; für Investoren zählen Vertrauen, Stabilität und Berechenbarkeit. Solange die neue Regierung an diesen Faktoren nicht rüttelt, so lange bleibt Polen auch für die deutsche Wirtschaft ein verlässlicher Partner und ein hochinteressanter Investitionsstandort.

Henkels Aufforderung im Parlament an Martin Schulz, sich in Anwesenheit der polnischen Ministerpräsidentin für seine Ausfälle zu entschuldigen, blieb natürlich unbeantwortet. Henkel erinnerte auch daran, dass in der neu gewählten Regierung Polens zahlreiche ehemalige Mitglieder von Solidarność tätig sind und dass kein Volk so wenig Nachhilfeunterricht in Sachen Freiheit und Demokratie brauche wie Polen; schon gar nicht von der neuen moralischen Supermacht Deutschland!

Alles das hielt die »Große Koalition« aus Sozialdemokraten und der Europäischen Volkspartei nicht davon ab, am 13. April einen weiteren gegen Polen gerichteten Angriff zu starten. Es ging um eine Resolution, in der Polen zu kritisieren war. Ein vom Vorsitzenden der Europäischen Konservativen und Reformer (EKR) eingebrachter Antrag, die Resolution zu verschieben, wurde brutal niedergestimmt. Dabei war die Begründung, die Syed Kamall vortrug, für jeden Vernünftigen einleuchtend: Frans Timmermans, Vizepräsident und zweiter Mann der Europäischen Kommission, war auf dem Weg, um mit der polnischen Regierung über mögliche Kompromisse zu sprechen. Wäre es nicht angebracht gewesen, erst einmal die Ergebnisse dieser Verhandlungen abzuwarten? Vergeblich hatte sich Henkel als Stellvertretender Vorsitzender der EKR-Fraktion bei einem führenden Vertreter der EPP-Fraktion dafür ins Zeug gelegt, auf diese widersinnige Resolution im Namen der Vernunft zu verzichten.

Lukasz Kaminski, Präsident des Instituts für Nationales Gedenken in Warschau, stellte in einem beachtenswerten Artikel im Feuilleton der *FAZ* die Frage:»Woher wollen die Deutschen wissen, was typisch polnisch ist?« Er beantwortete sie damit, dass die Polen nur wüssten, was unter deutscher Besatzung typisch in Polen war. Das mag jedem heute lebenden Deutschen unverständlich sein, aber es erklärt die Psyche unserer Nachbarn im Osten. Kaminski stellte auch polnische Mythen in ein objektiveres Licht, indem er schrieb, dass heroische Taten niemals typisch seien. Richtigerweise merkte er an, dass die Zahl deutscher Widerständler, die gegen das Naziregime vorgingen, wesentlich niedriger war als die der Polen, die sich für die von den Nazis geschundenen Juden einsetzten. Typisch sei aber beides nicht gewesen. Über die deutschen Widerständler sei in Deutschland »in vielen Museen und Gedenkstätten etwas (zu) erfahren«, über die zahlreicheren polnischen Helden, die ihr Leben für Juden aufs Spiel gesetzt hätten, kaum etwas in Polen.

Dass die Deutschen viel weniger über die Polen wissen als die Polen über die Deutschen, liegt sicher auch an der unterschiedlichen Größe beider Länder. Auch die Tatsache, dass mit »Polen« für viele Deutsche immer noch »Sozialismus« und »Kommunismus« verbunden ist, führt zu einer gewissen kollektiven Amnesie der Deutschen. Auch deshalb war es Henkel anlässlich des 25-jährigen Jubiläums des Falls der Mauer für die gesamte EKR-Fraktion im Europäischen Parlament von ihm gehaltenen Rede wichtig, auf die Bedeutung Polens beim Hochziehen des Eisernen Vorhangs hinzuweisen. Er erinnerte an die Unruhen in Posen, die 1956 dann unmittelbar zum Aufstand in Budapest führten, an die Solidarność-Bewegung, an mutige Einzelkämpfer wie den polnischen Pater Jerzy Popieluszko, der von kommunistischen Schergen ermordet wurde. Für seine Aussage, dass »der polnische Papst mehr für den Fall der Mauer und die Wiedervereinigung seines Landes getan« hätte »als alle deutschen Politiker zusammen«, bekam er nicht nur Beifall aus Deutschland. Zu Recht glauben die Polen, dass der »Wandel durch Annäherung« die kommunistischen Regime in Wirklichkeit durch einen »Wandel durch Anbiederung« eher stabilisiert als in Wanken gebracht hat. Wir auch!

Auch die »Böhmermann-Affäre« wurde von unseren polnischen Nachbarn intensiver verfolgt als entsprechende Skandale in Polen von den Deutschen. So ist es auch kein Wunder, dass sich viele Polen darüber empörten, dass ihre Ministerpräsidentin im deutschen zwangsfinanzierten Fernsehen im Zusammenhang mit der Affäre um Böhmermanns Schmähgedicht zusammen mit Vertretern europäischer Rechtsauslegerparteien wie Marine Le Pen oder Frauke Petry gezeigt wurde. Die Ministerpräsidentin nahm dann auf Twitter dazu Stellung: »Ich bin in Oswiecim geboren. Die Familie meiner Mutter wurde von den Deutschen zwangsumgesiedelt. Mein Urgroßvater starb im KZ Auschwitz. Das ist meine Geschichte.«

In der *FAZ* reagierte Stephan Stach von der Universität Halle mit ironischem Zungenschlag über die Empörung unseres EKR-Fraktionskollegen, Professor Zdzislaw Krasnodębski, über diese und andere Falschdarstellungen von Positionen und Personen der neuen polnischen Regierung im Tenor: »Wie lächerlich, sich darüber so künstlich aufzuregen!« Stach berichtete auch darüber, dass Krasnodębski der neuen Regierungspartei angehört und seit mehr als zwanzig Jahren eine Professur an der Universität Bremen innehat.

Dass ihn dies eigentlich zu einem besonders kompetenten Zeugen polnischer Empfindlichkeiten gegenüber Deutschland machen sollte, erwähnte Stach nicht.

Im Juni 2016 besuchte der polnische Staatspräsident Andrzej Duda seinen deutschen Amtskollegen Joachim Gauck. Dieser reiste unmittelbar anschließend nach Warschau. Beide feierten in Berlin und Warschau eine Art deutsch-polnischer Silberhochzeit, denn Anlass war das 25-jährige Jubiläum des Freundschafts- und Nachbarschaftsvertrages zwischen beiden Ländern. Florian Hassel schrieb über den Zeitpunkt des Ereignisses in *Die Süddeutsche Zeitung (SZ)*: »Sicherlich keine Blütezeit der Harmonie!« Aber er stellte auch fest, dass beide Nationen jetzt auf eine »seit 27 Jahren andauernde Glücksperiode« zurückblicken können. Noch vor zwei Jahren hätte Jarosław Kaczyński seiner Überzeugung Ausdruck verliehen, dass »noch sieben Generationen vergehen, bis deutsche Soldaten in Polen stationiert sein könnten«.

Ein Tag vor Erscheinen dieses Leitartikels nahmen wir an einer Veranstaltung zu Ehren des polnischen Verteidigungsministers Antoni Macierewicz teil, der sein Land bei einer NATO-Konferenz in Brüssel vertrat. Bei einem gemeinsamen Abendessen in kleinem Kreis wurde unter anderem auch über den Einsatz deutscher Pioniere anlässlich eines Manövers von NATO-Streitkräften im Osten Europas gesprochen. Diese wurden bei ihrem Einsatz, so berichtete Hassel in der *SZ*, von polnischen Bürgern beklatscht! Dass deutsche Soldaten beim Übersetzen der Weichsel von Polen gefeiert werden könnten, hätte sich noch vor kurzer Zeit nicht nur Jarosław Kaczyński kaum vorstellen können; wir auch nicht. Trotzdem machen wir uns keine Illusionen. Kaum etwas schweißt Menschen so zusammen wie ein gemeinsamer Gegner. Die Geschichte zeigt, dass das auch für Nationen gilt. Trotzdem ist es für uns ernüchternd, wenn wir feststellen müssen, dass Putin zurzeit mehr zur deutsch-polnischen Aussöhnung beiträgt als deutsche und polnische Politiker. Hassel hat recht, wenn er schreibt:»Es ist weder für europäische noch für deutsche Politiker sinnvoll, Polen ständig öffentlich zu belehren.« Wir fügen hinzu: Das gilt besonders für deutsche Politiker in Brüssel! Jarosław Kaczyński zu verteufeln, scheint eine Lieblingsbeschäftigung einiger Brüsseler Politiker deutscher Nationalität und der Mehrheit deutscher Journalisten geworden zu sein. Dass er lieber aus dem Hintergrund als auf der Bühne Politik betreibt, scheint unseren mediengeilen Politikern verdächtig zu sein. Aus persönlicher Anschauung können wir sagen: Man kann ihm vertrauen. Natürlich»pflegt er außerhalb seines engen Kreises kaum Kontakte zur Außenwelt« (so Konrad Schuler in der *FAZ*). Aber wir wissen, dass er sich intensiv beraten lässt. Wir kennen nicht nur viele seiner Berater, wir kennen auch ihn!

Kaum waren die Feierlichkeiten zur deutsch-polnischen Silberhochzeit in Berlin und Warschau beendet, sorgte wenige Tage vor dem 75. Jahrestag des deutschen Überfalls auf Russland ein Berliner Politiker für eine Verstimmung auch zwischen Polen und Deutschland. Frank-Walter Steinmeier, ganz»getreuer Schüler Gerhard Schröders« *(Der Tagesspiegel)* kritisierte die beschriebenen NATO-Manöver als»Säbelrasseln«,»Kriegsgeheul« und »symbolische Panzerparaden«. Wir glaubten, unseren Augen und Ohren nicht zu trauen. Da zeigt die deutsche Bundesregierung einmal handfeste Unterstützung gegenüber ihren NATO-Partnern in Polen und den baltischen Staaten, und sei es auch nur in Form von Pionieren, und schon macht sich ihr Außenminister die Interpretation Putins zu eigen. Unsere polnischen Freunde fragten uns in Brüssel: Wer rasselt denn in der Ostukraine, auf der Krim und in Syrien mit dem Säbel? Da Steinmeier kaum Putin gemeint haben kann, fragen sich die Polen, wen er denn wohl im Visier hatte. Estland, Litauen, Lettland oder Polen? Oder seine Kabinettskollegin, Verteidigungsministerin von der Leyen, die deutsche Pioniere an die Weichsel schickte? Das deutsch-polnische Verhältnis zeigt uns, dass nicht nur deutsche Politiker in Brüssel, sondern auch deutsche Politiker in Berlin dringend auf die Couch müssen.

3. Deutscher »Rudeljournalismus« und die Schere im Kopf

Seit wir uns mit dem Projekt Einheitswährung befassen, der eine aus Sicht der deutschen Industrie, der andere als Wirtschaftswissenschaftler, beobachten wir, dass fast alle Vertreter der deutschen Medien die Abschaffung der D-Mark meist positiv, oft sogar euphorisch, durchweg jedoch unkritisch begleiteten. Weil er im Gegensatz zu Henkel von Anfang an der Einführung des Euro sehr kritisch gegenüberstand, wurde Starbatty schon viel früher mit dieser medialen Gleichschaltung konfrontiert. Wir beide, wirtschaftsliberal eingestellt, Anhänger Hayeks, Schumpeters und Erhards, mussten uns von Journalisten, die dem Euro in unverbrüchlicher Treue ergeben sind, immer wieder als »D-Mark-Chauvinisten«, »Europagegner« und »Rechtspopulisten« beschimpfen lassen.

Als sich die ökonomischen und politischen Folgen der Europolitik immer deutlicher zeigten und nicht nur Ökonomen, sondern auch ausländische Medien auf die verheerenden Nebenwirkungen vor allem in Südeuropa und Frankreich hinwiesen, blieben in Deutschland die meisten Redaktionen von ARD, ZDF und der Printmedien dem Einheitseuro in Nibelungentreue verpflichtet. Kritische Berichte angelsächsischer Medien über die Konsequenzen erst der Euro- und dann der Eurorettungspolitik wurden in deutschen Redaktionen oft damit erklärt, dass diese ja von außerhalb der Eurozone berichteten und im Grunde nur »neidisch« auf die neue Friedenswährung wären oder sowieso dem gemeinsamen europäischen Geist wenig abgewinnen könnten. Die positive Einstellung deutscher Verlagshäuser zum Euro änderte sich auch dann nicht, als die Medien anderer Euroländer zunehmend kritisch berichteten.

Natürlich gab es auch bei uns Ausnahmen. So änderte sich der »Ton« der Berichterstattung über die Europolitik der Bundesregierung im Wirtschaftsteil der *FAZ* recht früh. Trotzdem schien das Blatt über lange Zeit von einer Art Euroschizophrenie befallen gewesen zu sein. Über Jahre waren die Ökonomen der *FAZ* den Redakteuren des politischen Teils und denen des Feuilletons in ihrem Realismus bei der Beurteilung der segensreichen Wirkungen der Einheitswährung weit voraus. Ein uns gut bekannter prominenter Familienunternehmer aus dem Siegerland und ehemaliger Chef eines mächtigen Wirtschaftsverbandes hatte diese widersprüchliche Sichtweise in der *FAZ* schließlich so satt, dass er sein Sekretariat anwies, ihm morgens nur noch den Wirtschafts- und Finanzteil dieser Zeitung auf den Schreibtisch zu legen.

Besonders auffällig erschien uns Autoren die Berichterstattung bei ARD und ZDF. Sowohl in den Nachrichten als auch in den Kommentaren zu den zahlreichen Rettungspaketen, europäischen Gipfeltreffen und Krisensitzungen war fast nie von der »Eurokrise« die Rede. Das hätte aus Sicht der Redaktionen wohl ein zu deutliches Licht auf den Verursacher gelenkt. Stattdessen sprachen die Moderatoren lieber von einer »Finanzkrise« oder einer »Staatsschuldenkrise«. Hätten sie öfter von »Eurokrise« gesprochen, hätten die Zuschauer ja leicht darauf kommen können, was die wahre Ursache der auf die Eurozone beschränkten Probleme ist, und dann »Haltet den Dieb« rufen können.

Ganz ähnlich wurde in den deutschen Medien über die Flüchtlingskrise berichtet. Die Begeisterung der abendlichen Nachrichtensprecher von ARD und ZDF über die im September 2015 am Münchner Hauptbahnhof demonstrierte Willkommenskultur war nur zu verständlich und ist auch von uns nicht zu kritisieren. Zu kritisieren ist die Stilisierung dieses Ereignisses durch den Staatsfunk zu einem weiteren Schritt Deutschlands auf dem unaufhaltsamen Weg hin zur neuen moralischen Supermacht. Mit offensichtlich großer Freude wurden Bilder von Deutschen gezeigt, wie sie am Bahnsteig den erschöpften, aber überglücklichen Flüchtlingen Blumen und Teddybären überreichten. Mit anscheinend noch größerer Genugtuung wurden Berichte ausländischer Fernsehstationen über dieses Ereignis eingeblendet. Mit dieser Flüchtlingspolitik fanden sich nicht nur die Deutschen selbst allen anderen moralisch überlegen. Seht her: Die anderen sehen das jetzt auch so!

Da Bilder meist mehr bewirken als Zahlen, war es über Wochen nicht nur auffällig, sondern zunehmend ärgerlich, wenn nicht schon übergriffig, dass ARD und ZDF in ihren Berichten über Flüchtlinge an griechischen Stränden, österreichischen Grenzübergängen oder deutschen Bahnhöfen unverhältnismäßig oft Frauen, ganze Familien und in Nahaufnahme kleine Kinder mit traurigen Kulleraugen zeigten. Die Fakten sprachen aber schon lange eine andere Sprache. Wie uns die Europäische Kommission mitteilte, waren im Jahr 2015 72,3 Prozent aller in der EU um Asyl nachsuchenden Flüchtlinge Männer!

Die von uns Autoren regelmäßig gelesene *FAZ* war wohl die erste deutsche Zeitung, die sich nicht nur mit den von der Regierung, einigen Verbandspräsidenten und wenigen Professoren behaupteten kulturellen Chancen, demografischen wie konjunkturellen Vorteilen, sondern mit den Herausforderungen und Gefahren der Merkel'schen Willkommenskultur befasste. Sie brachte im Spätsommer 2015, mitten auf dem bisherigen Höhepunkt der Flüchtlingswelle, auf ihrer ersten Seite ein Farbfoto von einer großen Anzahl Flüchtlinge, das die Fotoredaktionen der meisten anderen Zeitungen und die Redaktionen von ARD und ZDF als ungeheure Provokation empfinden mussten. Unter den Dutzenden auf der Flucht waren weder Frauen noch Kinder zu erkennen.

Wir sehen die Notwendigkeit durchaus, besonders im staatlichen Fernsehen immer wieder auch Beispiele für gelungene Integration, Hinweise auf die Chancen durch zugewanderte Flüchtlinge und das Leid der Ankommenden zu verbreiten, aber wir empören uns über die monatelang ausgeübte Einseitigkeit der Berichterstattung von ARD und ZDF und über ihr »unter den Teppich kehren« der Risiken ungesteuerter Zuwanderung, die immer mehr Gebührenzahler als allabendliche Gehirnwäsche empfinden mussten.

Die verzögerte Berichterstattung über die Ereignisse der Silvesternacht am Kölner Hauptbahnhof schlug nicht nur unserer Meinung nach dann dem Fass den Boden aus! Die Empörung darüber erreichte ein Niveau, das selbst die Intendanten des Staatsfunks nicht mehr ignorieren konnten. Nachdem sich der verantwortliche Intendant des ZDF dafür hatte öffentlich entschuldigen müssen, schlug die gesamte Berichterstattung dieser Anstalten um 180 Grad um. Abends vor dem Fernseher glaubten wir kaum, was wir sahen. Plötzlich wurden die Übergriffe nordafrikanischer Männer auf deutsche Frauen in Köln Teil allabendlicher Berichterstattung. Die Nationalität der mutmaßlichen Täter wurde auf einmal frei diskutiert. Die Frage, ob das Verhalten muslimischer Männer am Silvesterabend etwas mit dem Islam zu tun haben könne, war kein Tabu mehr. Uns drängte sich nach einiger Zeit der Eindruck auf, dass das öffentlich-rechtliche Fernsehen, nun aller Political Correctness entledigt, das jahrelang Versäumte wiedergutmachen wolle. Plötzlich schienen sich die Redaktionen und Moderatoren gegenseitig darin übertreffen zu wollen, wer denn hier am meisten Klartext redete.

Das galt aber nicht für alle. Als sich Anfang Juni 2016 nach dem Gruppenspiel zur Fußball-WM russische und britische Schlachtenbummler auf den Rängen eines Stadions prügelten, ein »Flitzer« von Sicherheitskräften eingefangen wurde und sich andere unschöne, aber spektakuläre Szenen abspielten, übte die Europäische Fußballorganisation UEFA Zensur und zeigte nichts davon. Die UEFA wollte nur eine heile Fußballwelt und nicht ihre hässlichen Seiten präsentieren. Es blieb dann den deutschen Fernsehkommentatoren vorbehalten, den Zuschauern verbal zu beschreiben, was sie nicht sehen durften. Wir empfanden es allerdings schlicht als scheinheilig, dass sich ausgerechnet der Chefredakteur des WDR, Jörg Schönenborn, über die bei der UEFA ausgeübte Zensur beschwerte. Da hätte er schon lange vorher bei sich im Hause eingreifen müssen, wenn über den Euro oder Flüchtlinge berichtet wurde. Schönenborn nimmt die »Schere im Kopf« offensichtlich nur bei anderen wahr.

Auch ZDF-Moderator Klaus Kleber ist nicht nur mit einer gehörigen Chuzpe ausgestattet, er hat auch ein übergroßes Sendungsbewusstsein, wenn es um die Verbreitung überlegener moralischer Standards geht. Als 49 Amerikaner in einer Schwulendisko in Florida von dem schwer bewaffneten Sohn eines afghanischen Einwanderers und bekennenden IS-Unterstützers dahingemetzelt wurden, warnte er vor voreiligen Schlüssen über dessen Motive. Wir hielten das für richtig, denn es war auch bei Drucklegung dieses Buches noch nicht klar, ob es sich hier um einen Schwulenhasser, einen radikalen Islamisten oder einen Psychopathen handelt.

Als einige Tage später die britische Labourabgeordnete und Europa zugeneigte Jo Cox kurz vor dem Referendum über den Verbleib Großbritanniens in der EU auf offener Straße ermordet wurde, verbreitete Kleber allerdings sofort, dass sie ein Opfer der Hasskampagne von Brexit-Befürwortern gewesen sein müsse. Das stand selbst für die ermittelnden Beamten auch nach dem Referendum noch nicht fest. Natürlich bleibt es den Journalisten unbenommen, wo sie die Schere in ihrem Kopf einsetzen. Wird sie aber im öffentlich-rechtlichen Fernsehen je nach eigener ideologischer Ausrichtung mal benutzt und mal nicht, ist nach unserer Meinung der Tatbestand einer Zensur erfüllt. Dass es auch anders geht, zeigen uns Moderatoren wie Carmen Miosga, Thomas Roth und Jan Hofer.

Die Kölner Ereignisse eröffneten auch den öffentlich-rechtlichen Fernsehanstalten einen anderen Blick auf die realen Probleme der Integration. Zunächst wurde eilfertig behauptet, dass unter den Tätern keine Flüchtlinge gewesen seien. Dass das von Anfang an nie stimmen konnte, hätte nicht nur den Politikern, sondern auch den Vertretern der Medien eigentlich klar sein müssen. Selbst wenn sich die Täter vom Kölner Hauptbahnhof schon jahrelang in Deutschland aufgehalten haben, müssten sie doch irgendwann vorher geflüchtet sein, aus welchen Gründen auch immer. Aber für einen Erfolg unserer Integrationspolitik sprach dieser Hinweis weiß Gott nicht, eher für einen hilflosen Vertuschungsversuch.

Auch ausländische Beobachter nahmen die skandalösen Ereignisse und die hilflosen Interpretationen deutscher Politiker und Medien mit Verwunderung zur Kenntnis. Der polnische Außenminister ließ sich die Gelegenheit nicht entgehen, auf die von Deutschen an den neuen polnischen Mediengesetzen geübte Kritik entsprechend zu reagieren. Er wollte von Berlin wissen, ob sich polnische Frauen und Mädchen unter den Opfern nordafrikanischer Immigranten befanden.

Es steht allerdings zu befürchten, dass das Pendel aufgrund von »Political Correctness« gefärbter Berichterstattung beim deutschen Staatsfunk in seine alte Stellung zurückschwingt. Als Henkel im Februar 2016 in die Talkshow »Markus Lanz« zum Thema »Flüchtlinge« eingeladen wurde, sah er sich fünf Disputanten gegenüber, die anscheinend alle nach einem Kriterium ausgesucht worden waren: die Chancen der Flüchtlingskrise in möglichst rosigen Farben darzustellen und ihre Risiken kleinzureden. Wie bei ähnlichen Veranstaltungen zum Thema »Einheitseuro« jahrelang der Fall, agierte der Moderator der Talkshow auch zum Thema »Flüchtlinge« weniger als neutraler Schiedsrichter, auch nicht als Moderator, sondern mehr wie ein Pressesprecher Merkels.

Auffällig ist auch, dass es seit Jahren keiner aus der Riege der sogenannten konservativen deutschen Journalisten mehr in Talkshows schafft. Aber verwundern kann das wiederum nicht, denn es gibt keine mehr! Warum sonst muss immer wieder der Schweizer Journalist und Herausgeber der *Weltwoche*, Roger Köppel, herhalten? Anfang 2016, bei einem Auftritt bei »Maischberger«, traf Henkel erneut auf ihn. Die Redaktion hatte einen deutschen Journalisten mit entsprechenden Auffassungen nicht auftreiben können. Der Schweizer Publizist Kurt W. Zimmermann hat darauf hingewiesen, dass es Schweizer sehr selten auf die Titelseite vom *Spiegel* geschafft haben. Max Frisch und Friedrich Dürrenmatt sei es gelungen und nun Roger Köppel in der Schweizer Ausgabe des deutschen Nachrichtenmagazins als »Coverboy«. Köppels Präsenz in den deutschen Medien sei ein eloquenter Beweis für die selbst gewählte Gleichschaltung der deutschen Journalistik. »Bei uns gibt es eine solche Einheitsdoktrin nicht.« Dort würde man in den Medien die ganze Argumentationsbreite finden. Beim Thema Zuwanderung reiche sie von »vom Zerfall der Demokratie« bis hin »zum Landesverrat«. Zimmermann meint: »Die Schweiz ist im Vergleich zur deutschen Meinungswüste damit ein geistiger Blütengarten.« Henkel war über fünfzehn Jahre im Verwaltungsrat des größten Schweizer Medienhauses, der Ringier AG, und kann sich dem Urteil Zimmermanns ohne Vorbehalte anschließen. Wo sind die konservativen Edelfedern geblieben? Wer ist der Nachfolger von Gerhard Löwenthal im öffentlich-rechtlichen Fernsehen? Wir kennen keinen deutschen konservativen Journalisten mehr.

Wir sind weiß Gott keine Anhänger der bei uns im Internet und in rechten Kreisen gängigen Verschwörungstheorie, dass sich die deutschen Journalisten auf höheren Befehl oder in einem Geheimbund (»Lügenpresse«) dazu verpflichtet hätten, die Flüchtlingspolitik, den Euro oder die Klimapolitik der Regierung positiv zu begleiten. Aber wir sind davon überzeugt, dass sich die Medienstars unseres Landes oft selbst zensieren, eine »Schere im Kopf« haben.

Immer wenn sich die in Brüssel tätigen Korrespondenten der ARD und des ZDF zu Wort melden, gewinnen wir den Eindruck, sie gerieren sich wie in Brüssel ansässige Regierungssprecher der Bundesregierung. Auch in den deutschen Talkshows tauchen sie regelmäßig als wackere Verteidiger Merkel'scher Euro- und Flüchtlingspolitik auf.

Im Auswärtigen Dienst wird zu Recht darauf geachtet, dass ein Botschafter nicht allzu lange an einem Ort tätig ist. Die Außenminister befürchten zu Recht, ein Botschafter Deutschlands, der sich zu lange auf seinem Posten befindet, könne die Interessen Deutschlands in seinem Gastland nicht mehr richtig wahrnehmen und sich – und sei es unbewusst – zu einem Botschafter seines Gastlandes in Deutschland verwandeln. Schon deshalb bleiben Botschafter aller Länder im Regelfall kaum länger als drei bis vier Jahre auf einem Posten. Ausnahmen von dieser Regel sind eher selten. Selbst seit einiger Zeit im Brüsseler Parlament tätig, glauben wir feststellen zu können, dass viele Journalisten, Wolf-Dieter Krause von der ARD vorneweg, schon vor langer Zeit vom Europavirus infiziert wurden und kaum noch zu einer anderen als einer europaromantischen Berichterstattung fähig sind. Das muss dem Intendanten des WDR, Tom Buhrow, auch aufgefallen sein. Jedenfalls beendete er die ständige »Wolf-Dieter Krause-Europa-Show« nach fünfzehn (!) Jahren. Als die ARD, wenige Stunden nachdem das Ergebnis des Brexit-Votums vorlag, ihren Korrespondenten Krause aus Brüssel zuschaltete, stellte er sich unverhohlen hinter die Aussagen der »beleidigten Leberwurst« Jean-Claude Juncker. Diesem fiel nichts anderes ein, als die Briten aufzufordern, nun bitte sofort die EU zu verlassen. Seinen eigenen Aussagen zufolge ist Krause, im Gegensatz zum Beispiel von Henkel, »immer schon gegen den Maastricht-Vertrag« gewesen. Das kann aber doch kaum ein Grund gewesen sein, die zahlreichen Vertragsbrüche der Brüsseler und der deutschen Politiker in seinen noch zahlreicheren Zuschaltungen aus Brüssel so positiv zu begleiten.

Die fünf Abgeordneten von ALFA haben sich oft gefragt, warum ARD und ZDF immer wieder Vertreter der CDU/CSU, der

Grünen und der FDP, aber extrem selten von ALFA als »Experten« zu aktuellen Themen befragen. Die fünf ALFA-Abgeordneten vertreten immerhin die drittgrößte Fraktion, die der Europäischen Konservativen und Reformer (EKR), und sie sind innerhalb dieser Fraktion auch die drittgrößte Gruppe. Die FDP-Abgeordneten dagegen sind bei ALDE, nicht nur einer kleineren Fraktion als die der EKR, sie stellen auch nur noch drei Abgeordnete. Trotzdem halten die Kameraleute von ARD und ZDF den Abgeordneten der FDP ihre Mikrofone zu Kommentaren lieber hin als unseren, obwohl auch bei ARD und ZDF in Brüssel bekannt sein dürfte, wo die Kompetenz zum Beispiel in Fragen der Wirtschafts- und Währungspolitik, der praktischen Erfahrung und der wissenschaftlichen Urteilsfähigkeit liegt. Die Erklärung: Die Verantwortlichen von ARD und ZDF mögen unsere Antworten auf die Fragen ihrer Korrespondenten in Brüssel nicht.

Früher wurden wir oft gefragt, warum Deutschland fast im Alleingang für zahlreiche Rettungsaktionen zugunsten Griechenlands, Irlands, Portugals und Zyperns Kredite zur Verfügung stellte, Bürgschaften abgab und auch dann nichts unternahm, als die Europäische Zentralbank (EZB) in flagranter Verletzung ihrer eigenen Regeln die Gelddruckmaschine zulasten Deutschlands anwarf. Oft fragten uns ausländische Journalisten, warum es in Deutschland dagegen keinen Aufstand gebe. Seit Kanzlerin Merkel im Alleingang, ohne sich mit ihren europäischen Partnern abzustimmen, das deutsche Schleusentor für Flüchtlinge nach Europa geöffnet hat, fragen uns wieder Journalisten in Brüssel, Straßburg, Berlin und Tübingen, warum sich in Deutschland erst spät, zu spät gegen Merkels Regierung Widerstand organisiert hat. Unsere Antwort: Das liegt auch an den deutschen Journalisten!

Kurz vor dem Referendum über den Brexit beschrieb Martin Fletcher in der *International New York Times* die Rolle der Medien Großbritanniens in der Schlacht zwischen den »Brexiteers« und den »Remainern«. Fletcher war selbst Korrespondent in

Brüssel und beobachtete, wie fast die gesamte britische Presse zu den »Brexiteers« überlief. Der *Guardian* war eine Ausnahme, hat aber eine vergleichsweise geringe Leserschaft, die *Times* hielt sich zurück. Dagegen feuerten die Massenblätter *Telegraph*, *Daily Mail* und die *Sun* (eine Art britische *BILD*-Zeitung) aus allen Rohren gegen die EU. Für uns ist das »Rudeljournalismus«. Diesen Begriff hatte Oscar Frey, Mitglied des Verwaltungsrats des Schweizer Medienkonzerns Ringier AG, einmal benutzt, um die Arbeit seiner Zunft in Deutschland zu beschreiben. Wir haben den deutschen »Rudeljournalismus« am eigenen Leibe erfahren müssen, und zwar immer dann, wenn wir die heilige Kuh, den »Einheitseuro«, infrage stellten. Ähnlich ist es Thilo Sarrazin mit seinen Thesen zur Zuwanderung ergangen. Er ist das bisher spektakulärste Opfer deutscher Rudeljournalisten geworden. Klar, nachdem selbst der Parteivorsitzende der SPD, Sigmar Gabriel, mehrfach öffentlich den Ausschluss Sarrazins aus seiner Partei ankündigte und Angela Merkel sein Buch *Deutschland schafft sich ab* als »wenig hilfreich« bezeichnete, ohne es gelesen zu haben, galt Sarrazin medial als vogelfrei. Wir wundern uns aber darüber, dass dem später vor dem Schiedsgericht der Partei erwirkten Freispruch erster Klasse kaum Aufmerksamkeit geschenkt wurde. Immerhin war Sarrazins Verteidiger kein Geringerer als der besonnene und über allen Verdacht erhabene Klaus von Dohnanyi, einstmals Erster Bürgermeister der Freien und Hansestadt Hamburg und Bundesminister a.D.

Auch auf der britischen Insel gab es das Phänomen des Rudeljournalismus in den Wochen vor dem Referendum mit dem Ziel, die »Remainers« zu verunglimpfen. Die Munition für den britischen Rudeljournalismus lieferten allerdings vor allem deutsche und Brüsseler Europaromantiker.

4. Deutsche retten italienische Eidechsen

Vom »Helfersyndrom« Befallene helfen nicht nur anderen Menschen in Not; auch solchen, die um Hilfe gar nicht gebeten haben, oder solchen, die keine Hilfe benötigen. Sie retten mit leidenschaftlichem Einsatz auch Tiere und Pflanzen. Wir erinnern uns noch gut an das »Waldsterben«, das vor allem die Grünen in den 1970er-Jahren thematisierten. Heute gibt es in Deutschland mehr Wälder als zu Beginn des letzten Jahrhunderts. Inzwischen machte der Begriff »Waldsterben« eine große internationale Karriere, so wie »Kindergarten« oder »Angst«. Trotzdem hält die ständige Vermehrung der Wälder deutsche Kommunen vielfach nicht davon ab, das Recht eines Baumes über das ihrer Bürger zu stellen. Verschattet ein Baum das Heim des Besitzers eines Grundstücks, auf dem der Baum steht, darf dieser noch lange nicht abgeholzt und durch einen neuen ersetzt werden. Da helfen auch keine Hinweise auf wenig Sonnenlicht, depressive Stimmungen der Bewohner oder steigende Heizkosten. Auch die Tatsache, dass der betreffende Baum einmal als Setzling vom Eigentümer selbst gepflanzt wurde sowie das Versprechen, sofort einen »Nachfolger« gleicher Sorte zu pflanzen, macht auf die Baumretter meist keinen Eindruck. Um den Baum zu retten, nimmt man einen oft gravierenden menschlichen Kollateralschaden in Kauf.

In den Küchen Deutschlands stehen wohl mehr Abfalleimer, Mülltüten und Getränkekisten als in den Küchen aller anderen Länder. Ein Eimer ist für Kompost beziehungsweise Dünger verwertbare Abfälle reserviert, ein anderer für Papier und Pappe, ein dritter für Metalle und Wertstoffe, ein weiterer Kasten für Mehrwegflaschen, seit Trittin steht er neben einem für Einwegflaschen und Dosen. Es gibt Behälter für Plastik, einen für Sondermüll und schließlich den für Restmüll. Klar, eine Schale für leere Batterien gibt es auch. Am Samstag fährt dann der Ehemann, diese Betätigung ist trotz aller Gleichstellungsinitiativen immer noch den

Männern vorbehalten, mit dem Familienkombi auf den Wertstoffhof. Dort werden die Behälter in die entsprechenden Container entleert. Dabei richten sich die Blicke der Männer nicht nur auf die eigene Tätigkeit, man überprüft ebenfalls, ob der Nachbar zum Beispiel sein Altpapier auch korrekt in den dafür vorgesehenen Container füllt und nicht in einen anderen. Was später mit diesen sorgfältig getrennten Müllmengen geschieht, ob sie zusammengeschüttet, verbrannt oder weiterverwendet werden, wissen sie zwar nicht, aber sie können stolz auf die Weltmeisterschaft in der Müllentsorgung sein. Sie sind sich sicher, sie helfen damit der Umwelt, und das fühlt sich gut an.

Im April 2016 berichtete die *FAZ* über den besonders krassen Fall einer vom Helfersyndrom befallenen Kommune. Die Rede ist vom Großbauprojekt »Stuttgart 21«. Dieses wurde ja in einer Volksabstimmung von den baden-württembergischen Bürgern basisdemokratisch genehmigt. Nebenbei bemerkt, rührt es uns schon seltsam an, dass man in Deutschland zwar über einen Bahnhof, aber nicht über die Aufgabe seiner eigenen Währung abstimmen darf.

Ein Sprecher der Bahn AG berichtete über die Gefahr, dass sich das Projekt, das sich durch unzählige Demonstrationen, Prozesse, Eingaben und Sabotageaktionen sogenannter »Aktivisten« sowieso schon massiv verzögerte, um weitere sieben Monate verschieben könnte. »Wir benötigen wegen einer weiteren Eidechsenpopulation an der ICE-Neubaustrecke einen Planänderungsbeschluss. Wenn er bis August nicht vorliegt, können wir die Eidechsenpopulation in diesem Jahr nicht mehr absammeln lassen.« Da diese Nachricht nicht am 1., sondern am 8. April 2016 in besagter Zeitung erschien und dieselbe uns bisher selten durch Zeitungsenten, Satiren oder Übertreibungen aufgefallen war, haben wir den Artikel dann zu Ende gelesen.

Berichtet wurde, dass die ICE-Neubaustrecke und der neue dazu gehörende Bahnknoten in Stuttgart im Herbst 2022 in Betrieb genommen werden sollte. Um die Eidechsenretter unter den das Bundesland zurzeit regierenden Grünen zu befriedigen, musste die Bahn sich verpflichten, insgesamt etwa 10 000 Eidechsen umzusiedeln. Staunend erfuhren wir, dass dafür mehrere Millionen Euro in das Budget von Stuttgart 21 bereits eingestellt wurden. Außerdem wurde berichtet, dass im Bereich des Abstellbahnhofs in Stuttgart-Untertürkheim sogar darüber gestritten wurde, ob es sinnvoll sein könnte, zur Differenzierung unterschiedlicher Eidechsenarten Gentests zu machen. Dies erschien uns als besonders bemerkenswert, sind doch gerade grüne Tierschützer sehr oft gegen die Gentechnologie, auch dann, wenn dadurch ein Beitrag gegen den Hunger in der Welt oder gegen hartnäckige Krankheiten geleistet werden kann.

Durch den Bahngüterverkehr zwischen Stuttgart und Italien wurde eine seltene Eidechsenart aus Italien eingeschleppt, die sich aber, so wurde weiter berichtet, mit den lokalen Eidechsen vermischt habe, und deshalb sei es vor Ort zu einer Mischpopulation gekommen, die nun schwer zu trennen sei. Eine weitere Komplikation ergab sich daraus, dass im Sommer 2015 in der Nähe von Wendlingen, wo ein Albvorlandtunnel für die ICE-Strecke gebaut wird, eine neue, bisher unbekannte Eidechsenpopulation entdeckt wurde. Zwar lag ein Planfeststellungsbeschluss schon vor, aber dieser müsse nun wegen der Eidechsen geändert und durch das Eidechsen-, Verzeihung, durch das Eisenbahn-Bundesamt (EBA) geändert werden. Klar, dass das Zeit kostet und viel Geld. »Das Umsiedeln von Eidechsenpopulationen ist teuer, kompliziert und zeitaufwendig«, schreibt die *FAZ*. Zunächst müssten Ersatzflächen gefunden und möglicherweise gekauft werden. Dann müssten die Tiere möglichst bei sonnigem Wetter – auch das birgt große Risiken für weitere Verzögerungen, denn wer will den Tieren schon zumuten, im Regen eingesammelt zu werden – »mit Ruten, an denen ›Eidechsenlassos‹ befestigt sind, eingefangen werden«. Bei einer Population von 6000 bis 10 000 Tieren sei das nur mit großem Personaleinsatz zu bewältigen. Man erfährt, dass die Rettung pro Eidechse den deutschen Steuerzahler circa 8600 Euro kosten würde und dass die Ersatzflächen nach der Umsiedlung 30 Jahre lang überwacht werden müssten.

Bei der Lektüre dieses eloquenten Beispiels eines deutschen Helfersyndroms kam uns beiden der Gedanke, dass man zum Einsammeln und dann zur Überwachung der Eidechsen vielleicht syrische Flüchtlinge einsetzen sollte. Allerdings bekam unsere Euphorie ob dieses Vorschlages zur Integration gleich wieder einen Dämpfer. Im gleichen Bericht über die derzeitigen Herausforderungen bei »Stuttgart 21« lasen wir, dass nicht nur dieses Projekt unter hohen Auflagen leidet, sondern auch die Planungen für neue Flüchtlingsunterkünfte in Stuttgart. Diese sollten auf Bauflächen entstehen, auf denen jetzt Fledermauspopulationen gesichtet wurden. Im Konflikt zwischen der Hilfe von Flüchtlingen einerseits und der von Fledermäusen andererseits hat sich die Verwaltung von Winfried Kretschmann für die Fledermäuse entschieden. Der Artikel endete mit der Feststellung, dass der Ministerpräsident häufig über die Überregulierung beim Brandschutz klage.

In einer Serie (»Was ist deutsch?«) ließ die *BILD*-Zeitung bekannte Personen zu Wort kommen. Im Juni 2016 war Verteidigungsministerin Ursula von der Leyen dran. Sie beschrieb, dass sie bei ihren regelmäßigen Ausflügen zu den deutschen Truppen in Afghanistan immer wieder beeindruckt feststelle, dass »vor allen zentralen Gebäuden des ›Camp Marmal‹ drei Mülleimer stehen«, in den Camps anderer Nationen dagegen nur einer. Deutsch ist nicht nur die Mülltrennung, deutsch ist vor allem die Eigenschaft, mit tugendhafter Überlegenheit auf andere herabzublicken. Deutsche Mülltrennung in Afghanistan, das ist doch was!

IV. VON DER FRIEDENS-ZUR STREITUNION

1. Was und wer hat Europas Frieden gesichert?

Dass seit 70 Jahren Frieden in den meisten Regionen Europas herrscht, wissen beide Autoren aus eigener bitterer Erfahrung zu schätzen. Beide verloren ihren Vater in den letzten Kriegswochen, beide erlebten das Aufwachsen als Halbwaisen in Trümmerwüsten und die ungeheuren Entbehrungen der ersten Nachkriegsjahre. Beiden wurde in ihrer Kindheit und Jugend immer mehr die ungeheure Schuld bewusst, die ihre Elterngeneration durch den von Deutschland angezettelten Zweiten Weltkrieg, die Vernichtung der Juden und anderer Volksgruppen auf sich geladen haben. Die Konsequenzen der zwölf Jahre währenden Naziherrschaft meinen sie allein schon aufgrund ihrer eigenen Betroffenheit besser einschätzen zu können als mancher Exponent der jüngeren Politikergeneration. Mit anderen Worten, beide glauben, dass sie von niemandem Nachhilfeunterricht in Sachen Notwendigkeit der Friedenssicherung in Europa brauchen.

Beide Anfang 1940 geboren, fühlen sie sich weder direkt noch indirekt mitschuldig an den durch die Nazis im Namen Deutschlands begangenen Schreckenstaten. Statt Schuld sprechen sie lieber von Verantwortung. Das soll nicht heißen, dass sie sich für die begangenen Untaten verantwortlich fühlen, aber sie bekennen sich dazu, mitzuhelfen, den Opfern der Naziherrschaft Gerechtigkeit und Unterstützung angedeihen zu lassen, soweit das überhaupt möglich ist. Vor allem fühlen sie sich mitverantwortlich dafür, eine Wiederholung derartiger Untaten im Namen Deutschlands zu verhindern. Sie sind, wie wohl alle Bürger und Politiker, auch der Überzeugung, dass der Friedenssicherung in Europa mit Abstand die höchste Priorität eingeräumt werden muss, denn Frieden ist zwar nicht alles, aber ohne Frieden ist alles nichts.

70 Jahre Frieden in den meisten europäischen Regionen laden auch dazu ein, sich darüber Gedanken zu machen, warum es noch nie eine so lange Periode relativer Friedlichkeit in Europa gegeben hat. Zwischen dem Ersten und dem Zweiten Weltkrieg lagen nur 20 Jahre, und selbst die Friedenszeit vor dem Ersten Weltkrieg hielt nur 43 Jahre lang.

Seit die Autoren gegen die Einheitswährung in zahllosen Vorlesungen, Schriften, Vorträgen, Talkshows und schließlich als Abgeordnete des Europäischen Parlaments »zu Felde ziehen« (um bewusst einen militärischen Ausdruck für ihr Anliegen zu benutzen), werden sie regelmäßig mit dem Argument konfrontiert, dass der Euro den Frieden sichere. Nicht nur das, denn gehen angesichts der immer offensichtlicher zutage tretenden verheerenden Folgen des Euro den Mitdisputanten die ökonomischen Argumente aus, wird regelmäßig unterstellt, dass man mit der Auflösung des Euro den Frieden gefährde und den Dritten Weltkrieg riskiere.

Bei dieser Gelegenheit muss noch einmal darauf verwiesen werden, dass Joachim Starbatty von Anfang an gegen die Einheitswährung war und Hans-Olaf Henkel erst Jahre nach der Einführung zum Eurogegner wurde. 1995 trafen sich beide zum ersten Mal in Starbattys Büro an dessen Lehrstuhl für Volkswirtschaftslehre an der Universität Tübingen. Henkel war damals als Präsident des Bundesverbandes der Deutschen Industrie (BDI) gerade damit beschäftigt, für seinen Verband eine Position zum Euro zu formulieren. Beim Umhören bemerkte er, dass sich zwar fast alle Präsidenten der verschiedenen dem BDI angeschlossenen Branchenverbände klar für den Euro aussprachen, jedoch die Mehrheit der kleinen und mittleren Unternehmensführer der Einheitswährung sehr skeptisch gegenüber eingestellt war. Ihm fiel auch auf, dass die Vertreter großer Unternehmer mehr oder weniger unisono die Politik hin zum Einheitseuro öffentlich unterstützten. Der Hinweis auf »öffentlich« ist hier von Bedeutung, denn der eine oder andere machte aus seiner Skepsis unter vier Augen keinen Hehl.

Eine bedeutende und mutige Ausnahme machte der damalige Thyssen-Chef Dieter Spethmann. Zusammen mit Joachim Starbatty und einigen anderen zog er gegen die Einheitswährung schon früh vor das Bundesverfassungsgericht. Er führte einen jahrelangen Kampf erst gegen die Einführung des Euro, dann gegen die zahllosen Verletzungen des Maastricht-Vertrages und schließlich gegen die vor allem den deutschen Steuerzahler bedrohenden Rettungspakete; seine zahlreichen Briefe an die Redaktion der *FAZ* gehörten immer zu den Höhepunkten der sowieso meist anspruchsvollen und mit Genuss zu lesenden Beiträge ihrer Leser. Spethmann verstarb erst kürzlich; er blieb buchstäblich »bis zum letzten Atemzug« einer der eloquentesten und überzeugendsten Mitstreiter im Kampf gegen die proklamierte Alternativlosigkeit der von Merkel und Schäuble geprägten Europolitik.

Auch Henkels Sohn Hans war schon in den 1990er-Jahren ein entschiedener Gegner der Einheitswährung und bombardierte seinen Vater immer wieder mit entsprechenden Argumenten. Kein Wunder, denn Hans Henkel studierte zu der Zeit Volkswirtschaftslehre an der Universität Tübingen bei Professor Joachim Starbatty! Hans forderte seinen Vater auf, sich unbedingt Starbattys Argumente anzuhören, bevor er seine eigene beziehungsweise die Position des BDI in Zement gießen würde.

Nach dem unter Teilnahme seines Sohnes geführten Gesprächs in Starbattys Büro an der Universität Tübingen, umgeben von einer großen Anzahl Bücher wirtschaftswissenschaftlichen Inhalts, kehrte Henkel sehr nachdenklich in die damals noch am Rheinufer in Köln gelegene BDI-Zentrale zurück. Starbattys Darlegungen über die Risiken einer »one-size-fits-all«-Währung hinterließen auch auf Henkel senior einen starken Eindruck. Insbesondere erschien ihm die von Starbatty vorausgesagte Haftung Deutschlands für die möglicherweise von verantwortungslos handelnden Politikern anderer Länder verursachten Staats- und Bankschulden plausibel zu sein.

Deshalb stimmten Henkel und der BDI auch erst dem Euro zu, nachdem ein Staatssekretär des damaligen Finanzministers Theo Waigel namens Horst Köhler im Vertrag von Maastricht die Nichtbeistandsklausel (»no-bail-out-clause«) gegen massiven französischen Widerstand durchsetzte.

Selbst wenn Professor Starbatty recht haben sollte, so schloss Henkel damals, müsste Deutschland für kein anderes Land in der Eurozone haften, denn das finanzielle Beistandsverbot im Maastricht-Vertrag verbietet nun genau das, wovor der Tübinger Professor warnt!

Dass später eine Kanzlerin Merkel und ein Finanzminister Schäuble dieses Beistandsverbot beiseiteschieben und ausgerechnet einer der Urheber dieses Herzstücks des Maastricht-Vertrages, Horst Köhler, inzwischen Bundespräsident geworden, mit seiner Unterschrift diesen Vertrag zur Makulatur werden ließ, hatte Henkel nicht für möglich gehalten; Starbatty schon.

In Erinnerung gerufen werden sollte bei dieser Gelegenheit, dass Horst Köhler, keine 48 Stunden nachdem er ein Gesetz ausfertigte, welches das (sein!) finanzielle Beistandsverbot faktisch außer Kraft setzte, mit seiner Ehefrau an der Hand bei einer hastig anberaumten Pressekonferenz im Schloss Bellevue aus »persönlichen Gründen« zurücktrat.

Wenn Henkel und Starbatty nach Vorteilen der Einheitswährung gefragt werden, finden sie eigentlich nur einen: Über den

Euro haben sich ihre Wege nach ihrem ersten Treffen 1995 an der Universität Tübingen im Europäischen Parlament 2014 wieder gekreuzt. Sie haben beide auf ihre »alten Tage« den Weg in die Politik gefunden, um die nach ihrer Meinung verhängnisvolle Europolitik wenn nicht zu beenden, so doch positiv zu beeinflussen. Sie sind einander nicht nur politisch durch gemeinsame Mitgliedschaften in der ALFA-Partei, der »Allianz für Fortschritt und Aufbruch«, und in der Fraktion der EKR, der »Europäischen Konservativen und Reformer« im Europäischen Parlament in Brüssel und Straßburg, sondern inzwischen auch in enger Freundschaft verbunden.

So sind sie in der Lage, auch die Reaktionen auf ihre jeweilig öffentlich bezogenen Positionen miteinander zu vergleichen. Dabei stimmen beide darin überein, dass »der Friede in Europa« immer wieder zur Verteidigung selbst grotesker Fehlentscheidungen herhalten muss. Mit ihrem Credo »Scheitert der Euro, scheitert Europa!« hat Kanzlerin Merkel nicht nur die Diskussion über Alternativen zur Europolitik zur politischen Inkorrektheit erklärt und damit abgewürgt, sie hat diejenigen, die es wagen, trotzdem darüber zu reden, zu Gegnern Europas gestempelt.

Europa hat über 70 Jahre Frieden nicht dem Euro zu verdanken. Deutschland mit seiner D-Mark und Frankreich mit seinem Franc lagen auch vor Einführung des Euro nicht im Krieg gegeneinander. Und obwohl die Polen immer noch an ihrem Zloty festhalten, hat noch kein deutscher Soldat die polnische Grenze in kriegerischer Absicht übertreten.

Europa hat seinen Frieden nicht einer einheitlichen Währung, sondern seinen Demokratien zu verdanken. Noch nie hat eine Demokratie in Europa eine andere Demokratie angegriffen. Natürlich hat es Kriege zwischen Diktaturen gegeben, Diktaturen haben auch Demokratien angegriffen und Demokratien auch schon Diktaturen, aber noch nie eine Demokratie eine andere.

Deshalb meinen die Autoren, dass die beste Friedenssicherung in Europa noch immer die Sicherung der entstandenen Demokratien und die Wandlung der noch bestehenden Diktaturen in Demokratien ist. Sie meinen aber auch, dass zur Bewahrung der Demokratie das unbedingte und kompromisslose Festhalten an der Rechtsstaatlichkeit gehört. Die Autoren sehen deshalb mit größter Sorge wie für die Rettung des Euro oder die Aufnahme nicht registrierter Flüchtlinge geltendes Recht, geltende Verträge und verbindliche internationale Absprachen gebrochen wurden. Sie empören sich über regelmäßige Versuche, solche Rechts- und Vertragsbrüche mit Kriegsängsten, aus der Luft gegriffenen Friedensargumenten oder mit bedeutungsschwangeren Hinweisen auf die jüngere deutsche Geschichte zu rechtfertigen. Letzteres tun nicht einmal mehr unsere ehemaligen Kriegsgegner. Den Euro mit Europa gleichzusetzen fällt nur deutschen Politikern ein. Ihn als »Friedensgaranten« darzustellen, das bringen heute fast ausschließlich deutsche Politiker fertig. Die Grenzen für nicht registrierte Flüchtlinge mit dem Hinweis auf »eine besondere sich aus der Geschichte ergebende Verantwortung« sperrangelweit zu öffnen fällt natürlich nur den Deutschen ein, lässt aber fast ausnahmslos alle anderen europäischen Staats- und Regierungschefs mit dem Kopf schütteln.

Den Autoren drängt sich der Eindruck auf, dass die von deutschen Politikern ausgelobte Friedensunion inzwischen zu einem Manöver mit dem Ziel geworden ist, von der eigenen Entscheidungsschwäche abzulenken.

2. Der Weg zur Streitunion

Dem Diktum Merkels setzen die Autoren ein anderes entgegen: »Scheitert der Euro *nicht,* scheitert Europa!« Anstatt für Frieden in Europa zu sorgen, stiftet der Euro immer mehr Zwist und Zwietracht. Die Europäische Kommission lässt regelmäßig untersuchen, was die Bewohner der 28 Staaten voneinander halten. Daraus ergab sich, dass im Mai 2010 die Deutschen aus der Sicht der Griechen die beliebtesten europäischen Partner waren. Inzwischen ist Kanzlerin Merkel zweimal in Athen zu Besuch gewesen. Jedes Mal musste sie von Tausenden griechischer Polizisten vor möglichen Übergriffen geschützt werden.

Sieht man einmal von den bewegenden Bildern sympathischer Deutscher am Münchner Hauptbahnhof ab, gilt überall im Süden Europas und auch in Frankreich das Deutschland Merkels zunehmend als unsympathischer Zuchtmeister, der ihnen immer öfter als untragbar erscheinende Zumutungen abverlangt. Schäuble ist für viele europäische Politiker und für noch mehr südeuropäische Bürger die Inkarnation deutscher Arroganz, deutscher Überheblichkeit, deutscher Hegemonie. In Griechenland, Portugal und Spanien konnten sich links- und rechtspopulistische Kräfte vor allem mit deutschen Feindbildern etablieren oder verstärken. Sie meinen, Deutschland würde ihnen ihr Wirtschafts- und Finanzmodell aufzwingen, Deutschland sei verantwortlich für das in diesen Ländern verhasste Modell der Sparpolitik, für den eigenen wirtschaftlichen Niedergang, für deren Arbeitslosigkeit, die Perspektivlosigkeit ihrer Jugend.

Wir wissen natürlich, dass die Ursache für die verheerende ökonomische Entwicklung im Süden Europas einschließlich Frankreichs nicht in der Sparpolitik der jeweiligen Länder zu suchen ist. Die von den Deutschen immer wieder geforderte und in den jeweiligen Ländern weitgehend verhasste Austerität ist nur das Symptom, die Ursache ist in der Einheitseuropolitik selbst zu suchen. Dies zuzugeben hieße, den Euro infrage zu stellen und damit einen Fehler einzugestehen. Welcher Politiker tut das schon? Siehe oben!

Selbst das für den Frieden in Europa besonders wichtige Verhältnis zwischen Frankreich und Deutschland wurde durch den Einheitseuro schwer beschädigt. Angekettet an einen aus ihrer

Sicht zu starken Euro, sehen die Franzosen den Ausweg aus ihrer wirtschaftlichen Misere vor allem in einer Abwertung der Einheitswährung. Ihnen macht Inflation weniger aus als den Deutschen. Sie fürchten sich nicht vor Staatsschulden. Das Ziel, im Staatshaushalt eine »schwarze Null« zu erreichen, also keine neuen Schulden zu machen, halten sie für eine masochistische Marotte des deutschen Finanzministers. Staatliche Interventionen sind in Frankreich gang und gäbe. Was für die Deutschen die Soziale Marktwirtschaft Ludwig Erhards, ist für viele Franzosen heute noch der Merkantilismus Jean Colberts.

Zu Zeiten der D-Mark und des französischen Franc führten die unterschiedlichen ökonomischen Modelle auf beiden Seiten des Rheins nie zu ernsthaften Verstimmungen. Staatspräsident Valérie Giscard d'Estaing verstand sich prima mit Helmut Schmidt. Das Gleiche galt für das Verhältnis zwischen dem französischen Sozialisten Mitterrand und dem deutschen Konservativen Helmut Kohl.

Mit der Einführung des Euro wurde das anders. Eine Einheitswährung, das bemerkten die Euro-Politiker reichlich spät, bedingt auch eine einheitliche Wirtschafts- und Finanzpolitik. So wenig die Deutschen daran dachten, ihr erfolgreiches, auf Disziplin gegründetes Wirtschaftsmodell gegen das französische zu tauschen, so wenig dachten die Franzosen daran, ihr auf Staatsinterventionismus gegründetes Modell aufzugeben. Weder die immer wieder nach Tragödien, wie der bei »Charlie Hebdo« und der im Verlauf des Freundschaftsspiels beider Fußballnationalmannschaften verübten Terroranschläge von Paris, bekundeten Erklärungen gegenseitiger Sympathie noch die regelmäßig bekundeten Solidaritätserklärungen und schon gar nicht die manchmal die Peinlichkeitsgrenze überschreitenden Paarläufe von Merkel und Hollande können darüber hinwegtäuschen, dass das deutsch-französische Verhältnis heute so schlecht ist wie seit über 50 Jahren nicht mehr.

Das ist auch kein Wunder. Wenn die deutsche Seite bei der französischen Regierung öffentlich Reformen anmahnt, mit dem Zeigefinger auf französische Haushaltsdefizite zeigt, sich über staatliche Interventionen bei französischen Unternehmen beschwert und dauernd Solidität anmahnt, macht das genauso wenig Freunde an der Seine, wie es an der Spree Freude auslöst, wenn der französische Industrieminister meint, Deutschland müsse seinen Sparkurs aufgeben, oder der französische Sozialminister vorschlägt, Deutschland solle seine Arbeitslosenversicherung mit der französischen als Zeichen der Solidarität zusammenlegen. Jedes Mal, wenn von deutscher Seite »Solidität« über den Rhein gerufen wird, schallt von dort das Echo »Solidarität« zurück.

Wie kommt Wolfgang Schäuble dazu, von den Griechen, die ihn nicht gewählt haben, zu verlangen, ihre Staatsbahn zu privatisieren? Einmal ganz davon abgesehen, dass weder Henkel noch Starbatty dieses marode Unternehmen für einen symbolischen Euro kaufen würden, denkt Schäuble selbst nicht im Traum daran, die Deutsche Bahn an die Börse zu bringen.

Wieso meint Angela Merkel, den Belgiern vorschreiben zu müssen, dass sie die Bindung ihres Lohnfindungssystems an die Inflation aufgeben sollen? Einmal ganz davon abgesehen, dass ihr Einwand seine Berechtigung hat, wurde sie von den Belgiern oder von den Deutschen gewählt?

Warum verlangt Merkel von den Spaniern, weniger Urlaub zu machen? Ganz davon abgesehen, dass die Spanier weniger Urlaub haben als die deutschen Europameister in dieser Disziplin, welches Recht hat sie, den Spaniern solche Vorschriften zu machen?

Von den Italienern verlangen die Deutschen den Abbau ihrer ausgeuferten Staatsschulden, von den Portugiesen, dass sie ihre Renten kürzen, und von der griechischen Regierung, vom Plan abzusehen, ihr eigenes Volk über die von der »Troika« – also von Vertretern der Europäischen Zentralbank, der Europäischen

Kommission und der Eurogruppe – aufoktroyierten Reformen entscheiden zu lassen!

Die Antworten auf diese Fragen sind einfach. Natürlich muss die Bundesregierung im derzeitigen System der Einheitswährung genau so handeln, wie sie es tut. Der Euro hat sie gegenüber den anderen Euroländern in eine Rolle gedrängt, die der Position einer Bank gegenüber einem Schuldner entspricht. Gibt eine Bank oder eine Sparkasse einem mittelständischen Unternehmer für den Kauf einer neuen Werkzeugmaschine einen Kredit, und dieser kauft sich stattdessen einen neuen Ferrari, dann muss die Bank reagieren. Das Geld für den ausgegebenen Kredit kommt letzten Endes von den Einlagen der Sparer. Damit deren Einlagen sicher sind und auch wieder ausgezahlt werden können, muss die Bank dafür sorgen, dass Kreditnehmer verantwortungsvoll mit dem geliehenen Geld umgehen.

In der Politik ist ein solches System aber völlig inakzeptabel. Frau Merkel wurde von den Abgeordneten des deutschen Bundestages gewählt und diese vom deutschen Volk. Deshalb legen wir in diesem Buch dar, dass es an der Zeit ist, neben den inhärenten ökonomischen Fehlanreizen der Einheitswährung die gefährliche politische Zeitbombe beim Namen zu nennen, die eine so gewaltige Sprengkraft entwickeln wird, dass sie droht, nicht nur den Euro selbst, sondern Europa in die Luft zu sprengen.

Das Eurosystem selbst bedroht zunehmend auch die Europäische Union, Europa, die Demokratien und letztes Endes damit auch den Frieden. Ein Währungssystem, das den potenziell größten Kreditgeber dazu zwingt, seine Nase dauernd in die Angelegenheiten seiner potenziellen Schuldner zu stecken, kann nur zu Zwist und Zwietracht führen.

Der Euro hat aus einer Friedensunion eine Streitunion gemacht. Scheitert der Euro nicht, wird Europa scheitern.

V. GEWOLLTE ENTMACHTUNG DEUTSCHLANDS UND UNGEWOLLTE FOLGEN

1. Frankreichs Ziel: Die Bundesbank entmachten

Im Jahre 1960 kostete ein »Nouveau Franc« – unter dem Währungsexperten Jacques Rueff war der französische Franc stabilisiert worden, indem drei Nullen auf den Geldscheinen gestrichen wurden – 1,10 D-Mark; also war ein Nouveau Franc mehr wert als eine D-Mark. Im Mai des Jahres 1998, als der Beschluss über die Einführung des Euro gefasst wurde, war der Franc nur noch 27 Pfennige wert, also gerade einmal ein Viertel des früheren Werts. Die Abwertung des Franc spiegelte eine höhere Preissteigerungsrate des privaten Verbrauchs und den Verlust an internationaler Wettbewerbsfähigkeit wider. Natürlich waren dann auch die Zinsen für Staatsanleihen in Frankreich höher als in Deutschland: Während der Anleger in Frankreich bei Abwertung einen Wertverlust akzeptieren musste, nahm er bei Aufwertungen der D-Mark einen kräftigen Gewinn mit. Frankreich konnte über mehr oder weniger periodische Abwertungen gegenüber der D-Mark zwar seine internationale Konkurrenzfähigkeit erhalten, allerdings war jede Abwertung mit einem Prestigeverlust verbunden. Doch sahen die französischen Regierungen die Schuld für unausweichliche Abwertungen nicht in der eigenen Politik begründet, sondern in der nach ihrer Auffassung einseitig auf Preisstabilität ausgerichteten Geldpolitik der Deutschen Bundesbank.

Ein erster Schritt in Richtung Vergemeinschaftung der Währungen und damit Eindämmung des geldpolitischen Einflusses der Bundesbank war der europäische Gipfel von Den Haag (1./2. Dezember 1969). Hier wurde erstmals das Ziel einer europäischen Währungsunion genannt. Die Gipfelteilnehmer einigten sich darauf, Pierre Werner, den luxemburgischen Ministerpräsidenten, zu beauftragen, einen Stufenplan für die Einführung einer europäischen Währung zu erarbeiten.

Damals konkurrierten zwei Konzeptionen um den richtigen Weg zu einer europäischen Währung – die Grundsteintheorie und die Krönungstheorie:

Die Grundsteintheorie wollte mit einer gemeinsamen Währung den Boden für eine politische Union bereiten. Man setzte also auf die Sachzwangstrategie: Nach dem entscheidenden monetären Schritt müsse ein politischer folgen, um die Währungsunion dauerhaft abzusichern.

Die Krönungstheorie ging davon aus, dass zunächst die nationalen Finanz-, Wirtschafts- und Sozialpolitiken aufeinander abgestimmt sein müssten, um so auch zu einem Gleichklang bei den Wechselkursen zu kommen, wie es bei dem informellen Währungsverbund Niederlande, Österreich und Deutschland über Jahrzehnte der Fall war. Wenn gesichert sei, dass Wechselkursspannungen nicht mehr aufträten, könnte ein solcher Konvergenz-Prozess mit einer gemeinsamen Währung gekrönt werden.

Bei der Grundsteintheorie soll eine politische Entscheidung den notwendigen Konvergenzprozess auslösen, bei der Krönungstheorie ist die gemeinsame Währung das Resultat eines evolutionären Prozesses. Die Teilnehmer der Werner-Gruppe, wobei auf deutscher Seite Hans Tietmeyer herausragte, einigten sich auf einen Kompromiss. Sie wollten über drei Parallelitäten dem Ziel einer gemeinsamen Währung näher kommen:

> Parallelität von monetärer und wirtschaftspolitischer Konvergenz,

> Aufgabe nationaler bei gleichzeitigem Ausbau supranationaler Institutionen und Instrumente,

> Vergemeinschaftung politischer Souveränität im Zuge der Schaffung einer gemeinsamen Währung.

Als die die französische Regierung tragende gaullistische Partei feststellte, dass die gemeinsame Währung nicht ohne substanziellen nationalen Souveränitätsverzicht zu haben war, buchstabierte sie die Entwicklung auf die ersten Schritte in Richtung einer Währungsunion zurück. Inzwischen wissen wir, dass die Europäische Währungsunion genau hieran krankt: Die Annahme, die Mitgliedstaaten würden ihre nationale Politik den Erfordernissen einer Währungsunion unterordnen, trifft nicht zu. Es war das Verdienst der deutschen Verhandlungsdelegation, dass sie auf den drei Parallelitäten bestand. Sie hat damals eine verhängnisvolle Entwicklung verhindert.

Ein weiterer entscheidender Vorstoß, um die Deutsche Bundesbank in das Europäische Beziehungsgeflecht einzubinden, war das von Giscard D'Estaing und Helmut Schmidt aus der Taufe gehobene Europäische Währungssystem (EWS). Weil Stark- und Schwachwährungsländer bei Auf- und Abwertungstendenzen zu bilateralen Interventionen verpflichtet waren, erwartete die Politik, dass die Schwachwährungsländer zu mehr geldpolitischer Disziplin und die Starkwährungsländer zu einer weniger rigiden Politik genötigt würden. Wenn die Starkwährungsländer schwächere Währungen aus dem Markt nahmen, dann gewährten sie den Schwachwährungsländern einen Kredit, der aber nach längstens sechs Monaten zurückgezahlt werden musste. Solche Kredite verschafften ihnen also nur eine relativ kurze Verschnaufpause, um die eigene Politik zu härten und dem Abwertungsdruck entgegenzuwirken. Wenn sie dazu nicht bereit waren, wurden in einer konzertierten Aktion die Wechselkursrelationen angepasst. Hierbei waren alle Mitgliedstaaten in die Willensbildung eingebunden, und das Votum musste einstimmig erfolgen. Im Zeitverlauf ergab es sich, dass potenzielle Schwachwährungsländer bei Abwertungstendenzen der D-Mark Reserven in D-Mark anlegten, um bei eigenen Schwächephasen die nationale Währung durch Abgabe von Devisen zu stabilisieren. So wuchs die D-Mark im Zuge des Währungswettbewerbs allmählich in die Rolle einer Leitwährung beziehungsweise Ankerwährung hinein. Die Konsequenz war: Wo die Bundesbank ihren stabilitätspolitischen Anker auswarf, mussten auch alle anderen Zentralbanken einschließlich der Banque de France vor Anker gehen. Damit gab die Bundesbank den Kurs vor, dem alle anderen Mitgliedstaaten folgen mussten, wenn sie ihre Währungen nicht abwerten wollten.

Die Bundesbank wurde als Hüterin der Ankerwährung zwar respektiert, aber beliebt war sie nicht. Die Angriffe aus Frankreich in Richtung Bundesbank kamen aus dem Kreis der französischen Elite; der renommierte Soziologe Pierre Bourdieu sprach vom »Principe Tietmeyer«, wenn er den stabilitätspolitischen Kurs der Bundesbank aufs Korn nahm – Tietmeyer war damals Präsident der Deutschen Bundesbank. Aus Politik, Wirtschaft und Notenbankkreisen hörte man Stimmen, die der Bundesbank »D-Mark-Imperialismus« vorwarfen. Man kann zur Beschreibung des Verhältnisses von Banque de France und Deutscher Bundesbank durchaus einen zentralen Begriff aus der Spieltheorie heranziehen: Es spielte sich zwischen ihnen ein »Chicken Game« ab: Wer verliert zuerst die Nerven und gibt nach. Die Bundesbank kam der Banque de France zwar entgegen, blieb aber bei aller Flexibilität ihrer stabilitätspolitischen Linie treu.

Nachdem im Herbst des Jahres 1992 zunächst das britische Pfund aus dem EWS ausscheiden musste, richteten sich im Sommer des Jahres 1993 die spekulativen Attacken gegen den französischen Franc. In dramatischen Verhandlungen verlangte die französische Delegation, dass der Störenfried Bundesbank das EWS verlassen müsse. Als daraufhin die Niederlande und schließlich alle restlichen Mitgliedstaaten erklärten, die Bundesbank begleiten zu wollen, wäre allein Frankreich Hüterin der Ankerwährung gewesen. Daraufhin vereinbarten die Mitgliedstaaten die im EWS geltenden Bandbreiten von ± 2,5 Prozent auf ± 15 Prozent auszuweiten. Damit hatten die Geldpolitiker genügend Spielraum, um sich an nationalen Zielen zu orientieren. Attacken in Richtung Bundesbank erübrigten sich. Und nun geschah etwas Überraschendes: Trotz des erhöhten geldpolitischen Handlungsspielraums stieg die Bereitschaft der EWS-Staaten, dem Kurs der Bundesbank zu folgen; denn nur so konnten sie den Nachweis erbringen, für die vertraglich vorgesehene Währungsunion gewappnet zu sein. Weitere Auseinandersetzungen über den geldpolitischen Kurs und entsprechende Ausschläge in der erweiterten Bandbreite hätten vermuten lassen, dass entweder die Zeit dafür nicht reif sei oder einzelne Mitgliedstaaten für eine Mitgliedschaft nicht geeignet wären. Dieser Druck disziplinierte die Mitgliedstaaten ungemein; die Attacken auf die Bundesbank blieben aus.

Natürlich hat die französische Regierung hinter den Kulissen Druck ausgeübt. Bei Beratungsrunden im Kanzleramt, an denen Joachim Starbatty teilnahm, solange er noch Persona grata war, berichteten die engen Mitarbeiter Helmut Kohls, dass sich Mitterrand und Kohl bei einer Flasche Burgunder darauf geeinigt hätten, dass die französische Regierung stabilitätsbewusster agieren wolle, wenn ihr die Bundesbank entgegenkäme. Das deutsche Niveau zu erreichen, würde Frankreich überfordern, sagte Mitterrand; es würde in Frankreich den gesellschaftlichen Konsens gefährden. Kanzler Helmut Kohl hatte Verständnis dafür, doch war leicht vorauszusehen, dass die Bundesbank bei entsprechenden Anfragen auf ihren stabilitätspolitischen Auftrag verwies und dabei die deutsche Öffentlichkeit hinter sich wusste.

Eine entscheidende Rolle bei der Ausrichtung der Geldpolitik spielten die unterschiedlichen Erfahrungen Deutschlands und Frankreichs mit Inflation und Deflation. Deutschland hatte nach dem Ende des Ersten Weltkriegs unter einer nicht vorstellbaren Entwertung des Geldes gelitten; Vermögensbesitzer und Mittelstand wurden enteignet und ruiniert. Bei der Inflation nach dem Zweiten Weltkrieg wurden die Preise eingefroren; stattdessen wurden die Warteschlangen vor den Geschäften länger und länger. Das entwertete Geld war nur im Zusammenhang mit Lebensmittelmarken etwas wert. Schwarze Märkte wuchsen aus dem Boden, und Schieber machten ihr Glück. Die Ladenbesitzer horteten ihre Waren, weil das Geld nichts galt. Zwei Währungsreformen – 1923 und 1948 – brachten zuverlässiges Geld und Vertrauen zurück.

Weil im Zuge der Währungsreform von 1948 Ludwig Erhard, der damalige Direktor der Bizone (vereinigtes Wirtschaftsgebiet, das nach dem Zweiten Weltkrieg den britischen und US-amerikanischen Besatzungsmächten unterstellt war), gegen den Willen der alliierten Siegermächte zugleich die amtliche Warenbewirtschaftung abschaffte, füllten sich über Nacht die Regale mit lange vermissten Waren. Die Schwarzen Märkte trockneten aus; denn nun war Geld wieder etwas wert; die Ladenbesitzer tauschten bereitwillig ihre Waren gegen vertrauenswürdiges Geld. Nie wieder Inflation war die Devise.

Gegenteilige Erfahrungen machten die Franzosen. Nach der Weltwirtschaftskrise im Jahre 1929 hielt die französische Regierung an der überkommenen Goldparität des französischen Franc fest, während das britische Pfund und der US-amerikanische Dollar gegenüber dem Gold abgewertet wurden. Daher lag das französische Preisniveau deutlich über dem Niveau in den Dollar-und-Pfund-Sterling-Gebieten. Die französische Wettbewerbsfähigkeit konnte entweder über eine Senkung des inländischen Preisniveaus oder durch eine Abwertung zurückgewonnen werden. Die französische Regierung entschied sich für die Deflation; dabei ließ sie sich mehr von politischen Rücksichten als von ökonomischen Einsichten leiten. Die Deflationspolitik war ein Fehlschlag. Die Kürzung von Staatsausgaben und Löhnen führten nicht zu den erhofften Preissenkungen, sondern zu Verarmung und Arbeitslosigkeit. Die Deflationspolitik hatte bei den Arbeitern, welche die Hauptlast der deflationären Anpassungslast zu tragen hatten, zu Wut und Enttäuschung geführt. Schließlich kam es zu einem partiellen Aufruhr. Das Trauma der Franzosen ist die Deflation. Daher war die Einstellung der Deutschen und Franzosen zu Geld und Geldpolitik konträr. Für französische Politiker gilt: Geld und Geldpolitik sind zu wichtig, um sie Experten überlassen zu dürfen. Für deutsche galt: Geld und Geldpolitik sind zu wichtig, um sie Politikern überlassen zu dürfen. Verantwortlich für Geld und Inflationsrate waren französische Regierungen, während sich die Bundesbank – gestützt auf die gesetzlich abgesicherte Unabhängigkeit – ihren geldpolitischen Freiraum gegenüber der Politik erkämpfen konnte.

Es war keineswegs so, dass Regierungen in Deutschland den jeweiligen auf Preisniveaustabilität ausgerichteten Kurs der Bundesbank freudig begrüßt hätten, doch war der Rückhalt der Bundesbank bei der Bevölkerung schließlich so groß, dass es keine Regierung wagen konnte, deren Politik offen zu attackieren. Das französische Credo dagegen lautete: Eine demokratisch gewählte Regierung muss die nationale Inflationsrate unter Kontrolle haben, um ihrer demokratisch legitimierten Verantwortung gerecht zu werden; Experten durften sie beraten, aber nicht selbst entscheiden.

Wie abwegig musste es den französischen Regierungen vorkommen, dass ausländische Experten über ihre Politik bestimmen konnten. Bei währungspolitischen Turbulenzen guckte die Deutsche Bundesbank zur Zentralbank der USA, gelegentlich auch nach Tokio (damals war die Bank of Japan noch ein wichtiger Akteur auf den Devisenmärkten), aber niemals nach Paris; die US-

Zentralbank guckte nach Frankfurt am Main. Die Banque de France guckte niemals nach New York oder Tokio, sondern immer bloß nach Frankfurt. Sie war als währungspolitischer Trabant gehalten, sich an der deutschen Geldpolitik zu orientieren, wenn sie nicht aus dem EWS ausscheiden oder abwerten wollte.

Diesen Zusammenhang beleuchtet eine Bemerkung von Jacques Attali, damals ein Intimissimus von François Mitterrand, wie David Marsh einmal Joachim Starbatty berichtete. Im Zuge von Verhandlungen wies Attali seinen deutschen Verhandlungspartner darauf hin, dass die deutsche Atombombe gefährlicher sei als die französische »Force de Frappe«. Als der Deutsche ihn verständnislos anblickte, sagte Jacques Attali: »Ihre Bundesbank.«

Auch in Italien war die Politik der Bundesbank nicht beliebt. Der italienische Ministerpräsident Andreotti übte Druck auf die deutsche Bundesregierung aus. Hans-Dietrich Genscher, der damalige deutsche Außenminister, sah seinen Wirkungskreis entscheidend eingeengt. Er lancierte seinen Plan der Schaffung einer Währungsunion an Gerhard Stoltenberg vorbei, den damals für Geld und Währung zuständigen Finanzminister. Er hat das sicherlich nicht ohne Rückendeckung des Kanzlers getan. Gerhard Stoltenberg hat Starbatty in einem kleineren Kreise geschildert, wie man ihn und sein Ministerium ausgebootet habe. Das Finanzministerium hat dann später versucht, den Schaden in Grenzen zu halten, indem es darauf bestand, dass die zukünftige Europäische Zentralbank sich am Modell »Bundesbank« orientieren müsse.

Die Bundesbank hat sich schließlich nicht weiter gegen die Einführung der Währungsunion gesperrt, weil sie ihre stabilitätsorientierte Politik durch die Übernahme des Bundesbankstatuts in den Maastricht-Vertrag gesichert sah. Wir können durchaus von einem Tauschgeschäft sprechen: Aufgabe der Funktion »Hüterin der Ankerwährung« gegen Übernahme einer institutionellen Regelung, die sicherstellt, dass auf europäischer Ebene die Stabilitätspolitik der Bundesbank fortgeführt wird.

Helmut Kohl und der damalige Finanzminister Theo Waigel bestreiten einen Zusammenhang zwischen Entmachtung der Bundesbank und der Zustimmung Frankreichs zur Wiedervereinigung. Was sollen sie auch anderes tun? Doch lassen sich reichlich Belege dafür finden. Wahrscheinlich hat Helmut Kohl der Gründung der Währungsunion zugestimmt, um das gewachsene politische und wirtschaftliche Gewicht Deutschlands nach der Wiedervereinigung in die Europäische Integration einzubinden: Europäisierung Deutschlands, um den Partnerstaaten die Angst vor einem dominanten Deutschland zu nehmen. Entscheidender Prüfstein für eine solche Bereitschaft war die Europäisierung der D-Mark. Für Helmut Kohl war der Zusammenhalt der EU vorrangig. Er hat deswegen seine Bedenken gegen eine Währungsunion ohne politische Fundamentierung zurückgestellt. Die Frage, ob Mitterrand gedroht habe, Frankreich würde der EU den Rücken kehren, wenn Kohl nicht die Bundesbank auf dem Altar Europas opfere, kann nur Helmut Kohl beantworten.

Wir wissen aber, dass Helmut Kohl auf deutsche Meinungsbildner stark eingewirkt hat, um in der deutschen Öffentlichkeit der Abneigung gegen die Aufgabe der D-Mark entgegenzuwirken. Hans D. Barbier, der anerkannte Chef des Wirtschaftsressorts der *FAZ*, vertrat seit jeher die Meinung, dass politisch nicht richtig sein könne, was ökonomisch falsch sei. Bei einem Redaktionsbesuch in der *FAZ* hat Helmut Kohl auf den politischen Primat gepocht und der gesamten Redaktion zu verstehen gegeben, dass der Euro komme, auch wenn das einige Journalisten nicht wahrhaben wollten. Daher wäre konstruktive Kritik geboten, damit der Euro, wenn er nun einmal da sei, eine Erfolgsstory werde. Von Stund' an schwieg die kritische Berichterstattung der *FAZ*.

Wer wie Starbatty Vorträge vor Industrie- und Handelskammern und Sparkassen hielt, merkte rasch, dass deren Präsidenten, Hauptgeschäftsführer und Vorstände »eingenordet« waren. In Gesprächen unmittelbar vor den Verträgen waren sich alle der

Risiken der Gemeinschaftswährung bewusst und sparten auch nicht mit Kritik, als sie aber vor das Publikum traten und den Redner einführten, priesen sie den Weitblick Helmut Kohls, seinen Friedenswillen und sein europäisches Verantwortungsbewusstsein.

2. Bundesbank auf verlorenem Posten

Bei der Schaffung einer gemeinsamen Währung gaben alle Mitgliedstaaten ihre nationale Währung auf, doch gewannen ihre Zentralbanken, die zuvor im EWS der geldpolitischen Linie der Bundesbank folgen mussten, wieder Einfluss auf die Geldpolitik, weil sie nun im Rat und Direktorium der EZB über die gemeinsame Politik diskutieren und befinden konnten. So hat der frühere Präsident der Banque de France, Jacques de Larosière, auf die Frage, warum Frankreich mit seiner Zustimmung zum Maastricht-Vertrag geldpolitische Souveränität abtrete, geantwortet: »Nein, es gehe darum, sie zu teilen, um sie im Interesse Frankreichs und der Gemeinschaft ausüben zu können.« War die Willensbildung im EWS asymmetrisch – die Mitgliedstaaten orientierten sich an der Politik der Bundesbank –, so wird sie bei der Steuerung der Gemeinschaftswährung symmetrisch: Jede Zentralbank verfügt über eine Stimme und kann so ihre nationalen Interessen in die Entscheidungen des Rates der Europäischen Zentralbank einbringen.

Das Vertrauen, die Festschreibung des Modells der Bundesbank im Maastricht-Vertrag werde die Europäische Zentralbank vor Politisierung schützen, wurde bereits bei der ersten Kraftprobe nach der Einigung auf den Beginn der Währungsunion am 1. Januar 1999 erschüttert. Die zukünftigen Mitglieder der Währungsunion hatten sich auf den Präsidenten der niederländischen Zentralbank, Wim Duisenberg, als Präsidenten der Europäischen

Zentralbank geeinigt. Er hatte bisher den Kurs der Deutschen Bundesbank loyal mitgetragen und galt als Garant für die Fortsetzung der bewährten Stabilitätspolitik.

Der französische Staatspräsident Jacques Chirac wollte dagegen seinen Kandidaten, Jean-Claude Trichet, durchsetzen. Wenn er auf ihm beharrte, dann doch wohl, weil er von ihm eine für Frankreich genehme Geldpolitik erwartete. Und so begann die Währungsunion zugleich mit einem Vertrauensbruch: Die erste Amtsperiode wurde halbiert, und Duisenberg erklärte sich bereit, nach vier Jahren aus dem Amt zu scheiden.

Für den früheren Wirtschaftsminister und Verfechter marktwirtschaftlicher Prinzipien, Otto Graf Lambsdorff, war dieser Kuhhandel – »gegen Buchstaben und Geist des Maastricht-Vertrages« – ein verheerender Anfang, der das Vertrauen der Bürger in die Verlässlichkeit der EZB erschütterte und künftigen politischen Manipulationen Tür und Tor öffnete.

Hier sei angemerkt, dass die FDP gern behauptet, dass bei Ottos Neffe Alexander Graf Lambsdorff, mit den Autoren im Europäischen Parlament sitzend, sein Name »Programm« sei. Uns erscheint das als schamlos, denn im Gegensatz zum Eurogegner Otto Graf Lambsdorff ist sein Neffe im Europäischen Parlament ein Befürworter der Einheitswährung!

Auch die Konzeption, die hinter der erfolgreichen Stabilitätspolitik der Bundesbank stand, wurde entsorgt. Die Bundesbank orientierte ihre Politik an einem vorgegebenen Geldmengenziel mit einer relativ großen Bandbreite. Zwar kam es vor, dass sie die Geldmenge stärker als vorgesehen expandieren ließ, wenn sie exogene Ereignisse abfedern wollte. Beobachter der Politik der Bundesbank wussten im Vorhinein nicht mit Sicherheit, ob die Bundesbank ihr Geldmengenziel exakt einhalten würde, doch konnten sie sich darauf verlassen, dass sie starke Ausweitungen der Geldmenge im Zeitverlauf wieder einfangen würde. Die Konzeption der EZB war dagegen von vornherein nicht ein-, sondern zweigleisig angelegt. Sie gab vor, sich sowohl an der Entwicklung der Geldmenge als auch an der Entwicklung des harmonisierten Verbraucherpreisindex zu orientieren. Damit ist sowohl ihr diskretionärer Handlungsspielraum verbreitert als auch ihre Politik gegen Kritik immunisiert worden.

Verstöße gegen das Geldmengenziel konnten mit dem Argument gerechtfertigt werden, dass der Verbraucherpreisindex entsprechend den Planvorgaben verlaufe. Wenn ein übermäßiger Geldmengenanstieg nicht zu Preissteigerungen in den Warenhäusern führte, weil die Gewerkschaften sich bei Lohnforderungen zurückhielten und daher die Lohnstückkosten nur moderat anstiegen, sondern die Preise für Vermögenswerte nach oben trieb, so konnte die EZB ihre Hände in Unschuld waschen, wie es auch geschehen ist. Schließlich ist das Geldmengenziel im Juni 2003 gänzlich entsorgt worden. Damit ist die Politik der EZB nicht mehr kontrollierbar. Wir sind gerade Zeugen dieses Vorgangs.

Bei Entscheidungen im Rat der EZB ist nicht der Kapitalschlüssel maßgeblich – Anteil der nationalen Zentralbanken am Eigenkapital der EZB –, vielmehr hat jedes Land unabhängig von Bevölkerung und Wirtschaftskraft eine Stimme – eine in der Welt einzigartige Regelung. Bei einem solchen institutionellen Arrangement ist natürlich die Gefahr gegeben, dass die Zentralbanken der Regierungen, die Schwierigkeiten mit der Emission ihrer Staatsanleihen und bei der Schuldentilgung haben, auf einen niedrigen Zins drängen und damit den Vertreter der Deutschen Bundesbank überstimmen können.

Als Starbatty das zu bedenken gab, bekam er zur Antwort: Eine solche Auffassung sei längst überholt, hätten doch alle Mitgliedstaaten der Währungsunion die Vorteilhaftigkeit der deutschen Stabilitätskultur erfahren; sie sei Bestandteil des allgemeinen Bewusstseins geworden. Repräsentanten der Deutschen Bundesbank betonten – auf die Problematik der »one Country, one

Vote«-Regel angesprochen –, dass die Sitzungen des Europäischen Zentralbankrats in großer Harmonie verliefen.

Natürlich war das so, solange nicht über konfliktreiche Themen abgestimmt wurde und die nationalen Interessen übereinstimmten. So viel Blauäugigkeit hätte man eigentlich von erfahrenen Praktikern der Geldpolitik nicht erwarten dürfen. Die Vermutung, dass ein solches Abstimmungsverfahren gewählt wurde, um die stabilitätsorientierte Position der Bundesbank überstimmen zu können, ist naheliegend.

Freilich ist zu berücksichtigen, dass die drei wichtigsten Volkswirtschaften in der Eurozone – Frankreich, Italien und Deutschland – immer im Direktorium der EZB vertreten und auch im EZB-Rat stimmberechtigt sind. Auch hatte die Bundesregierung darauf gedrungen, dass die Position des Chefvolkswirts der EZB vom jeweiligen deutschen Vertreter besetzt werde. Diese Position ist von herausragender Bedeutung, weil hier die Beschlussvorlagen für den EZB-Rat erstellt werden. Otmar Issing und Jürgen Stark haben in dieser Position stabilitätspolitische Akzente setzen können. Mittlerweile besteht die Bundesregierung nicht mehr auf diesem ungeschriebenen Recht, entweder weil sie keine vergleichbaren Kandidaten aufweisen kann oder weil sie das Interesse daran verloren hat. Wahrscheinlich trifft die zweite Lesart zu. So hat sich Angela Merkel seinerzeit auch nicht bemüht, einen Vertreter der deutschen stabilitätspolitischen Tradition zum Präsidenten der EZB küren zu lassen. Sie hat der Wahl Mario Draghis keine Steine in den Weg gelegt. Sie wird wohl gewusst haben, dass bei der Wahl eines deutschen Vertreters der Zusammenhalt der Eurozone hätte gefährdet sein können.

Wer sich heute über Sprüche und Taten von Mario Draghi entrüstet, sollte wissen, dass er die volle Rückendeckung von Angela Merkel und auch von Wolfgang Schäuble hat, auch wenn Wolfgang Schäuble in der Öffentlichkeit den Kurs von Draghi gelegentlich kritisiert. Was er ihm im vertrauten Kreis gesagt hat, können wir freilich nur vermuten:»Mario«, wird er ihm gesagt haben,»ich muss das ja bei uns zum Thema machen, sonst laufen uns die Wähler davon, die um ihr Erspartes fürchten.« Draghi wird ihm erwidert haben:»Ich verstehe das ja. Aber verstehe du auch, dass ich nicht bloß Geldpolitik für Deutschland machen kann, sondern die Eurozone zusammenhalten muss.«»Natürlich«, wird Schäuble geantwortet haben,»das ist mir schon klar.« Der Leser sehe uns nach, dass wir dieses erfundene realitätsnahe Gespräch in einer informellen Version wiedergeben. Seitdem sich alle auf der diplomatischen Bühne des englischen Idioms bemühen – mehr oder weniger erfolgreich –, redet man sich automatisch mit Vornamen an.

Dass der deutsche Vertreter, Jens Weidmann, einen einsamen Kampf gegen die Liquiditätsschwemme und gegen deren verheerende Folgen führt, ist mittlerweile aktenkundig. Als Draghi sein billionenschweres Ankaufprogramm von Staatsanleihen und forderungsbesicherten Wertpapieren ankündigte, ist die Bundeskanzlerin nach ihrer Einschätzung dieser Politik gefragt worden. Sie hat geantwortet: Sie hoffe, dass dann die Bemühungen der Schuldnerstaaten um strukturelle Reformen nicht nachließen.

Wenn sich die Zinsen sogar in den gefährdeten Schuldnerstaaten in Richtung null bewegen, welche Anreize hätten sie dann, sich um zugegebenermaßen unpopuläre strukturelle Reformen zu bemühen? Immer wieder hörten wir von den Politikern, mithilfe der Geldpolitik Zeit kaufen zu wollen, um die notwendigen strukturellen Reformen sorgfältig vorbereiten zu können.

Das Prinzip des Zeit-Kaufens mithilfe der Notenpresse hat sich in Wirklichkeit als das»Lange-Bank-Prinzip« entpuppt, und die verzweifelten Versuche des deutschen Vertreters in der Europäischen Zentralbank, sich dieser Politik entgegenzustemmen, mag man gewiss als Schattenboxen bezeichnen.

3. Das Verhängnis der Eurodividende

Das Verhängnis der notleidenden Schuldnerstaaten beginnt mit einem vermeintlichen Glücksfall. Wegen unterschiedlicher Inflationsraten und Produktivitätsentwicklung klafften die nationalen Zinssätze für Staatsanleihen in Europa weit auseinander – teilweise über 20 Prozentpunkte. Hierin drückte sich das unterschiedliche Risiko aus – höherer Wertverlust und befürchtete Verluste bei Abwertung. Nach dem Beitritt zur Währungsunion sanken die Zinsen in allen Mitgliedstaaten in Richtung deutsches Niveau. Deutschland brachte als zuverlässiger Schuldnerstaat seinen »Goodwill« in die Währungsunion ein.

Da die Eurozone als Schicksalsgemeinschaft ausgelobt wurde, galt sie auch als Haftungsgemeinschaft. Weiterhin konnten alle Mitgliedstaaten mit ihrer Stimme maßgeblich die gemeinsame Geldpolitik bestimmen. Aber gerade die erhoffte und realisierte Eurodividende wurde ihnen zum Verhängnis. Der in der Wirtschaftsgeschichte wohl einmalige Zinssturz von teilweise mehr als 20 Prozent auf bloß noch 5 Prozent war ein starker Konjunkturschub. Deutsche Politiker hofften, diese Eurodividende würde für die Sanierung privater und öffentlicher Finanzen und zur Erneuerung des Produktionsapparates genutzt. Stattdessen haben öffentliche und private Haushalte die niedrigen Zinsen genutzt, um sich das zu leisten, wovon sie bisher nur geträumt hatten.

Hinzu kam, dass die EZB für alle Staaten nur einen Zinssatz vorgeben konnte – das bekannte Problem des »One size fits all«. Die EZB orientierte sich Anfang des dritten Jahrtausends an den schwächelnden Kernländern – Deutschland, Frankreich und Italien – und setzte den Refinanzierungssatz (Zinssatz für die Bereitstellung von Primärliquidität) auf historisch niedrige 2 Prozent fest. Das war für diese Länder angemessen, nicht aber für Irland und die boomenden Mitgliedstaaten in der südlichen Peripherie der Eurozone. Weil in diesen Ländern wegen des stärkeren Anstiegs der Verbraucherpreise der reale Zins – Refinanzierung der EZB in Höhe von 2 Prozent unter Berücksichtigung des nationalen Preisanstiegs – im Zeitraum 2002 bis 2007 negativ war, spielten die Märkte verrückt.

Die negativen Realzinsen führten zu Übertreibungen und ausgeprägten Blasen auf den Immobilienmärkten, insbesondere in Irland und Spanien. Das Baugewerbe einschließlich der vorgelagerten Sektoren – Erstellung von Ausrüstungsgütern für die Bauwirtschaft – und nachgelagerten Sektoren – dazu gehört alles, was ein Haus wohnlich macht – war ein Konjunkturtreiber erster Ordnung. Arbeitskräfte strömten in diese Sektoren, Banken gewährten bedenkenlos die gewünschten Kredite, die gesamte Volkswirtschaft florierte, und die Steuerquellen sprudelten geradezu. Irland und Spanien haben deswegen ihre Staatsverschuldung kräftig zurückfahren können. Doch war es bloß eine Scheinblüte. Als die US-amerikanische Zentralbank und auch die EZB die Zinsen anhoben, um konjunkturellen Übertreibungen entgegenzuwirken, platzten die Blasen. Ergebnis: zahlungsunfähige Hypothekenschuldner, notleidende Betriebe im Baugewerbe sowie in den vor- und nachgelagerten Sektoren und schließlich ein notleidendes Banksystem, das zuvor bereitwillig die Kreditwünsche nicht zahlungsfähiger Unternehmen bedient hatte und nun von den jeweiligen Regierungen vor dem Bankrott bewahrt werden musste.

Damit stieg schlagartig die Verschuldung Irlands und aller notleidend gewordener Staaten der südlichen Peripherie der Eurozone, und zwar weit über das Niveau vor der Boomphase. Der Rückschlag auf den überhitzten Märkten ließ die Arbeitslosenquote nach oben schnellen, die verfügbaren Einkommen schrumpften, und die Investitionstätigkeit brach ein. Alle diese Länder wurden von schweren Rezessionen heimgesucht. Zu allen Übeln kam hinzu, dass diese Länder wegen zu hoher Lohnabschlüsse während der Hochkonjunktur ihre internationale Wettbewerbsfähigkeit verloren hatten.

Fassen wir zusammen: Die erhoffte und gewährte Eurodividende und die »One size fits all«-Politik der EZB haben die Länder im Süden der Eurozone zu einer fahrlässigen Haushaltspolitik verführt und die Löhne auf ein auf Dauer nicht finanzierbares Niveau gehoben. Sie alle stünden besser da, wenn sie außerhalb der Währungsunion geblieben wären und den Versuchungen der Währungsunion nicht nachgegeben hätten.

Bei veränderlichen Wechselkursen wird die Währung in Ländern mit ausuferndem privaten und öffentlichen Konsum und überdurchschnittlich hohen Lohnsteigerungen abgewertet. Bei festen Wechselkursen oder in einer Währungsunion wird stattdessen die Währung intern aufgewertet – nach Maßgabe des sonst erfolgten Abwertungssatzes. Da in der Währungsunion das Wechselkursventil also verstopft ist, müssen die Schuldnerstaaten intern abwerten, um international wieder wettbewerbsfähig zu werden. Dies läuft je nach Abwertungsbedarf auf eine schmerzliche Austeritätspolitik hinaus.

In diesem Zusammenhang müssen wir auch den Sachverstand innerhalb der EU-Kommission ansprechen, da sie sich als Mediator für das Schicksal der Währungsunion verantwortlich fühlt; dies gilt insbesondere für ihren Präsidenten, Jean-Claude Juncker. Er stellt als besonderen Erfolg der Währungsunion heraus, sie habe im Zuge der Weltfinanzkrise 2007/08 verhindert, dass uns in der EU die Wechselkurse um die Ohren geflogen seien. In Wahrheit wäre uns nichts um die Ohren geflogen, wären die jetzt notleidenden Schuldnerstaaten nicht Mitglieder der Währungsunion gewesen und hätte das Wechselkursventil unterschiedliche Entwicklungen kompensieren können.

Wenn Juncker die unveränderten Wechselkurse als Erfolg der Währungsunion herausstellt, sagt er tatsächlich, dass es innerhalb der Währungsunion einen Anpassungsbedarf gab. Die unterlassene Anpassung der Wechselkurse belastet als Hypothek den Gesundungsprozess der Schuldnerstaaten. In einem Leserbrief an die *FAZ* hat Starbatty diesen Zusammenhang erläutert und den Text mit einem kurzen Kommentar dem Präsidenten der Kommission gesendet. Postwendend hat der Kabinettschef von Juncker, Martin Selmayr, geantwortet: Es sei bekannt, dass Juncker und Starbatty unterschiedlicher Auffassung seien. Anstatt sich mit dem Sachargument auseinanderzusetzen, bedient sich Selmayr der Floskel: Was kümmert es den Mond, wenn ein Hund ihn anbellt.

Den Zusammenhang zwischen einem verstopften Wechselkursventil und der Reaktion auf den Arbeitsmärkten hat auch der italienische Wirtschafts- und Finanzminister, Pier Carlo Padoan, angesprochen, als er den italienischen Vorschlag einer gemeinsamen Arbeitslosenversicherung in der Eurozone im Ausschuss für Beschäftigung und Soziales (EMPL) vortrug. Von Haus aus Professor für Ökonomie machte er auf die unterschiedlichen Anpassungswege bei wirtschaftlichen Ungleichgewichten aufmerksam – über das Wechselkursventil oder über Arbeitsmärkte. Bei beweglichen Wechselkursen würden die unterschiedlichen Entwicklungen nationaler Wettbewerbsfähigkeit über Auf- und Abwertung ausgeglichen. Da das Wechselkursventil in der Währungsunion verstopft sei, müsse die Anpassung über die Arbeitsmärkte erfolgen: Bei nachlassender internationaler Wettbewerbsfähigkeit, zurückgehenden Exporten und zunehmenden Importen würden einheimische Arbeitskräfte entlassen. Bei zunehmender Arbeitslosigkeit wären die Lohnsteigerungen schwächer, oder die Reallöhne könnten sogar sinken. Bei Arbeitslosigkeit stiege auch die gesamtwirtschaftliche Produktivität, da zunächst Grenzbetriebe mit niedrigerer Produktivität ausschieden. So könnte ein Land verloren gegangene Wettbewerbsfähigkeit zurückgewinnen. Diese Anpassung sei natürlich schmerzvoller als die Kompensation über das Wechselkursventil. Daraus leitet Padoan die Forderung nach einer gemeinsamen Arbeitslosenversicherung ab, wobei die Länder mit Überschüssen für solche mit Defiziten aufkämen.

Es war wohltuend im EMPL-Ausschuss, dem Ausschuss des Europäischen Parlaments, der sich mit Sozialpolitik befasst, diese klare Analyse zu hören, da hier ansonsten das wirtschaftliche und soziale Heil über eine innereuropäische Umverteilung erwartet wird. Auf die Frage des Abgeordneten Starbatty, wie über eine Vergemeinschaftung von Versicherungen die mangelnde Wettbewerbsfähigkeit der Schuldnerländer behoben werden könne, antwortete Padoan, dass sich externe Schocks in der Währungsunion unterschiedlich auswirkten. Das war aber bisher immer so, ohne dass daraus die Notwendigkeit einer gemeinsamen Arbeitslosenversicherung hätte abgeleitet werden können. Da die Mitgliedstaaten nicht mehr über Geld- und Wechselkurspolitik, sondern bloß noch über Arbeitslosigkeit und Reallohnsenkung reagieren können, müssten auch die Anpassungslasten vergemeinschaftet werden. Hier haben wir es dann mit einem innereuropäischen Finanzausgleich zu tun. Auf den Transfercharakter dieser Konstruktion haben insbesondere deutsche Abgeordnete aus der Europäischen Volkspartei (EVP) hingewiesen.

Man kann einem solchen Vorschlag eine innere Logik absprechen. Wenn Wolfgang Schäuble vor dem Bundesverfassungsgericht, aber auch sonst immer wieder sagt: Deutschland profitiere vom Euro am meisten, dann werden die anderen Mitgliedstaaten, die weniger oder gar nicht vom Euro profitieren, sagen: Dann lasst uns bitte an euren Profiten teilhaben.

Padoan hat recht: Die Bereinigung fundamentaler Ungleichgewichte über die Arbeitsmärkte ist die härteste Form der Anpassung, die man sich vorstellen kann. Bei einer Abwertung wird das gesamte Preisniveau gesenkt, bei interner Anpassung müssen die einzelnen Preise nachgeben. Da wir von einer gewissen Preisträgheit ausgehen können, ist dieser Prozess langwieriger, und die Anpassungslasten werden immer unerträglicher.

Wenn die Überschussländer sich weigern, für die Schulden ihrer Partnerstaaten geradezustehen, und auf Rückzahlung der eingereichten Kredite bestehen, ist im Eurosystem die Verpflichtung auf eine Austeritätspolitik folgerichtig. Sie umfasst eine lange Reihe wirtschaftspolitischer Grausamkeiten: Kürzung von Haushaltsausgaben und Sozialleistungen, Steuer- und Beitragserhöhungen und schließlich sinkende Reallöhne. Über die Drosselung des inländischen Konsums gehen die Importe zurück, und Kapazitäten für den Export werden freigesetzt.

Fraglich ist freilich, ob genau die Produkte, die sich die Bürger in den Schuldnerstaaten nicht mehr leisten können, als Exportgüter erwünscht sind. Wie sollen in den Staatshaushalten Defizite reduziert oder sogar Überschüsse erzielt werden, wenn die Arbeitslosigkeit zunimmt und wegen fehlender Investitionstätigkeit zukünftiges Wachstum ausbleibt? Weil das der ökonomischen Logik widerspricht, haben Träger des Alfred-Nobel-Gedächtnispreises für Ökonomie die Argumente der Kanzlerin zur Verteidigung der Austerity-Politik auf einer Tagung in Lindau genussvoll zerpflückt. Trotzdem bleibt sie bei ihrer Linie, weil sie sonst zugeben müsste, dass ihre Euro-Rettungspolitik von Anfang an falsch war.

Daher drängen die Regierungen der Schuldnerstaaten und die Kommission die Bundesregierung zu einem Frontwechsel: Nicht die Schuldnerländer sollen intern abwerten, sondern Deutschland solle aufwerten, indem es genau das tue, was die Schuldnerstaaten um ihre internationale Konkurrenzfähigkeit gebracht hat: Exzessiver privater und öffentlicher Konsum bei steigender öffentlicher und privater Verschuldung, großzügige Sozialleistungen und kräftige Lohnsteigerungen könnten den Konkurrenzvorsprung Deutschlands innerhalb der Eurozone relativ rasch abschmelzen.

Doch ist die deutsche Bundesregierung dazu noch nicht bereit. Erinnert sei an Wolfgang Schäubles Mantra einer »schwarzen Null«, die sich freilich in ein hohes Minus bei Berücksichtigung des unausweichlichen Schuldenschnitts in Griechenland verwandelt.

Auch Sozialdemokraten, Grüne, Linke und Gewerkschaften plädieren für eine interne Aufwertung. Sie vergessen dabei freilich, dass wir ein befriedigendes Wachstum und einen starken Anstieg der Beschäftigung seit dem Jahre 2010 haben, nicht weil Deutschland mehr in die Eurozone exportiert – hier ist der Export seit Beginn der Währungsunion drastisch zurückgegangen –, sondern weil unsere Exporte außerhalb der EU stark zugenommen haben. Wenn wir – um des europäischen Friedens willen – unseres Leistungspotenzials verlustig gingen, dann entfielen auch die finanziellen Überschüsse, mithilfe derer wir derzeit die Eurozone über Wasser halten.

Es ist schon paradox. Vor allem die französische Regierung glaubte, Deutschland schwächen zu können, indem sie die Bundesbank entmachtete. Das ist ihr auch in einem seinerzeit nicht vorstellbaren Maße gelungen. Doch haben sich Frankreich und alle anderen Staaten dafür in ein weit gefährlicheres Abhängigkeitsverhältnis begeben. Wenn die entscheidenden wirtschaftspolitischen Parameter, Zins und Wechselkurs, vergemeinschaftet sind, müssen allein Löhne und Sozialleistungen für die Erhaltung der internationalen Wettbewerbsfähigkeit sorgen.

So hat sich Deutschland durch eine Teilsanierung des Sozialsystems und durch moderate Lohnsteigerungen während der letzten Dekade einen Wettbewerbsvorteil verschafft, der nicht durch gegenläufige Wechselkursbewegungen kompensiert wurde. In der Europäischen Währungsunion betreibt Deutschland die von John Maynard Keynes propagierte »Beggar my neighbor policy«: über eine künstliche Abwertung mehr Güter zu exportieren und dafür Beschäftigung zu importieren.

Erstaunlich ist: Deutschland tut dies mit Zustimmung aller Partnerstaaten in der Eurozone. Der subventionierte Export hat Deutschland ein neues Beschäftigungswunder und damit auch die finanziellen Mittel beschert, um notleidende Mitgliedstaaten vor dem wirtschaftlichen Bankrott zu bewahren – zunächst wenigstens. Wie Deutschland bislang wirtschaftlich die Eurozone dominiert, zeigt eine Begebenheit am Rande. Nach einem der vielen Eurokrisengipfel hat Starbatty einen Gipfelteilnehmer gefragt, was die wichtigste Frage bei den Verhandlungen gewesen sei. Dieser antwortete, die wichtigste Frage sei gar nicht gestellt worden, nämlich:»How long the Germans will pay?«

Deutschland handelt wie ein Krämer, der seine Produkte weltweit unter Preis verkauft und seinen Abnehmern Kredite in der Eurozone einräumt – die berühmten Target-Salden –, die diese nach Lage der Dinge nicht zurückzahlen können. Ihnen fehlt ein zukunftsträchtiges Geschäftsmodell, um aus Überschüssen ihre Schulden zu bedienen und zu tilgen. Und der deutsche Krämer wird weiter liefern und auf Rückzahlung hoffen. Die Bundesregierung wird aus Steuermitteln retten und immer weiter retten. Die Kanzlerin will es so.

4. Vom europäischen Rechtsstaat zur politischen Hauruckgesellschaft

Der Euro ist ein politisches Projekt, sagt Jean-Claude Juncker, Präsident der EU-Kommission. François Mitterrand, damals französischer Staatspräsident, und Helmut Kohl, damals deutscher Bundeskanzler, haben es gemeinsam vorangetrieben. Doch wussten die Architekten des Maastricht-Vertrages, dass eine Währungsunion mit souverän bleibenden Nationalstaaten eine riskante Expedition in unbekanntes Gelände war. Daher sollten die Expeditionsmitglieder vor Beginn des Abenteuers ihre Tauglichkeit nachweisen. Die Erfüllung der Konvergenzkriterien sollte den Nachweis erbringen, dass die wirtschaftliche und soziale Entwicklung potenzieller Mitgliedstaaten vor Eintritt in die Währungsunion in dieselbe Richtung ginge, damit nicht nach dem Beitritt eine auseinanderlaufende wirtschaftliche Entwicklung die Währungsunion sprenge.

Im Bundestag hieß es immer, dass die Konvergenzkriterien eng und strikt angelegt werden müssten. Als es darauf ankam, sind sie weit und lax ausgelegt worden; teilweise sind sie nachweisbar nicht eingehalten worden. Ein maßgeblicher Politiker der CDU und Vorsitzender des Rechtsausschusses im Deutschen Bundestag, Rupert Scholz, hat die verpflichtenden Konvergenzkriterien im Vorfeld der politischen und rechtlichen Entscheidungen zu »Bemühungsparagrafen« herabgestuft. Damit begann die Europäische Währungsunion mit einem Rechtsbruch.

Es hätte sichergestellt sein müssen, dass die Finanzpolitik in den Mitgliedsstaaten nicht auseinanderlief. Wenn die einen haushalten, die anderen aber Schulden machen, dann war zu erwarten, dass die sparsamen Länder für die Schulden der anderen haften müssten. Darum hat Theo Waigel, der damalige deutsche Finanzminister, auf Anraten der Deutschen Bundesbank einen Stabilitätspakt vorgelegt, der automatisch finanzielle Sanktionen vorsah, wenn das Haushaltsdefizit eines Mitgliedstaates exzessiv war, also über 3 Prozent lag.

Natürlich mutet eine solche politische Verpflichtung weltfremd an. Sie beruhte auf der Vorstellung, eine solche Androhung würde die Mitgliedstaaten von vornherein auf eine Haushaltspolitik verpflichten, die exzessive Defizite gar nicht erst entstehen ließe. Der deutsche Finanzminister setzte auf Haushaltsregeln, die gefährliche Spannungen innerhalb der Währungsunion ausgeschaltet hätten. Für den damaligen französischen Staatspräsidenten Jacques Chirac war diese Konzeption eine Kopfgeburt von Experten; er machte sich darüber geradezu lustig: Wie könne sich eine demokratisch gewählte Regierung Regeln unterwerfen, die ihren finanzpolitischen Spielraum von vornherein beschnitten?

Auf Drängen Frankreichs ist der Stabilitätspakt dann an der entscheidenden Stelle verändert worden: Ein exzessives Haushaltsdefizit sollte nicht automatisch einen Sanktionsmechanismus auslösen; vielmehr sollten die verantwortlichen Finanzminister mit qualifizierter Mehrheit entscheiden, ob tatsächlich ein exzessives Haushaltsdefizit vorliege. Hans D. Barbier hat sich damals gefragt, was wohl dabei herauskomme, »wenn Sünder über Sünder entscheiden«. Mittlerweile wissen wir es: »Heiße Luft.«

Als Fundament der Währungsunion galt die Vorschrift, dass weder die Gemeinschaft noch ein Mitgliedstaat für die finanziellen Verpflichtungen eines anderen Mitgliedstaates aufkommt – die bereits angesprochene »No-Bail-Out-Klausel«. Wer die entscheidenden Verhandlungen im Deutschen Bundestag noch einmal nachliest, stellt fest, dass die Fraktionen der damaligen Regierungskoalition – CDU/CSU und FDP – die Unverbrüchlichkeit der Klausel beschworen haben. Die CDU hat mit dieser Vorschrift sogar Wahlkampf gemacht.

Wenn Starbatty in seinen Vorträgen vor Mitgliedern der CDU zweifelte, ob die »No-Bail-Out-Klausel« eingehalten werde, erhielt er zur Antwort: Solche Sorgen seien nicht angebracht, die Klausel sei in Stein gemeißelt. Als Bundeskanzlerin Angela Merkel und mit ihr die CDU/CSU-FDP-Regierung sie mit dem ersten Griechenlandpaket vom Tisch wischten, rechtfertigte Finanzminister Wolfgang Schäuble den Rechtsbruch mit der Begründung: Kein Land könne gezwungen werden, an einem Bail-Out teilzunehmen, aber freiwillig dürfe man es tun. Wie leicht doch Vereinbarungen, die in Stein gemeißelt schienen, beiseitegeschoben werden können. Ehrlicher war dagegen die damalige französische Finanzministerin Christine Lagarde: »Wir mussten die Verträge brechen, um den Euro zu retten.«

Seit diesem Vertragsbruch hat sich die Währungsunion entscheidend verändert: Die verantwortlichen Politiker fühlen sich nicht mehr an die europäischen Verträge gebunden. Ihre Maxime lautet vielmehr: Was müssen wir tun, damit die Eurozone nicht auseinanderbricht? Würden sie die europäischen Verträge einhalten, würden sie den Zusammenhalt der Eurozone aufs Spiel setzen. Also folgt Rechtsbruch auf Rechtsbruch. Friedrich Schiller lässt Octavio Piccolomini im *Wallenstein* sagen: »Das eben ist der Fluch der bösen Tat, dass sie, fortzeugend, immer Böses muss gebären.« Auf die Währungsunion übertragen: Das eben ist der Fluch des europäischen Vertragsbruchs, dass er fortzeugend Rechtsbrüche muss gebären. Der europäische Rechtsstaat ist zur politischen Hauruckgesellschaft verkommen. Wie geht das deutsche Bundesverfassungsgericht (BVerfG) damit um?

Das Bundesverfassungsgericht ist seit der Beschwerde von Manfred Brunner und Karl Albrecht Schachtschneider gegen den Maastricht-Vertrag mit den Vor- und Nachteilen der Währungsunion befasst. Nach dem Urteil von 1993 ist die Teilnahme an einer Europäischen Währungsunion mit dem Grundgesetz vereinbar, wenn sich die Währungsunion in Richtung einer Stabilitätsgemeinschaft entwickelt. Stabilitätsgemeinschaft heißt, dass erstens Preisniveaustabilität gesichert wird und dass zweitens ihre Mitglieder nicht zu Maßnahmen gezwungen sind, die sich entweder gegen die eigenen nationalen Interessen oder gegen die der Partnerstaaten richten, um den Verbleib in der Währungsunion zu sichern. Anderenfalls würde die vertragliche Konzeption verlassen. In diesem Fall, so das Gericht, stünden institutionelle Vorkehrungen einem Ausscheiden aus der Währungsunion nicht entgegen. Daraus ist zu folgern, dass die Konvergenzkriterien für einen Beitritt zur Währungsunion eng und strikt eingehalten werden müssen, damit eine solche Entwicklung ausgeschlossen werden kann. In der Beschwerde von Wilhelm Hankel, Wilhelm Nölling, Karl Albrecht Schachtschneider und Joachim Starbatty »Warum der Euro scheitern muss« (1998) ist die Nichterfüllung der Konvergenzkriterien nachgewiesen worden. Doch hat das BVerfG diese Klage mit der Begründung abgewiesen, dass es nicht über eine Prognose, ob die Währungsunion eine Stabilitätsgemeinschaft werde, entscheiden könne. Es hat aber in seiner umfänglichen Begründung der Ablehnung der Klage die Bundesregierung eindringlich gemahnt, den Weg in Richtung einer Stabilitätsgemeinschaft zu ebnen und abzusichern. Damit war der Weg für die Gründung der Währungsunion frei.

Damals hat Heribert Prantl in einem Leitartikel der *Süddeutschen Zeitung* die Entscheidung des Bundesverfassungsgerichts wie folgt kommentiert: Es habe sich mit der Ablehnung der Klage stillschweigend die Krone wieder abgesetzt, die es sich mit dem Maastricht-Urteil aufgesetzt habe. Natürlich hätten die Annahme der Verfassungsbeschwerde und der Nachweis der Vertragsverletzung hohe politische und wirtschaftliche Wellen geschlagen. Es wäre zu erwarten gewesen, dass die Währungsunion später und mit weniger Mitgliedern gestartet wäre. Heute geben selbst die damaligen Verfechter der Währungsunion zu, dass damit den Ländern, die ohne nachhaltige Vorbereitung in die Währungsunion eingestiegen sind und jetzt zu den notleidenden Schuldnerstaaten zählen, sowie den derzeitigen Gläubigerstaaten und dem europäischen Aufbau besser gedient gewesen wäre.

Es hat danach weitere Klagen gegen die Vertragsbrüche gegeben: gegen die Griechenlandhilfe, gegen die Einrichtung europäischer Rettungsschirme, gegen die Outright-Monetary-Transactions (OMT) der Europäischen Zentralbank (EZB) und gegen den massiven Ankauf von Staatsanleihen und forderungsbesicherten Wertpapieren. Das Bundesverfassungsgericht hat die Beschwerden entweder als unbegründet zurückgewiesen oder dem Europäischen Gerichtshof (EuGH) zur Prüfung vorgelegt. In der Öffentlichkeit ist der Eindruck entstanden, dass die Beschwerdeführer mit ihren juristischen Lanzen gegen Windmühlen ankämpften. Es ist richtig, dass sich das BVerfG der Politik nicht entgegengestellt hat. Doch haben die Kläger zumindest erreicht, dass bei einer Aufstockung der nationalen Haftungsquote im Rahmen des Europäischen Stabilitätsmechanismus (ESM) bei Ausfall eines Mitgliedstaates die Parlamente ausdrücklich zustimmen müssen. Faktisch werden sie sich nicht verweigern können, weil ansonsten die Brüchigkeit der ganzen Konstruktion offenbar würde und die Eurozone konsequenterweise auseinanderbräche.

Bei den Verhandlungen vor dem BVerfG stützte Bundesfinanzminister Wolfgang Schäuble seine Plädoyers auf zwei Säulen: Deutschland profitiere von allen Mitgliedstaaten am meisten vom Euro. Damit meint er die ständig ansteigenden Exportüberschüsse und damit den Import von Arbeitsplätzen. Grund dafür ist der für Deutschland unterbewertete Euro. Doch werden die aufgrund der Exporterfolge in der Eurozone erworbenen Forderungen der Bundesbank, die sogenannten Target-Salden, entwertet, wenn die Schuldnerstaaten aus der Währungsunion ausscheiden oder in Konkurs gehen.

Sollte das Bundesverfassungsgericht die Klagen für begründet halten, dann werde es auf Devisen- und Kapitalmärkten einen »Kladderadatsch« geben, weil ein entsprechendes Urteil der gesamten Welt signalisieren würde, dass die Eurozone nur mit Mitteln außerhalb der rechtlichen Vorschriften zusammengehalten würde. Die Anleger würden sofort auf Euro laufende Anleihen notleidender Schuldnerstaaten abstoßen wollen, um dem Kursverfall zuvorzukommen.

Die Urteile aus Karlsruhe konnten auch so gedeutet werden, dass derzeit noch nicht entschieden werden könne, ob die politischen Entscheidungen mit dem Grundgesetz vereinbar seien. Immerhin finden sich in allen Urteilen folgende Argumentationslinien:

Das Gericht akzeptiert die Entscheidungen des Bundestages als dem von den Bürgern demokratisch gewählten Organ. Allerdings müsse dann auch erkennbar sein, dass er im Sinne seiner Wähler tätig werde. Eine Auslagerung parlamentarischer Kompetenzen auf supranationale Organisationen wäre mit dem Grundgesetz nicht vereinbar.

Die Bundesregierung dürfe sich nicht einem unkontrollierbaren Automatismus finanzieller Verpflichtungen unterwerfen. Daraus könnte geschlossen werden, dass die Begebung von Eurobonds – kreditwürdige Länder haften für die Verpflichtungen notleidender Schuldnerländer – als nicht mit dem Grundgesetz vereinbar angesehen würde.

Dass das Bundesverfassungsgericht die Politik der eigenen Regierung auf Verfassungstreue prüft, ist ein in der Europäischen Union ungewohnter Vorgang. Während der Verhandlungen des EuGH am 17. November 2014 auf Grundlage der Vorlage des Bundesverfassungsgerichts, ob die Tätigkeit der EZB aufgrund ihres OMT-Beschlusses vom 26. September 2012, Anleihen von gefährdeten Schuldnerstaaten aufzukaufen, europarechtlichen Vorgaben entspreche, ist die unterschiedliche Rechtskultur innerhalb der EU offenkundig geworden. Während die deutschen Prozessvertreter von den europäischen Gesetzestexten ausgingen und die Entscheidungen der EZB vor diesem Hintergrund beurteilten, prüften die Prozessvertreter der EU-Kommission und der anderen Mitgliedstaaten die Beschlüsse der EZB im Hinblick auf die nach ihrer Auffassung gebotene Erhaltung der Eurozone. Sie kamen zu dem Schluss, dass die EZB im Einvernehmen mit dem politischen Ziel, die Eurozone vor Schaden zu bewahren, gehandelt habe. Ob eine solche Politik außerhalb des vertraglich zugewiesenen Kompetenzbereiches liege – also eine ultra-vires-Entscheidung sei –, war von ihnen vor dem EuGH nicht diskutiert, geschweige denn geprüft worden.

Wer wie Starbatty alle Verhandlungen zur Europäischen Währungsunion vor Ort miterlebt hat, gewinnt den Eindruck, dass der Zweite Senat des BVerfG höchst kundig die Sachverhalte überblickt, die Prozessbevollmächtigten und Sachverständigen intensiv befragt und teilweise auch »abnagt«. Obendrein leitet Andreas Voßkuhle, Präsident des Verfassungsgerichts, souverän, mit einer Prise hintersinnigen Humors, die Verhandlungen. Natürlich beteiligen sich die Mitglieder des Zweiten Senats, die ja auch in ver-

113

schiedenen Rechtsfeldern zu Hause sind, in unterschiedlichem Maße an den Verhandlungen. Der Zweite Senat weiß, dass seine Urteile die Politik in Deutschland, aber auch in der EU beeinflussen. Daher ist er bestrebt, die Politik nicht durch seine Urteile zu determinieren oder zu ersetzen. Er akzeptiert die Entscheidungen des Bundestages als dem vom Volk gewählten Organ, das so die Interessen der Wähler wahrnehmen will. Nur an einem Punkt würde er den Bundestag in seine Schranken weisen, wenn er einen aus internationalen Verträgen resultierenden Selbstlauf finanzieller Verpflichtungen akzeptierte, deren Konsequenzen durch Bundestag und Regierung nicht mehr steuerbar wären. Womöglich ließen sich auch dann noch Schlupflöcher finden, um die Konformität mit dem Grundgesetz bejahen zu können.

Es war daher eine kleine Sensation, als das BVerfG vor zwei Jahren mehrheitlich feststellte, der OMT-Beschluss der EZB vom 6. September 2012 sei »ultra vires« erfolgt, also außerhalb der der EZB europarechtlich zugewiesenen Kompetenzen. Die Entwicklung innerhalb der Eurozone lief im Frühsommer 2012 auf deren Sprengung hinaus, wenn nicht die EZB nach vorangehenden Absprachen zwischen den entscheidenden Politikern angekündigt hätte, in beliebiger Menge Anleihen aus notleidenden Schuldnerstaaten im Bedarfsfall aus dem Markt zu nehmen (»whatever it takes«). Damit hatte die EZB eine Bürgschaftsverpflichtung abgegeben, und die »Spreads« – Zinsspreizungen als Ausdruck des Risikos der jeweiligen Staatsanleihen – schrumpften zugleich.

Begründet hat die EZB ihren Beschluss mit dem Argument, dass anderenfalls ihre Politik nicht mehr im erwünschten Maße auf die geldpolitisch relevanten Variablen durchschlagen würde. Jeder Kenner wusste aber, dass es nicht um die Transmission geldpolitischer Impulse, sondern um den Zusammenhalt der Eurozone ging.

Doch wollte das Bundesverfassungsgericht mit seiner Entscheidung nicht gegen die europäische Politik anrennen, sondern hat seine Entscheidung dem EuGH zur Prüfung vorgelegt und ihm zugleich eine Brücke gebaut, indem es Auflagen formulierte, nach denen der OMT-Beschluss geldpolitisch noch gerechtfertigt und mit dem Europarecht kompatibel sei. Der EuGH hat es nicht für nötig befunden, diese Brücke zu betreten, sondern recht apodiktisch begründet, dass der OMT-Beschluss geldpolitisch gerechtfertigt und mit dem Europarecht kompatibel sei. Dieses Urteil des EuGH fällt in die Kategorie: Wir wissen bereits die Antwort, wir müssen nur noch die Begründung dafür finden. Das deutsche Verfassungsgericht hat das Urteil des EuGH am 16. Februar 2016 ausgiebig gewürdigt. Dabei ist Starbatty die Bemerkung eines Richters im Gedächtnis geblieben, sinngemäß: Auch wenn wir nach unseren rechtlichen Maßstäben zu dem Urteil kommen, dass unsere »ultra vires«-Entscheidung korrekt war, so können wir uns doch nicht gegen die Rechtsauffassung des restlichen Europa stellen.

Jens Spahn, parlamentarischer Staatssekretär im Finanzministerium als Vertreter der Bundesregierung, warnte den Zweiten Senat, die Auseinandersetzung mit dem EuGH als eine Entscheidungsschlacht um die europarechtliche Lufthoheit anzusehen. Er empfahl, die Auseinandersetzung des BVerfG mit dem EuGH eher als ein Freundschaftsspiel zu betrachten. In der europäischen Rechtsgemeinschaft soll es also weniger um das Recht als um das freundliche Einvernehmen konkurrierender Gerichtshöfe gehen.

Offensichtlich ist Spahns Anregung auf fruchtbaren Boden gefallen. Auch das endgültige OMT-Urteil des BVerfG vom 21. Juni 2016 fällt in die Kategorie: Das Ergebnis war vorgegeben, wir mussten noch die richtige Begründung dafür finden. Es hat die Verfassungsbeschwerde verworfen und sich dabei dem Urteil des EuGH unterworfen – um des europäischen Rechtsfriedens willen. Es hat damit der EZB freie Bahn verschafft für alle von ihr geplanten Aktionen. Wird der OMT-Beschluss nicht als »ultra vires«-Akt eingestuft, dann werden alle folgenden Operationen aus europarechtlicher Perspektive zulässig sein. Zwar hat das BVerfG sehr wohl gesehen, dass der EuGH vom Ende her geurteilt hat, doch sei die Entscheidung immerhin nicht willkürlich und nicht offensichtlich falsch.

Ein genaues Studium des Urteils offenbart, dass sich der Zweite Senat bei seiner Beschlussfassung keineswegs einig war, dass sich aber diejenigen durchgesetzt haben, die eine Konfrontation mit dem EuGH vermeiden wollten. Heribert Prantl hat in einem anschaulichen Bild das Dilemma der Karlsruher Richter dargestellt: Es würde künftig auch Speisen akzeptieren, die es für versalzen halte – solange sie irgendwie genießbar wären, weil die Geschmäcker in Europa halt verschieden seien. Doch Prantls Schlussfolgerung, nach Belieben schalten und walten könne die EZB auch jetzt nicht, kann man nicht teilen. Was macht Mario Draghi, gestützt von der Mehrheit des Europäischen Zentralbankrats, denn anderes, als beliebig zu schalten und zu walten? Zu dem Resümee des Präsidenten des BVerfG, der europäische Rechtsstaat sei nach dieser Entscheidung des BVerfG gestärkt hervorgegangen – kann man nur sagen: So lässt sich auch aus einer Kapitulation noch ein Sieg machen.

Sollte es bis dahin immer noch Optimisten gegeben haben, die an eine Rückkehr zur Rechtsstaatlichkeit, eine Einhaltung der Verträge von Maastricht oder eine Beachtung des Stabilitätspaktes geglaubt haben, so wurden diese in der letzten Juliwoche 2016 endgültig eines Besseren belehrt. Zwar schien sich EU-Präsident Juncker dazu aufgerafft zu haben, die jüngsten Verstöße gegen die Defizitregeln durch Spanien und Portugal diesmal mit Strafzahlungen zu sanktionieren, da funkte ihm ausgerechnet ein Deutscher dazwischen. Wie die niederländische Zeitung *Volkskrant* berichtete, »fegte der deutsche Falke« (Schäuble) »die Bußen vom Tisch«. Schon vorher hatte der zuständige EU-Kommissar aus Lettland Valdis Dombrovskis verkündet, dass Bußgelder kontraproduktiv seien, da sie ja »die Vergangenheit« beträfen. Man müsse dagegen »jetzt in die Zukunft schauen«. Uns bleibt hier nur noch »die Spucke weg«! Hier wurde nicht nur zum wiederholten Male das Recht gebeugt. Hier wurde von Brüssel, also »von oben«, mal so eben unser ganzes Rechtssystem in Frage gestellt. Einmal ganz davon abgesehen, dass Schäubles Intervention zum wiederholten Male klar zulasten Deutschlands ging, mit dieser Begründung könnte man jetzt jeder Sanktion, jeder Buße und überhaupt jeder Strafe entgehen, denn wurde eine zu ahndende Tat nicht immer in der Vergangenheit begangen? Das Online-Portal *Politico* und die *FAZ* berichteten von »Anrufen Schäubles« bei verschiedenen Finanzministern und Kommissaren mit dem Ziel, auf die vertraglich vorgesehenen (und damals auf Druck der Deutschen für solche Fälle vorgesehenen) Strafzahlungen zu verzichten. Hier wurde der Rechtsstaat zulasten Deutschlands weiter ausgehöhlt. Der emsigste Maulwurf war wieder ein Deutscher.

VI. SUBSIDIARITÄT ODER EUROPÄISCHE SOGWIRKUNG

1. Zentralismus statt Subsidiarität

Nicht nur im Vertrag von Lissabon ist das Prinzip der Subsidiarität als Regierungs- und Verwaltungsmethode festgeschrieben, auch die Vertreter der Europäischen Kommission bekennen sich regelmäßig zu ihm. Kaum eine Rede wird im Europäischen Parlament gehalten, ohne ein Bekenntnis zur Bürgernähe, zur Bedeutung der Entscheidungsfreiheit von Kommunen, Regionen und Nationen abzugeben.

Was bedeutet Subsidiarität eigentlich? Zunächst ist auffällig, dass es dafür keinen deutschen Begriff zu geben scheint. Das Gabler-Wirtschaftslexikon offeriert folgende Definition:

»(Ein) Prinzip, das auf die Entfaltung der individuellen Fähigkeiten, der Selbstbestimmung und Selbstverantwortung abstellt. Nur dort, wo die Möglichkeiten des Einzelnen bzw. einer kleinen Gruppe (Familie, Gemeinde) nicht ausreichen, die Aufgaben der Daseinsgestaltung zu lösen, sollen staatliche Institutionen subsidiär eingreifen. Dabei ist der Hilfe zur Selbsthilfe der Vorrang vor einer unmittelbaren Aufgabenübernahme durch den Staat zu geben. Der individuelle Aspekt der Subsidiarität (Selbstverantwortung) und der gesellschaftliche Aspekt (Schaffung der materiellen Voraussetzungen hierfür durch den Staat) lassen sich nicht scharf voneinander abgrenzen: Je nach Akzentuierung entsprechen sowohl marktwirtschaftliche als auch wohlfahrtsstaatliche Konzepte dem Subsidiaritätsprinzip. Das Subsidiaritätsprinzip ist ein zentrales Element des ordnungspolitischen Konzepts der Sozialen Marktwirtschaft.«

Es ist kein Wunder, dass dieses Prinzip der katholischen Soziallehre entstammt, genauso wenig wie es erstaunt, dass weder kommunistische noch faschistische Diktaturen subsidiär, sondern immer zentralistisch organisiert waren beziehungsweise es immer noch sind. Die Idee hinter dem Prinzip der Subsidiarität ist einfach: Wenn ein Problem gelöst werden muss, dann sollte man diejenigen mit seiner Lösung beauftragen, die nah an ihm dran sind, sich mit seinen Ursachen auskennen und vor allem mit der gefundenen Lösung selbst leben müssen.

Übertragen auf die europäische Politik heißt das zum Beispiel: Wenn die Bürger im Hamburger Stadtteil Altona oder in Tübingen ein Problem haben, sollte die jeweilige Kommune selbst versuchen, eine Lösung dafür zu finden. Erst wenn sie es nicht allein kann, sollte sie die Landesregierungen in Hamburg oder Stuttgart einschalten. Und erst wenn die Landesregierungen zum Schluss kommen, dass eine bundesweite Lösung unbedingt nötig ist und nachweisbar besser wäre, sollte die Bundesregierung in Berlin eingeschaltet werden. Nur in solchen in ihrer Zahl möglichst zu begrenzenden Fällen, dass eine gesamteuropäische Lösung gefunden werden muss, wäre dann Brüssel einzuschalten.

Um es mit praktischen Beispielen zu unterlegen: Die Bildungspolitik sollte weder in Brüssel noch in Berlin, sondern in Bayern oder Sachsen bestimmt werden. Und selbst dort sollten sich die Bildungspolitiker in München oder Dresden immer bemühen, den Schulen selbst möglichst viel Freiheit zu lassen. Trotzdem gibt es immer wieder Versuche, mit Argumenten wie:»Man muss den Umzug von einem Bundesland in ein anderes erleichtern!«die Bildungspolitik zu zentralisieren. Dabei wird gern übersehen, dass mit einer Zentralisierung der Wettbewerb zwischen den Bundesländern nicht nur ausgehebelt, sondern das Bildungsniveau der Bundesländer zwangläufig eingeebnet und insgesamt abgesenkt wird. Im Klartext, am Ende würde das Niveau der Bremer Schüler nicht auf das Niveau der von Sachsen angehoben, sondern das der Baden-Württemberger auf das der Berliner Schüler abgesenkt.

Noch grotesker erscheint es uns, dass nun sogar die Europäische Kommission meint, Stück für Stück Kompetenzen für Bildung nach Brüssel verlagern zu müssen. Warum sonst sollte es einen Kommissar für Bildung und Kultur geben? Pikanterweise hat dieses Amt der Ungar Tibor Navracsics inne, der von der ungarischen Regierungspartei Victor Orbans, der Fidesz, dem Ungarischen Bürgerbund, in dieses Amt geschickt wurde. Diese Partei schießt sonst aus allen Rohren gegen zentralistische Anmaßungen Brüssels. Für ein gut dotiertes Amt hat schon mancher Politiker seine Überzeugungen schnell über Bord geworfen. Wie seine Amtsbezeichnung verrät, ist er nicht nur für Bildung, sondern auch für Kultur zuständig.

Kultur? Selbst in Deutschland sind die Bundesländer nicht nur für Bildung, sondern auch für Kultur zuständig. Was macht man in Brüssel mit Kultur? Gibt es europäische Kultur? Uns ist kein »europäisches« Gemälde, keine europäische Oper, nicht einmal eine europäische Sprache bekannt. Picasso war Spanier, Verdi komponierte italienische Opern und eine europäische Sprache gibt es auch nicht, sieht man mal von den gescheiterten Experimenten künstlicher Universalsprachen wie Volapük und Esperanto ab. Die Protagonisten der »Vereinigten Staaten von Europa« übersehen gern, dass die Bürger der 50 Bundesstaaten in den USA fast alle englisch sprechen, in der Europäischen Union dagegen 24 Sprachen gesprochen werden.

Auf der anderen Seite gibt es Verantwortungsbereiche, die weder in Stuttgart noch in Berlin so gut wahrgenommen werden können wie auf europäischer Basis. Hier ist dann Brüsseler Zentralismus die bessere Antwort. Die Sicherung des Europäischen Binnenmarktes kann nur durch eine Brüsseler Behörde gewährleistet werden. Die Abgeordneten von ALFA, der Allianz für Forschung und Aufbruch, engagieren sich deshalb auch für die Einrichtung eines europäischen Digitalen Binnenmarktes (Digital Single Market, DSM) ohne den die Europäische Union hoffnungslos hinter den USA und anderen asiatischen Märkten zurückfallen würde. Während EU-Kommissare sich um Dinge wie Kultur- oder Bildungspolitik kümmern, die in den Kommunen, Regionen oder Nationen besser aufgehoben wären, gibt es immer noch keine echte europäische Luftüberwachung! Die Leidtragenden dieses Versäumnisses sind wir als Passagiere, wenn wir in scheinbar endlosen Warteschleifen über Flugplätzen kreisen, und die Umwelt. Eine gesamteuropäische Flugüberwachung wäre ein lohnendes Betätigungsfeld der Zentralisten, aber diese scheitert an nationalen meist verteidigungspolitisch begründeten Vorbehalten.

Für Subsidiarität benutzen Staatsrechtler auch Begriffe wie föderal oder Föderalismus. Wir halten es für keinen Zufall, dass föderal organisierte Staaten, seien sie so klein wie die Schweiz oder so groß wie die Vereinigten Staaten von Amerika, wirtschaftlich besser fahren als zentralistisch organisierte wie Frankreich oder Russland.

Als aufmerksame Beobachter von Unternehmen konstatieren wir Ähnliches auch in der Wirtschaft. Die Summe der kleinen und mittleren Unternehmen schneidet bei Wachstum, Rendite und der Fähigkeit, Arbeitsplätze zu schaffen, besser ab als die Summe der großen. Inzwischen wissen die Lenker großer Konzerne, dass die Rezepte des Mittelstandes auch in ihren Unternehmen funktionieren. Nur wenn man Verantwortung delegiert, kann man die großen Tanker noch steuern. Mit sogenannten Profit-Centern erhält man sich die nötige Bewegungsfreiheit.

Noch gegen Ende des letzten Jahrhunderts leitete Henkel als Aufsichtsratsvorsitzender und Präsident die IBM Europa mit über 90 000 Mitarbeitern, davon 2000 in einer Zentrale in Paris, und entschied zentral über europäische Produktion, europäische Logistik, europäische Marktstrategien. Heute gibt es keine IBM Europa mehr. So wie IBM sind auch BMW, Bayer und Siemens längst global organisiert. Für die Unternehmen war Europa bestenfalls eine Episode auf dem Weg von nationaler zu globaler Orientierung. Es gibt einen europäischen Binnenmarkt, aber kein »europäisches Auto«. Es gibt unterschiedliche Krankenversicherungssysteme, aber nur ein Aspirin von Bayer, und zwar für alle, die auf der Welt über Kopfschmerzen klagen, und nicht ein besonderes für europäische Kunden.

Europa ist nicht nur für Mercedes ein Anachronismus. Es gibt keinen europäischen Automobilkunden, wohl aber einen französischen, deutschen und britischen (nicht nur weil man dort auf der »falschen« Straßenseite fährt und Rechtslenker anbieten muss). Natürlich haben viele multinationale Unternehmen eine europäische Niederlassung, meistens in Brüssel. Diese existiert in der Regel nur deshalb dort, weil die Firmenlenker über neueste Gesetze und Richtlinien rechtzeitig informiert sein wollen oder diese beeinflussen möchten.

In den Schubladen der Brüsseler und Straßburger Schreibtische von Henkel und Starbatty stapeln sich die Visitenkarten der Vertreter von Unternehmen und Verbänden. Aber eine echte europäische Hauptverwaltung ist für die meisten Multis längst so überflüssig wie ein Kropf. Heute gibt es Länderchefs für die ABB in Deutschland, für Infineon in den USA, und es gibt parallel dazu Produktchefs mit globaler Verantwortung, aber es gibt nur noch selten einen Verantwortlichen für den »europäischen Markt« – einfach, weil es den »europäischen Kunden« nicht gibt.

Wir sind auch der Meinung, dass es keinen »europäischen Bürger« gibt. Genauso wenig wie es keine »europäische Küche«, wohl aber italienische oder französische Restaurants gibt. Wir verfolgen aufmerksam die (Miss-)Erfolge des HSV (Henkel) und des VfB Stuttgart (Starbatty) oder die der deutschen Nationalmannschaft, ein Spiel einer europäischen »Nationalmannschaft« würde mit ziemlicher Sicherheit vor leeren Rängen stattfinden.

Natürlich wissen wir, dass ein Verbund von Staaten nicht eins zu eins mit Töchtern eines Unternehmens gleichzusetzen ist, dennoch ist der Vergleich illustrativ: Die Architekten des »Hauses Europa« (Michail Gorbatschow) machen sich etwas vor und halten an einer vergangenen Welt fest, wenn sie europäische Nabelschau betreiben. Europapolitiker sollten vielmehr die ganze Welt in den Blick nehmen, global denken, ohne dabei ihre Heimat, die Nation, aus den Augen zu verlieren.

Heute werden wir Zeugen eines grotesken Vorgangs: Als Nebenprodukt von Euro-Rettungspaketen verlassen unsere europaromantischen Architekten das im Vertrag von Lissabon vorgegebene Prinzip der Subsidiarität und zeichnen eine zentralistische Eurozone (»Fiskalunion«, »europäische Wirtschaftsregierung«, »europäische Steuer«, »europäisches Budget«) auf die Landkarte, die sich schon deshalb bald als anachronistisch herausstellen dürfte, weil sie die kulturelle und wirtschaftliche Realität völlig ignoriert. Anstatt ein Währungssystem den vorhandenen Kulturen anzupassen, soll ein ganzer Kontinent den Bedürfnissen einer Währungsunion untergeordnet werden. Das kann, nüchtern betrachtet, nicht gut gehen.

Der Marsch in einen europäischen Zentralstaat würde das Gegenteil dessen bewirken, was er bezweckt – er würde mithin den europäischen Zusammenhalt schwächen statt stärken. Zwar ist die Wirtschaft nicht alles, aber es bleibt auch dabei: Ohne Wirtschaft ist alles nichts! Deshalb sei noch einmal ein Rekurs zur Wirtschaft erlaubt. Wenn große Firmen an den Rand des Ruins oder in die Pleite geraten, so hängt dies nach unserer langjährigen Beobachtung zumeist mit ihrer Größe und zunehmenden Unfähigkeit des Managements beziehungsweise ihrer gewählten Arbeitnehmervertreter zusammen, den Überblick zu behalten. Deshalb tut eine Großorganisation immer gut daran, dem Subsidiaritätsprinzip zu folgen und sich als ein Konglomerat aus vielen selbstständigen Einheiten zu organisieren. Je größer eine Organisation, desto mehr muss sie delegieren, eigenverantwortlich agierende Zentren gründen und die Möglichkeit schaffen, unten, also beim Kunden, optimale Lösungen zu finden.

Ersetzen wir in dieser Betrachtung nun Unternehmen durch Regierungen und Kunden durch Bürger, gilt dasselbe für Staaten wie für große Unternehmungen: mehr Dezentralisierung statt Zentralisierung! Wenn nun, um am Einheitseuro festhalten zu können, alle Fäden Europas in Brüssel, Straßburg, Luxemburg und für den Euro bei der Europäischen Zentralbank in Frankfurt enden sollen, wird dieser Kontinent zu einem unbeherrschbaren und schwerfälligen Koloss.

Dieses polit-strukturelle Szenario hat bereits viele historische Gesichter, das anschaulichste mag das der ehemaligen Sowjetunion gewesen sein. Das Schicksal der UdSSR wurde nicht nur durch eine versagende Ideologie, sondern auch durch den übermächtigen und bürokratischen Zentralstaat besiegelt. Alle Fäden liefen in Moskau zusammen. Selbst eine Jahrhundertkatastrophe, wie die im entfernten ukrainischen Tschernobyl, wurde in Moskau so lange unter dem Deckel gehalten, bis es für eine rechtzeitige Evakuierung vieler zu spät war. Ähnliches war in Jugoslawien zu beobachten. Jahrzehntelang hatte Belgrad die kulturellen und ökonomischen Eigenarten und Bedürfnisse dieses Vielvölkerstaates ignoriert. Als sich die übergeordnete Ideologie, der Sozialismus, auflöste, gingen sich die Völker buchstäblich an die Gurgel.

In Brüssel erleben wir beide heute hautnah ein Belgien, das immer noch nicht zur Ruhe gekommen ist, und wir fragen uns: Wenn ein Belgien mit zweieinhalb Sprachen (Flämisch, Französisch und etwas Deutsch) immer noch nicht zur Ruhe gekommen ist, wie soll das jemals bei den Vereinigten Staaten von Europa mit 24 Sprachen funktionieren? Schon heute erleben wir in Brüssel und Straßburg, dass vor allem Vertreter aus ehemaligen Ostblockstaaten über Brüssel so reden, wie sie zu Zeiten des Eisernen Vorhangs über Moskau sprachen!

Größe und Zentralisierung dürfen weder in der Wirtschaft noch in der Politik Selbstzwecke sein. Im Gegenteil, im Zweifel darf die Verantwortung für die Lösung von Problemen nie nach oben delegiert werden, sie muss unten bleiben. Die Beweislast für die Notwendigkeit Brüsseler Interventionen muss derjenige erbringen, der die Verantwortung für die Lösung eines Problems zentralisieren will.

Das Beispiel der Schweiz zeigt seit vielen Jahren, dass »small« auch »beautiful« sein kann und eine föderale Organisationsform einer zentralistischen überlegen ist. Weil föderale Organisationen Probleme nur nach oben delegieren können, wenn keine andere Möglichkeit besteht, müssen sie schneller auf Missstände reagieren. Man denke an die Schweizer Schuldenbremse oder an den Steuerwettbewerb der einzelnen Kantone, der die Hauptursache für ein im internationalen Vergleich insgesamt niedrigeres Steuerniveau und eine im Vergleich zu allen EU-Staaten effizientere Verwaltung ist.

Noch unmittelbar vor der »Euro-Krise« führten die Europapolitiker immer gern den Begriff »Subsidiarität« im Munde. Jetzt spricht man lieber von »Europakonformität«. Nun soll ein europäischer Zentralstaat her aufgrund der durch nichts bewiesenen Feststellung, dass die Probleme des Euro durch ein »Zuwenig an Europa« entstanden seien. Besonders eifrige Europaromantiker bemühen dabei die Idee der »Vereinigten Staaten von Europa«, übersehen aber, dass die USA trotz Einheitswährung immer ein föderaler Staat geblieben ist. Keiner käme dort auf die Idee, Texas Rettungspakete für das überschuldete Kalifornien schnüren zu lassen. In der Eurozone, immer noch bestehend aus rechtlich völlig unabhängigen Staaten, wird freilich genau das bereits heute über diverse »Rettungsschirme« praktiziert.

Die politische Klasse der Eurozone tritt nun unter dem Banner »mehr Europa« die Flucht nach vorn in den europäischen Zentralstaat an. Stattdessen sollte sie die Konsequenz aus der Fehlentwicklung ziehen und Zuständigkeiten dorthin zurückdelegieren, wo mit ihnen verantwortungsvoller umgegangen wird: in die Länder, Regionen und Kommunen.

2. Vergemeinschaftung statt Eigenverantwortung

Im Zusammenhang mit der zur Eurorettung gehörenden Sozialisierung von Bank- und Staatsschulden sprachen wir bereits vom »Moral Hazard«. Dieser Begriff wurde von der Versicherungswirtschaft geprägt und ursprünglich im Zusammenhang mit Feuerversicherungen verwendet. Moral Hazard beschreibt den Anreiz eines feuerversicherten Gebäudeeigentümers, weniger Sorgfalt bei der Schadensvermeidung beziehungsweise -begrenzung aufzuwenden als ein Hausbesitzer ohne Versicherung. Über ähnlich gelagerte Anreize von Krankenversicherten gibt eine umfangreiche Literatur Auskunft. Hier äußert sich Moral Hazard vornehmlich im Verhalten als Trittbrettfahrer beziehungsweise in Form einer exzessiven Inanspruchnahme medizinischer Leistungen durch den Versicherungsnehmer.

Die Bundesrepublik Deutschland ist ursprünglich ein ähnlich föderal organisierter Staat wie die USA oder die Schweiz gewesen. Dafür haben 1948 auf der schönen bayerischen Insel Herrenchiemsee die Verfassungsmütter und -väter gesorgt, als sie, unter alliierter Oberaufsicht, in weniger als drei Wochen das Grundgesetz zu Papier brachten, das dann im Jahr darauf in Kraft gesetzt wurde. Dieser Föderalismus wurde und wird zwar oft als Belastung wahrgenommen. Vielfalt kann anstrengend sein, aber wir haben bereits dargelegt, warum Subsidiarität und Föderalismus unterm Strich etwas Gutes sind.

Der im Grundgesetz angelegte Föderalismus ist für uns eine Riesenchance, die Länder mit einem zentralistischen System nicht haben. Dass sie als solche immer öfter verstanden wird, kann man an Bestrebungen in einigen besonders zentralistisch organisierten Ländern besichtigen. In Frankreich bemüht man sich, den Regionen zulasten der Pariser Zentralregierung mehr Eigenverantwortung zu übergeben. Im Vereinigten Königreich wurde für die Schotten ein regionales Parlament eingerichtet. In Spanien hat man versucht, übrigens unter Hinweis auf das Vorbild Bundesrepublik Deutschland, eine breite Regionalisierung einzurichten, wenngleich diese den Katalanen noch lange nicht reicht.

Bei uns ging man leider den umgekehrten Weg. Schritt für Schritt weicht der Föderalismus einem Zentralismus. Gleichheit statt Vielfalt scheint die Devise.

Ein besonders krasses und schädliches Beispiel ist die Finanzverfassung in der Bundesrepublik, die durch dauernde politische Eingriffe in den letzten Dekaden so manipuliert wurde, dass der oben beschriebene Moral Hazard voll durchschlagen konnte. Gab es ursprünglich klare Verantwortlichkeiten für Steuereinnahmen und -ausgaben zwischen dem Bund und den Bundesländern, so wurden diese immer wieder aufs Neue verwischt. Das Ergebnis kann man inzwischen besichtigen: Zwölf Nehmerländern stehen nur noch vier Geberländer gegenüber: Baden-Württemberg, Bayern, Hamburg und Hessen. Das Resultat? Nun arbeiten alle Bundesländer in einem »perfekten System organisierter Verantwortungslosigkeit«. Wenn Bayern einen Euro an Mehreinnahmen hat, muss es über 90 Cent davon an die Nehmerländer abgeben. Verliert Bremen einen Euro, bekommt es über 90 Cent von den Geberländern. Das Ergebnis? Warum sollen sich Bremer Politiker um langwierige Reformen bemühen, wenn sie auf Umverteilung rechnen können.[2] Eigenverantwortung ist eine unverzichtbare Voraussetzung für den verantwortungsvollen Umgang mit Ressourcen. Wenn alle für alles verantwortlich sind, dann ist am Schluss niemand mehr verantwortlich. Um die Folgen dieses fatalen Systems einigermaßen zu begrenzen, hat die Föderalismuskommission III unter Führung Edmund Stoibers und Franz Münteferings zwar eine Schuldenbremse eingeführt, die die Länder langfristig dazu anhalten soll, mit dem Schuldenmachen aufzuhören, aber schon jetzt melden einzelne Bundesländer Begründungen für neue Ausnahmetatbestände an. Mehrausgaben für Investitionen sollen weiterhin zu Schulden führen dürfen, wobei der Fantasie unserer Politiker, was denn alles Investitionen zuzurechnen sei, keine Grenzen gesetzt werden. Nicht nur in Brüssel wird jetzt gefordert, die Mehrausgaben zur Bewältigung der Flüchtlingskrise aus der Berechnung des Defizits auszunehmen. Auch in Deutschland bedrohen diese Mehrausgaben Finanzminister Schäubles »Schwarze Null« und macht damit die Aufnahme weiterer Schulden unausweichlich.

Nachdem, wie bereits beschrieben, im Mai 2010 der Maastricht-Vertrag gebrochen und damit das für Deutschlands Zustimmung zur Währungsunion essenzielle finanzielle Beistandsverbot aufgehoben wurde, befindet sich die gesamte Eurozone in einem ähnlichen »System organisierter Verantwortungslosigkeit«. Schon vorher wurden die Maastricht-Kriterien zuerst unter deutsch-französischer Führung und dann über weitere sechzigmal von anderen Ländern verletzt. Um es klarzumachen: All dies waren unausweichliche Folgen der Eurorettung. Die faktische Vergemeinschaftung der Staatsschulden über die beschriebenen Instrumente wie EFSF und ESM, danach über die offensichtlich ihre eigenen Regeln verletzenden unbegrenzten Aufkäufe der Europäischen Zentralbank (EZB), sind unausweichliche Konsequenzen des Euro!

Und nicht nur das, die Bankenunion, die allen Beteuerungen der Bundesregierung und ihres Finanzministers zum Trotz zu einer Haftung deutscher Sparer für das Gezocke der Banken in der Eurozone führen wird, ebenfalls. Bei dieser Gelegenheit weisen wir darauf hin, dass die Summe der Schulden der Banken in der Eurozone mehr als doppelt so hoch ist wie die der Staaten.

Natürlich wissen Merkel, Schäuble und Co., was Moral Hazard ist und welche Gefahren für den deutschen Steuerzahler, Sparer und dessen Kinder damit verbunden sind. Um diesen zu begegnen, setzten sie den Fiskalpakt durch; wenn man so will, ein weichgespülter Nachfolger des Maastricht-Vertrags. In diesem verpflichteten sich die Euroländer zu fiskalischer Disziplin und dazu, weniger Schulden zu machen. Im Bundestag verkündete der CDU-Fraktionsvorsitzende Kauder daraufhin: »Europa spricht deutsch!« Damit wollte er den skeptischen Bundesbürgern weismachen, dass nun alle Eurozonenpartner so wirtschaften und haushalten wie die Deutschen.

Einmal ganz davon abgesehen, dass diese Aussage von unseren Partnern in der EU als das empfunden wurde, was sie war, als im höchsten Maße arrogant, stellte die Regierung in Paris schnell klar, dass Europa zwar deutsch reden dürfe, aber weiterhin französisch handeln müsse. Wenn die Politik nicht einmal in der Lage war, die früheren niedrigeren Maastricht-Kriterien einzuhalten, warum sollte sie in der Zukunft die höheren Hürden des Fiskal-Paktes nehmen können? Die Franzosen gaben bereits die Antwort: Wir überspringen die neuen, höheren Hürden nicht, wir laufen unter ihnen durch!

Auch hat sich der Währungsverbund inzwischen zu einer veritablen Ansteckungsmaschine entwickelt. Die Erkältung eines Landes kann zur Grippe oder gar Lungenentzündung eines anderen Landes führen. Dass die Frankfurter Börse auf Entwicklungen in Lissabon hektisch reagiert, dass im Gefolge von Herabstufungen Italiens und Frankreichs die Ratingagenturen regelmäßig auch die

Bonität Deutschlands auf den Prüfstand stellen, ist ein Resultat der Einheitswährung. Um im Bild des Ursprungs des Moral Hazards zu bleiben: Statt mit Brandmauern dafür zu sorgen, dass Brände nicht von einem Haus auf ein anderes übergreifen können, sorgt der Euro für Funkenflug.

Statt die bei der Aufgabe der D-Mark durch die Bundesregierung stets beteuerte Eigenverantwortlichkeit ihrer Mitglieder wiederherzustellen, marschiert die politische Klasse der Eurozone in die entgegengesetzte Richtung, die mit »Transferunion« beschildert ist und in der jeder Mitgliedstaat für die Schulden aller haftet. Wir sehen den weiteren Weg vorgezeichnet. Die Eurozone wandert unweigerlich weiter von einer Transferunion über eine Schulden- in eine Inflationsunion. Daran ändert auch der Etikettenschwindel nichts, diese nun ausgerechnet Stabilitätsunion zu nennen.

Natürlich war die Europäische Union immer auch solidarisch. Strukturausgleichsfonds, Kohäsionsfonds, gemeinsame Forschungsprojekte wurden von den »Geberländern« finanziert, um in den »Nehmerländern« für mehr Wohlstand zu sorgen. Bisher war diese Umverteilung aber auf ca. 1,2 Prozent des EU-Bruttoinlandsprodukts und auf klar definierte Projekte beschränkt. Vor allem unterlag sie einem demokratisch legitimierten Prozess.

Neuerdings hingegen ist die gemeinschaftliche Haftung für in den einzelnen Ländern bereits aufgetürmte und in der Zukunft weiter aufzunehmende Schulden vorgesehen, deren Höhe genau so wenig bekannt ist wie der Zweck, der zum Schuldenmachen führte.

3. Harmonisierung statt Wettbewerb

»How do we Europeans get competitive?«, fragte in den 1990er-Jahren der damalige EU-Kommissar Leon Brittan auf einer Tagung des Bundesverbandes der Deutschen Industrie (BDI) und gab selbst die Antwort:»By competition!«Der Wettbewerb zwischen kleineren Einheiten führt, gute Rahmenbedingungen vorausgesetzt, immer zu einem stärkeren Ganzen.

Wie schon beschrieben, sind wir Anhänger der zurzeit nicht besonders erfolgreichen Fußballmannschaften HSV und VfB Stuttgart. Das Gedankenexperiment sei erlaubt, es gäbe keine Chance, in die Champions League aufzusteigen, und kein Risiko, in die Zweite oder gar Dritte Bundesliga abzusteigen. Stattdessen gäbe es in der Bundesliga nur noch Freundschaftsspiele. Wir meinen, dass nicht nur das Volksparkstadion und die Mercedes-Benz-Arena an den Wochenenden leer blieben, sondern bald auch die Qualität der Nationalmannschaft unter die Räder käme. Es würde nicht lange dauern, dass sie nicht nur manchmal, sondern regelmäßig von Nationalmannschaften der Färöer, Zyperns oder Maltas geschlagen würde.

Oder kann sich jemand einen Berlin-Marathon vorstellen, bei dem sich die für viel Geld angeheuerten Spitzenläufer aus Äthiopien und Kenia vorher in die Hand versprechen, zur gleichen Zeit ins Ziel zu kommen? Soll die Rolle des»Othello«bei Aufführungen der Berliner Staatsoper jedem offenstehen anstatt nur solchen, die sich in Gesangswettbewerben durchgesetzt haben? Unser Patient auf der Couch zeigt auch hier Symptome von Schizophrenie. Er liebt den Wettbewerb im Bereich der Kultur und des Sports, aber der Einheitseuro soll ihm, so wollen es unsere Politiker, den Währungswettbewerb ersparen.

Im Jahre 2000 hatten sich die Staats- und Regierungschefs der EU darauf geeinigt, die EU im Jahre 2010 zur»wettbewerbsfähigsten Region«der Welt zu machen. Das Resultat war eine krachende Blamage der EU. Vor allem die Länder der Eurozone wurden von den meisten Regionen der Weltwirtschaft weit abgehängt. Selbst vor dem Hintergrund eines seit vielen Jahren schrumpfenden Sozialprodukts in der Eurozone deuten die neuesten Wachstumsprognosen eher auf Stagnation als auf Belebung hin.

Vielfalt war einmal ein Markenzeichen der EU. Mit dem damit einhergehenden Wettbewerb der Ideen wurde die zügige Aufnahme von immer mehr Ländern begründet. Wir meinen zu Recht, denn mit einer Erweiterung des Binnenmarktes nahm der Wettbewerb unter den Ländern zu. Mit dem von der EU betriebenen »Benchmarking«, dem Vergleich jeder Nation mit dem jeweils Besten auf europäischer Ebene, wurde die Grundlage dafür geschaffen, voneinander zu lernen.

Leider haben unsere Europapolitiker die Erkenntnis vernachlässigt, dass man nicht beides auf einmal haben kann: erweitern und vertiefen. Durch den Reflex, auf die Eurokrise mit »mehr Europa« zu reagieren, wird nun auch der Wettbewerb zwischen den Nationen innerhalb der EU abgewürgt. Stattdessen soll harmonisiert werden, beispielsweise die Steuersätze. Dass am Ende nicht das niedrigere Steuerniveau von Irland, sondern eher das höhere von Frankreich für alle herauskommt, ist abzusehen. Oder glaubt jemand ernsthaft, die Finanzminister der Höchststeuerländer würden jetzt die Steuern senken? Diese Angleichung – auch die anvisierte Harmonisierung der Sozialversicherungssysteme, der Arbeitszeiten, des Lohnniveaus und so weiter – ist politisch gewollt. Europas Sozialpolitiker und Gewerkschaftsführer ergreifen jetzt die Gelegenheit, den Wohlstand in Europa angeblich gerechter zu verteilen. In Wahrheit sinkt dadurch insgesamt der Wohlstand, sodass es weniger zu verteilen gibt – was ja kaum gerecht sein kann.

Seit Juli 2014 verfolgen wir als Abgeordnete die Reden der 28 (!) Kommissare im Europäischen Parlament und in den Ausschüssen (Henkel im »ITRE«, dem Ausschuss für Industrie, Energie und Forschung, Starbatty im »INTA«, dem Ausschuss für Internationalen Handel) sehr aufmerksam. Positiv gilt es dabei zu vermerken, dass die Notwendigkeit der Wettbewerbsfähigkeit der Unternehmen immer wieder herausgestrichen wird. Nur scheint es, dass die Folgen, welche die mit dem Einheitseuro verbundene Harmonisierung auf die Wettbewerbsfähigkeit hat, entweder nicht verstanden oder bewusst unter den Teppich gekehrt werden.

Auch die Rede vom großen Währungsraum, der die Eurozone angeblich schon durch seine Größe auf Augenhöhe mit den USA oder China bringen soll, ist nicht überzeugend. Man frage die Schweden, die Dänen oder die Polen. Professor Roland Vaubel von der Universität Mannheim hat eindeutig belegen können, dass die Nicht-Euroländer in Europa seit Einführung des Euro im Wachstum dem großen Währungsraum weit voraus sind. »Small is beautiful« gilt offensichtlich auch hier, zum einen, weil diese kleineren Währungsgebiete ihre Souveränität über ihre Währung behielten, anstatt sie für ein »System organisierter Verantwortungslosigkeit« aufzugeben, zum anderen, weil die nationalen Zentralbanken unabhängig von Einflüssen und Einflüsterungen der Politik immun geblieben sind.

4. Was das für unsere Zukunft bedeutet

»Scheitert der Euro, scheitert Europa«, sagt Bundeskanzlerin Angela Merkel immer wieder. Das ist zunächst einmal ein Trugschluss, weil es Europa schon lange vor dem Euro gegeben hat. Es ist aber auch deshalb einer, weil es selbst innerhalb der EU immer noch acht Länder gibt, die den Euro nicht eingeführt haben und von denen nach von der Kommission durchgeführten Umfragen nur noch die rumänische Bevölkerung den Euro will. Darüber hinaus gibt es über 20 weitere europäische Länder, unter anderem auch Norwegen und die Schweiz, die nicht einmal Mitglied der EU sind. Sind die alle zum Scheitern verurteilt? Mehr noch, diese Aussage der Kanzlerin ist unverantwortlich. Damit schürt sie Ängste. Ängste, die eine rationale und ehrliche Diskussion über Alternativen ins Abseits der politischen Inkorrektheit schieben sollen. Im Übrigen, was würde uns die Bundeskanzlerin eigentlich noch sagen können, wenn der Einheitseuro tatsächlich scheitert?

In der Energie-, Euro- und Europa- und neuerdings in der Flüchtlingspolitik hat Kanzlerin Merkel unser Land in eine Sackgasse getrieben. Man stelle sich vor, Henkel und Starbatty würden in einem Pkw von Stuttgart nach Frankfurt fahren wollen, um an einer Tagung der Finanzbranche teilzunehmen. Nach einer Stunde Fahrzeit macht der eine den anderen auf ein Hinweisschild aufmerksam, auf dem »München 100 km« steht. Was tun? Natürlich könnte man beschließen, nun nach München zu fahren, schließlich ist man ja schon eine Stunde unterwegs gewesen. Andernfalls müsste man zugeben, in die falsche Richtung gefahren zu sein, dann die nächste Ausfahrt nehmen und den gleichen Weg zurückfahren. Das ist zwar ärgerlich, aber wie sonst käme man nach Frankfurt?

Um im Bild zu bleiben: Die am Steuer sitzende Kanzlerin Merkel erklärt uns, dass der Rückweg aus der Euro- und Europapolitik sehr schwierig, wenn nicht unmöglich sei. »Alternativlos«, sagt sie und fährt nun eben nach München! Wie schon erwähnt, übertragen wir das auf den durch sie zur Makulatur gewordenen Vertrag zur Einheitswährung, und das bedeutet: Statt umzukehren und nach Maastricht zu fahren, geht es weiter nach Athen!

Die Eurozone wird sich zwangsläufig in ein System der Harmonisierung, der Zentralisierung und der Vergemeinschaftung von Staats- und Bankschulden entwickeln und deshalb langsam, aber sicher von anderen Regionen »abgehängt« werden. Schon beim Vergleich der bisherigen Wachstumsraten des Bruttoinlandsproduktes und der Arbeitslosenzahlen der Eurozone mit den Ländern der EU, die den Euro nicht eingeführt haben, schneidet die Eurozone schlechter ab.

Um den Euro zu retten, wird eine weitere Harmonisierung der Wirtschafts- und Sozialpolitik unumgänglich sein. Das nächste

Ziel französischer, italienischer und Brüsseler Politiker ist die Zusammenlegung der Arbeitslosenversicherung in der Eurozone. Dass als Folge die Beiträge zur Arbeitslosenversicherung deutscher Arbeitnehmer und Arbeitgeber steigen werden, erscheint unausweichlich. Die Harmonisierung der Steuersätze wird sowohl durch die EU-Kommission als auch durch das Europäische Parlament betrieben. Das Ergebnis wird eine weitere Beschädigung der Wettbewerbsfähigkeit der Unternehmen in der Eurozone sein. Auch die fortschreitende Zentralisierung der Eurozone wird ihre Spuren hinterlassen. Mit zunehmender nach Brüssel und Straßburg verlagerter beziehungsweise von der Europäischen Zentralbank angeeigneter Entscheidungskompetenz wird die Eurozone immer schwerfälliger und unbeweglicher werden müssen. Addiert man den mit der Vergemeinschaftung der Staats- und Bankschulden einhergehenden Sozialismus hinzu, ist der Weg zur am wenigsten wettbewerbsfähigen großen Region der Welt unaufhaltsam.

VII. DAS FLÜCHTLINGS-PROBLEM: DIE EIGENTLICHE AUFGABE STEHT UNS NOCH BEVOR

1. Unsere Verantwortung

Wolfgang Schäuble hat in einem Interview Anfang des Jahres 2016 auf die Frage, »Können Sie sich an eine der jetzigen Flüchtlingskrise vergleichbare Situation erinnern?«, geantwortet: »Nein! Aber in Wahrheit erleben wir natürlich etwas, was wir schon lange in vielen Reden, Untersuchungen beschrieben und abgehandelt haben, nämlich die Globalisierung mit ihren gewaltigen Herausforderungen.«

Will Schäuble damit sagen: Wir sind mit einer Entwicklung konfrontiert, an deren Entstehung und Richtung wir machtlos sind? Globalisierung heißt im Kern, dass es für den internationalen Waren-, Kapital- und Dienstleistungsverkehr keine Grenzen mehr gibt und dass die modernen Informationstechniken diesen Prozess noch beschleunigt haben. Zugleich bedienen sich Menschen der modernen Informations- und Verkehrsmittel, um an den Ort ihrer Wünsche zu gelangen. Doch brauchen sie dazu Pässe und Visa. Nur innerhalb des Schengen-Raumes können sich EU-Bürger frei bewegen. Für die Menschen, die jenseits der EU-Außengrenzen vor Verfolgung und Krieg flüchten oder der Armut und Aussichtslosigkeit entkommen wollen, gilt die EU-Außengrenze. Dass Flüchtlinge überwiegend nach Schweden und

Deutschland kommen wollen, ist bekannt. Vornehmlich Deutschland ist für sie zum Sehnsuchtsland (»most googled word in Syria is Germany«) geworden – dies wegen unserer relativ hohen Sozialleistungen und wegen der propagierten Willkommenskultur. Für uns ist Schäubles Globalisierungsthese ein Ablenkungsmanöver. Welche Faktoren lassen die Migrantenströme anwachsen? Politiker vermeiden es, über Push- und Pull-Faktoren zu sprechen. Push-Faktoren vertreiben Menschen aus ihrer angestammten Heimat, weil ihnen dort aus religiösen, ethnischen oder politischen Gründen Verfolgung droht, weil sie sich vor einem Bürgerkrieg in Sicherheit bringen oder aber weil sie wirtschaftlicher Not entkommen wollen. Zu den Pull-Faktoren zählen wir solche, die Menschen dazu bewegen, sich ein bestimmtes Land auszusuchen, weil sie sich hier ein besseres Schicksal erhoffen und davon ausgehen, dass sie willkommen sind. Für viele Menschen in der Welt und auch in weiten Teilen Europas gilt, dass die sozialen Leistungen inklusive Taschengeld in Deutschland attraktiv sind, weil sie weit über dem Einkommen liegen, das sie in ihren Heimatländern erzielen können. In Starbattys Studium Generale-Programm (2015/16) an der Universität Tübingen hat EU-Kommissar Günther Oettinger gesagt: In einem Land wie Schweden oder Deutschland soziale Leistungen zu erhalten ist für die meisten Flüchtlinge und Migranten wie ein »Sechser« im Lotto.

Wenn wir einen Blick auf unseren Patienten auf der Couch werfen und die politische Klasse dabei besonders ins Auge fassen, dann erscheint uns ihr Verhalten als höchst befremdlich: Ganze Dörfer auf dem Balkan verwaisen, weshalb die dort verantwortlichen Politiker darum gebeten haben, sie als sichere Herkunftsländer einzustufen, damit die Regionen nicht weiter ausbluten. Viele Politiker bei uns, insbesondere die Grünen, haben eine solche Einstufung als menschenverachtend abgelehnt. Sie ist dann aber doch im Bundesrat – gegen den Widerstand von Bundesländern, an deren Regierung die Grünen beteiligt waren (Ausnahme ist Baden-Württemberg) – beschlossen worden.

Auch jetzt irritiert das Votum der Grünen wieder in hohem Maße: Sie wehren sich, die nordafrikanischen Staaten Algerien, Tunesien und Marokko als sichere Herkunftsstaaten zu klassifizieren. Dabei geht es wohlgemerkt nicht um einen Ausschluss vom Asyl-Prüfungsverfahren, sondern um eine generelle Sicherheitsvermutung, die jedem Antragsteller die Möglichkeit lässt, abweichend hiervon in seinem besonderen Fall eine Verfolgungsgefahr darzulegen. Entscheidend sind die Signalwirkungen, die von bestimmten Botschaften ausgehen. Wenn Angela Merkel sagt: »Wir schaffen das«, eine Willkommenskultur auslobt und sich auf Selfies mit Flüchtlingen der Weltöffentlichkeit zeigt, dann sind das Signale, die hohe Erwartungen wecken. EU-Ratspräsident Tusk berichtete aus einem syrischen Flüchtlingscamp, dass die Bilder der Willkommenskultur und die Selfies der Bundeskanzlerin überall bekannt seien. Die Menschen würden in der Regel enttäuscht, wenn sie – in der Realität angekommen – auf eine schwerfällige Bürokratie stoßen. Alexander Kissler (Cicero) hat uns daran erinnert, dass sich ein »Willkommen« in keine Kultur zwingen lässt: Dass anfangs an den Gleisen Flüchtlingen und Migranten Welcome-Schilder hysterisch entgegengestreckt wurden, sei »individuell hochsympathisch, kollektiv ist es albern«.

Deutschlands Verantwortung besteht darin, den Menschen, die zu uns kommen, ein menschenwürdiges Leben zu ermöglichen. Die christliche Botschaft mahnt unsere Bereitschaft dazu an: »Liebe deinen Nächsten wie dich selbst.« Vertreter der Kirchen verweisen auf das Gleichnis vom barmherzigen Samariter (Lukas, 10, 25–37): Ein Samariter sieht auf seinem Weg einen verletzt auf dem Boden liegenden Menschen, an dem zuvor zwei Personen achtlos vorbeigegangen sind; er nimmt ihn auf, versorgt ihn, bringt ihn zu einer Herberge und zahlt im Voraus, damit man sich um den Verletzten kümmere. Ja, das ist barmherzig und zutiefst menschlich. Es ist die Nächstenliebe eines Einzelnen, die sich aber sehr von der Aufgabe unterscheidet, die eine Gemeinschaft und mit ihr die Politiker zu erfüllen haben, wenn sie Flüchtlinge dauerhaft und mit Erfolg integrieren wollen. Wir kennen auch die Legende von Sankt Martin, der seinen Mantel mit seinem Schwert halbierte, um ihn mit einem frierenden Bettler zu teilen. Wohlgemerkt, er teilte seinen eigenen Mantel und nicht die Mäntel anderer!

Politiker hingegen müssen für eine ganze Gesellschaft verantwortlich handeln, mit Herz, aber auch vor allem mit Verstand. Sie müssen überlegen, wie viel an Aufnahme- und Integrationsleistung das Land verkraften kann und wo es wegen Überforderung an Grenzen stößt. Wenn es nur darum ginge, die Flüchtlinge zu nähren, zu kleiden und medizinisch zu versorgen, um sie dann in ihr Herkunftsland zu entlassen, dann passte das Gleichnis vom barmherzigen Samariter. Von uns wird aber erwartet, dass die Flüchtlinge sich in eine ihnen fremde Umgebung einleben und sich wohlfühlen, vorübergehend am Gemeinwesen teilnehmen und sich gegebenenfalls ganz bei uns integrieren. Das unterscheidet sich wesentlich von einmaliger oder vorübergehender Hilfe. Danach fangen die eigentlichen Integrationsaufgaben erst an.

Bewundernswert, wie einzelne Personen oder Gruppen sich bei uns für die Eingewöhnung von Flüchtlingen einsetzen. Der Flüchtlingsstrom hat vielfach eine Welle von Hilfsbereitschaft ausgelöst. Gerade ältere Menschen, die Freiräume haben, engagieren sich. Es wird auch gespendet. Diese privaten Initiativen sind wichtig, weil so direkte und unbürokratische persönliche Hilfe bei den Neuhinzukommenden geleistet werden kann. Sie sorgen auch dafür, dass sich die Flüchtlinge nicht bloß als Objekte staatlicher Reglementierung, sondern als Mitmenschen aufgenommen fühlen. Dabei beklagen viele Helfer, dass bürokratische Hürden ihre Aktionen behinderten.

Die Bereitschaft zur Integration, die vom Ankommenden wie von der Gesellschaft geleistet werden muss, darf man aber nicht unterschätzen. Gelingt sie nicht, kann sich das Gefühl des Versagens, der Frustration, ja sogar Aggression einstellen. Wir wissen von den bei uns lebenden Menschen mit Migrationshintergrund, dass ihr Ankommen in unserer Gesellschaft ein langwieriger Eingliederungsprozess ist, der sich oft über mehr als eine Generation hinzieht.

Monika Maron hat in der *FAZ* Anfang 2016 aus dem Buch *Exodus* des britischen Historikers Paul Collier berichtet, wie eine Zuwanderung, die in ihrer Masse die einheimische Bevölkerung überfordert, das Vertrauen zuerst zwischen Einheimischen und Zuwanderern zerstört und in der Folge auch das Vertrauen innerhalb dieser Bevölkerungsgruppen, was in unserer auf Vertrauen und Kooperation begründeten Gesellschaft verheerende Folgen hat.

Wenn Kirchenleute und unsere Bundeskanzlerin von uns erwarten, dass wir das schon schaffen, dann verlangen sie in Wahrheit von uns, dass wir alle materiellen und immateriellen Folgekosten auf uns nehmen – mitsamt den Risiken. Ihr Gut-sein-Wollen ist fragwürdig, weil es uns, ohne uns zu fragen, darauf verpflichtet. Stattdessen sollte jeder selbst für sich entscheiden, ob er dem christlichen Gebot zur Nächstenliebe entsprechen will und kann. Das Gebot, praktisch umgesetzt, entspricht dem Subsidiaritätsprinzip der katholischen Soziallehre, das wir in der Ökonomie als System überschaubarer Regelbereiche beschreiben. Der zur Hilfe Aufgerufene erkennt und überschaut am ehesten, was direkt zu tun ist und ob und wie er es am besten aus eigenen Kräften leisten kann. Darüber hinaus sind die Kommunen gefragt und gefordert. Sie sind unmittelbar mit der Unterbringung und Versorgung konfrontiert und am besten in der Lage, zu entscheiden, welche Hilfe sie leisten können. ALFA hat frühzeitig eine atmende Obergrenze angemahnt, um Überforderungen bei der Integration zu vermeiden.

Wir erleben gegenwärtig, dass die Kanzlerin die Verantwortung Deutschlands für die Aufnahme von Flüchtlingen auf die ganze EU übertragen und dadurch zu einer europäischen Aufgabe machen will. Durch Geldzahlungen und politisches Entgegenkommen will sie Transitländer dazu bewegen, den Strom der Flüchtlinge unter Kontrolle zu bringen. Darüber hinaus will sie eine faire Verteilung der Flüchtlinge auf die Länder der EU. Bisher sind die Mitgliedsländer dazu nicht bereit. Unsere polnischen Kollegen im Europäischen Parlament stellen uns folgende Frage: Aus Polen wandern jährlich 300 000 gut ausgebildete Arbeitskräfte vor allem nach Deutschland aus und erhöhen damit euer Bruttoinlandsprodukt, und wir sollen im Gegenzug Hunderttausende nicht ausgebildeter Migranten und Flüchtlinge aufnehmen, die umgekehrt Teile unseres Bruttoinlandsprodukts in Anspruch nehmen? Wer kann es den Polen verdenken, dass sie sich auf einen solchen Tausch nicht einlassen wollen.

Nun hofft die Kanzlerin, dass die Regelung mit der Türkei den Flüchtlingsstrom begrenzt. Aber wie verlässlich ist ein Abkommen mit einem Staat, der Menschenrechte verletzt und die Presse unterdrückt? Um nicht das Scheitern ihrer Flüchtlingspolitik einzugestehen, hat sich Angela Merkel auf einen »Deal« mit einem autokratischen Staatschef eingelassen und sich damit in seine Hände begeben. Auf die Beschwerde Erdogans gegen das unsägliche Böhmermann-Gedicht hin hat sie sich umgehend bei der türkischen Regierung entschuldigt, statt die Angelegenheit der Justiz zu überlassen. Bei der Abstimmung der Resolution zum türkischen Genozid an den Armeniern fehlte sie im Parlament wie auch Bundesaußenminister Steinmeier und Vizekanzler Gabriel. Es war ein Einknicken vor Erdogan mit Rücksicht auf die mit ihm eingegangene Abmachung. Diese besteht darin, dass Erdogan für uns die Grenzen dichtmacht und für jeden in Griechenland gestrandeten Flüchtling, den er zurücknimmt, uns einen syrischen Flüchtling schickt. Was aber sind die Kriterien, nach denen syrische Flüchtlinge ausgewählt werden, und kann unsere Regierung auf das Auswahlverfahren Einfluss nehmen? Eine höchst zweifelhafte, weil unwägbare Angelegenheit. Weitere Fragen: Wenn jährlich sechs Milliarden Euro zur Flüchtlingsversorgung in den Lagern in die Türkei fließen, wer in der EU zahlt wie viel? Kommt das Geld bei den Flüchtlingen an? Visafreiheit für die Türkei – bisher ist sie aus gutem Grund vorenthalten worden. Entsteht da nicht ein weiteres Loch für unkontrollierte Zuwanderung? Die EU will die Beitrittsverhandlungen mit einem Land intensivieren, das sich immer weiter von den Kriterien für einen Beitritt zur EU entfernt. Helmut Kohl hat gesagt, man müsse die Türkei bestens behandeln, man dürfe sie aber niemals in die EU aufnehmen. Wenn Frau Merkel derselben Ansicht ist, warum stimmt sie dann der Intensivierung der Beitrittsverhandlungen zu? Man fragt sich auch, ob nicht Erdogan die Grenzen wieder öffnet, sobald er sich hintergangen fühlt.

Da die Balkanroute für Flüchtlinge und Migranten versperrt ist, suchen sich Migranten aus Afrika einen Weg über das Mittelmeer, um ins gelobte europäische Land zu kommen. Wenn die Mittelmeerroute ebenfalls geschlossen wird, werden sie den Weg nach Europa über den Atlantik suchen. Statt nach anderen Regierungen Ausschau zu halten, die uns das Problem der Flüchtlingsströme abnehmen, müssen Frau Merkel und ihre Regierung selbst das Problem in die Hand nehmen und nach nachhaltigen Lösungen suchen. Der österreichische Außenminister Sebastian Kurz hat einen Aktionsplan vorgelegt, der den Erpressungsfaktor des »Deals« mit der Türkei verhindern und die gewaltige Massenanlandung aus Nordafrika vermeiden soll. Sein Plan sieht im Einzelnen vor:

> Schaffung eines schlagkräftigen gemeinsamen Schutzes der EU-Außengrenze: »Australien zeigt: Seegrenzen sind kontrollierbar.«

> »Europa entscheidet selbst, wer zu uns kommt, und nicht die Schlepper.«

❯ Rettung aus Seenot »ja, unbedingt, aber das darf nicht verbunden sein mit einem Ticket nach Europa«.

Noch viel mehr Hilfe vor Ort und legale Aufnahme aus Konfliktgebieten, aber in einem verkraftbaren Maß. »Da hätten auch die Schwächsten eine faire Chance und nicht nur die jungen Männer, die fit genug sind, die Strapazen der Reise zu überstehen. Nationale Maßnahmen wie die Obergrenze bleiben notwendig, um uns vor einer massiven Überforderung zu schützen. Mittel- und langfristig sollen wir aber an einer europäischen Lösung arbeiten.«

Zum Hintergrund sei an dieser Stelle erläutert, dass Australien lange Jahre mit einem ähnlichen Phänomen zu kämpfen hatte, wie wir es derzeit in Europa erleben. Migranten aus den Australien umgebenden deutlich ärmeren Staaten des südlichen Pazifik ließen sich auf das riskante Wagnis ein, die australische Küste mit Booten zu erreichen, weil sie sich dort ein besseres Leben versprachen. Um illegale Einreisen zu unterbinden und die für Migranten häufig tödlich endenden Überfahrten unattraktiv zu machen, fängt die Küstenwache inzwischen jedes Boot ab und schleppt es in eigens dafür eingerichtete Auffangzentren außerhalb des australischen Hoheitsgebietes. Das haben viele Menschenrechtsorganisationen kritisiert. Richtig ist dennoch die Signalwirkung dieser Politik. Den Schleppern wurde das Geschäft entzogen, was zu einem drastischen Rückgang der Ertrunkenen führte. Es ist kaum glaublich, aber wahr, dass Schlepper die Boote im Mittelmeer absichtlich manövrierunfähig und führerlos treiben lassen, damit die italienische und die griechische Küstenwache sie aufgreifen und an Land bringen. Um eine anreizunterbindende Politik umsetzen zu können, sind Abkommen mit Ländern notwendig, in die die Boote zurückgeschleppt werden. Seit Spanien mit Marokko und anderen westafrikanischen Staaten solche Abkommen getroffen hat, ist die Zahl der Boote in Richtung kanarische Inseln stark zurückgegangen.

Weil für viele die Mitmenschlichkeit dabei zu kurz kommt, stößt ein solcher Aktionsplan oft auf Unverständnis. Erinnert sei aber an den Leutnant aus Stefan Zweigs Roman *Ungeduld des Herzens*, der mit seinem Mitleid Erwartungen geweckt hat, die er schließlich nicht erfüllen konnte. Auch Regierungen müssen sich hüten, mehr zu versprechen, als ihre Bürger halten können. Unsere Verantwortung zwingt uns dazu, zum Wohle aller.

2. Ihr schafft das schon!

Am 14. September 2015 hat unsere Kanzlerin gesagt:»Deutschland ist ein starkes Land ... Wir haben so vieles geschafft. Wir schaffen das, und wo etwas im Wege steht, muss es überwunden werden.« Wir schaffen das, heißt in Wirklichkeit:»Ihr schafft das schon.« In ihrer Rede auf dem CDU-Bundesparteitag in Karlsruhe am 14.12.2015 ruft sie uns zu, es gehöre zur Identität Deutschlands, Großes zu leisten. Sie hat uns an die Trümmerfrauen im Nachkriegsdeutschland erinnert, an Ludwig Erhard und das deutsche Wirtschaftswunder sowie an Konrad Adenauer und die Integration Deutschlands in den freien Westen. Henkel und Starbatty haben das damals erlebt. Es herrschte eine Aufbruchsstimmung; die Menschen wollten sich bewähren. Ludwig Erhard und Konrad Adenauer haben dafür die Weichen gestellt. Jetzt konfrontiert uns Angela Merkel mit Herausforderungen, deren Konsequenzen sie selbst nicht übersehen kann. Sie weiß das inzwischen auch; sonst bräuchte sie nicht als Bittstellerin an die Türen unserer europäischen Partner anzuklopfen, damit diese einen Teil der Lasten übernehmen. Die aber zucken mit den Achseln – auch Frankreich. Ein bisschen mag da auch Schadenfreude mitschwingen, dass die Kanzlerin, die in der Eurozone als Bestimmerin auftritt, nun selbst auf Hilfe angewiesen ist. Im Europäischen Parlament bekommen wir von unseren Kollegen zu hören:»Eure Bundeskanzlerin hat die Flüchtlinge eingeladen! Ihr spielt euch doch als die moralische Supermacht auf! Schaut, wie ihr damit fertigwerdet.«

Bundespräsident Joachim Gauck hat sich und die politische Klasse selbstkritisch gefragt, warum Angela Merkel ohne nähere Prüfung das Einverständnis der Bürger vorausgesetzt hat, den Flüchtlingsstrom aufzunehmen. In Sonntagsreden werden das Selbstbestimmungsrecht und die Freiheit der Bürger beschworen. In der Flüchtlingsfrage ist aber über die Köpfe der Bürger hinweg entschieden worden. Es wurde weder im Bundestag debattiert noch mit den Bürgern darüber gesprochen. Es wurde über unsere Köpfe hinweg verordnet. Jedes Bundesgesetz – und sei es noch so unbedeutend – wird minutiös vorbereitet und dokumentiert; aber das, was Deutschland und unser aller Leben verändert, ist »par ordre de Mufti« – korrekterweise müsste man sagen: »par ordre de Mutti« – angeordnet worden.

Der langjährige außenpolitische Berater von Helmut Kohl, Michael Stürmer, hat berichtet, wie Kohl in stundenlangen Telefongesprächen mit seinen politischen Weggefährten und auch mit seinen Gegnern seine Entscheidungen vorbereitet hat. Er wollte sich verständlich machen und auch andere Ansichten hören. Frau Merkel hingegen regiert einfach durch – nicht nur in der Energie- und Klimapolitik, in der Eurokrise, sondern jetzt auch in der Flüchtlingspolitik. Sie lässt sich nicht davon abbringen. Zwar hat sie sich im November 2015 auf einem Parteitag der CSU eine Belehrung von Horst Seehofer anhören müssen; doch hat ihr dann in der Bundestagsdebatte am 25. November 2015 die CDU/CSU-Bundestagsfraktion mit so lang anhaltendem Beifall den Rücken gestärkt, dass Bundestagspräsident Norbert Lammert seine Kollegen zur Ordnung rufen musste: »So, liebe Kolleginnen und Kollegen, weiterer Beifall geht auf Kosten der Debatten-Zeit.« Als die Kanzlerin dann auf dem CDU-Bundesparteitag am 14. Dezember 2015 die moralische Supermacht Deutschland beschworen hat, haben die Delegierten ihr stehend zehn Minuten anhaltenden Beifall gezollt. Fragen wir jedoch CDU-Kollegen aus dem Europäischen Parlament, ob nicht die Parteibasis revoltiere, antworten sie mit einem bedeutsamen Augenaufschlag.

Die Parteien, die wirklich hinter Frau Merkel stehen, sind die Sozialdemokraten – Sigmar Gabriel hat der Kanzlerin politisches Asyl angeboten, sollte ihre Partei sie nicht mehr haben wollen –, die Linke, die mit unserem Geld die Welt retten will, und die Grünen, die wie Angela Merkel unter dem Helfersyndrom leiden. Wir nehmen den grünen Oberbürgermeister von Tübingen ausdrücklich aus, weil er die Wirklichkeit nicht aus den Augen verliert. In der CSU scheint Angela Merkel mittlerweile zu einer Persona non grata geworden zu sein. Ihre CSU-Parteifreunde sind verärgert, dass sie über Nacht die Grenzen öffnen ließ und so mehrere Hunderttausend Flüchtlinge unkontrolliert ins Land einströmen konnten. Wir wissen nicht, wer in diesem Strom alles mitgeschwommen ist. Unsere Bundeskanzlerin bezeichnet ihre Entscheidung als »humanitären Imperativ«. Wenn sie sich von diesem Gedanken angetrieben fühlt und einzelnen Menschen wie Murat Kurnaz und Ai Weiwei Hilfe zukommen lässt, so ist das ein humanitärer Akt und als solcher nobel. Wenn sie aber Grenzen für Flüchtlingsströme öffnet, verändert sie damit unser Leben, ohne uns gefragt zu haben. Sie missachtet den Willen der Bürger und untergräbt den innereuropäischen Frieden, wenn sie von unseren europäischen Partnern verlangt, den Deutschen ihre Lasten abzunehmen. Als der frühere Bundesinnenminister Friedrich die Grenzöffnung aus ebendiesen Gründen verurteilte, sprang ihr der Vorsitzende des Bundesausschusses für Auswärtige Politik, Norbert Röttgen, hilfreich zur Seite: Die Grenzöffnung sei aus humanitären Gründen zwingend notwendig gewesen.

Eine Zeit lang dachten Seehofer und mit ihm die gesamte CSU darüber nach, ob sie die Entscheidung über die Grenzöffnung – gestützt auf die Gutachten zweier angesehener Verfassungsrechtler – nicht vor das Bundesverfassungsgericht bringen sollten. Sie wollten der »Herrschaft des Unrechts« (Horst Seehofer) ein Ende setzen. Ein solcher Vorwurf ist wirklich ein Fehdehandschuh. Allerdings reibt man sich verblüfft die Augen, wenn man Seehofers politische Verrenkungen sieht: Erst die Standpauke, dann plötzlich ein Treffen zwischen beiden mit dem Ergebnis, dass sie die zukünftigen Herausforderungen voller Harmonie angehen wollen. Wer Seehofers politische Karriere verfolgt hat, ist nicht überrascht, weiß er doch, dass es bei ihm eine Konstante gibt: Seehofer bellt, aber beißt nicht.

Bemerkenswert ist Wolfgang Schäubles Einschätzung dieses Rechtsbruchs. Für ihn war die Öffnung für Flüchtlinge an jenem Wochenende Anfang September »eine Entscheidung, mit der wir vor allem Österreich und Ungarn, letztlich allen Balkanländern, helfen wollten«. Doch lautet der Eid, den die Bundeskanzlerin auf unsere Verfassung geschworen hat, Schaden vom Deutschen Volk und nicht von unseren Nachbarstaaten abzuwenden. Deren Interessen muss man achten und bewahren, aber doch nicht dadurch, dass man den gesamten Zustrom von Menschen unkontrolliert nach Deutschland hereinlässt.

Natürlich fragen sich viele Auguren, wie lange sich Angela Merkel noch halten kann. Zuspruch bekommt sie reichlich: Der Papst und der baden-württembergische Ministerpräsident Kretschmann beten für sie; Reinhard Kardinal Marx dankt ihr, dass sie sich über das Gesetz hinweggesetzt hat, mit den Worten: »Ich kann nicht erkennen, dass die Entscheidung der Kanzlerin, die Flüchtlinge aus Ungarn vorübergehend unbürokratisch einreisen zu lassen, falsch war. Was kann denn eine Bundeskanzlerin angesichts der Bilder, die wir aus Ungarn gesehen haben, sagen? Ich habe ihr dafür öffentlich gedankt. Sie hat sich sogar über das Gesetz hinweggesetzt. Das gehört auch zur politischen Führung!«

Bemerkenswert, auf welche Art und Weise Wolfgang Schäuble seiner Kanzlerin beigesprungen ist. Auf die Frage, »Unterstützen Sie die Kanzlerin in der Flüchtlingspolitik eigentlich aus innerer

Überzeugung oder aus Loyalität?«, hat Schäuble geantwortet: »Ich unterstütze aus voller Überzeugung das, was die Kanzlerin sagt: Wir müssen das Problem an den Außengrenzen lösen. Wobei sie auch sagt, wenn es an den Außengrenzen nicht gelöst wird, wird es eines Tages an den nationalen Grenzen gelöst werden. Aber das wäre die schlechtere Lösung.« Er hat nicht Merkels Willkommenskultur genannt, sondern lobt sie für etwas, was sie bis dahin zu sagen und zu tun vermieden hatte.

In ihrer Regierungserklärung am 25. November 2015 hat sie ihr Mantra wieder beschworen: »Wir schaffen das. Aber es wird vieler Anstrengungen bedürfen und auch eines hohen Maßes an neuem Denken.« Es gibt zwei Möglichkeiten, die Welt zu sehen, so, wie wir sie uns wünschen, und so, wie sie ist. Die Kanzlerin orientiert sich offensichtlich nicht an der Realität, sondern an den großen Herausforderungen, die Deutschland nach ihrer Auffassung zu leisten imstande ist. Sie empfiehlt und verordnet uns neues Denken, und dies in hohem Maße! So sollen wir ihre Vorstellungen erfüllen. Wenn wir ihr alle auf der Couch Gesellschaft leisten, dann hat sich ihre Aufforderung zum neuen Denken erfüllt.

3. Asyl und Grenzen

Gerade Deutsche müssen sich eingedenk ihrer jüngeren Geschichte dafür einsetzen, dass Menschen, die vor Verfolgung fliehen, bei uns Schutz finden. Viele Juden fanden während der Verfolgung durch die Nationalsozialisten keineswegs überall offene Türen. Doch sollte das Asylrecht – im Grundgesetz festgeschrieben – nicht kollektiv in Anspruch genommen werden können, wie Rupert Scholz feststellt. Nur der Einzelne hat demnach Anspruch auf Asyl, wenn er definitiv den Tatbestand unmittelbarer politischer Verfolgung nachweisen kann. Aus dieser klaren Rechtsposition ist inzwischen politisch und auch im Zusammenhang mit europäischem Recht ein unentwirrbares Knäuel geworden. Die verschiedenen, sich teilweise widersprechenden Rechtspositionen sind so kompliziert geworden, dass es schwer ist, sie umzusetzen. Sie muten den betroffenen Personen als auch damit befassten Richtern Erhebliches zu. Wir können von unserer politischen Führung nicht erwarten, dass sie sofort den richtigen Weg findet, um diejenigen Zuwanderer herauszufiltern, die einen Rechtsanspruch auf politisches Asyl haben. Aber dass das geltende Recht nahezu pervertiert wurde, hätte Angela Merkel bewusst sein müssen.

Die Bürger hätten erwarten können, dass sie sich um eine befriedigende Problemlösung bemüht, indem sie interne und externe Experten zurate zieht. Stattdessen findet unsere Kanzlerin Zeit, sich mit dem Hollywood-Star George Clooney und seiner Ehefrau über die Weltläufe im Allgemeinen und das Flüchtlingsdrama im Besonderen auszutauschen; dabei wird sie wohl deren Anerkennung ihres weltpolitischen Gewissens erfahren haben. Wahrscheinlich war es ihr wichtig, dass Bilder mit ihr und dem Hollywoodstar aus Gründen der Publicity in die Öffentlichkeit gingen. Stattdessen hätte sie sich besser von Rupert Scholz, Staatsrechtler und obendrein ihr Parteifreund, und von Kay Hailbronner, Professor für öffentliches Recht, Europa- und Völkerrecht sowie Kodirektor des Forschungszentrums für Ausländer- und Asylrecht, unterrichten lassen sollen. Die fünf Abgeordneten des Europäischen Parlaments, die der Partei »Allianz für Fortschritt und Aufbruch« (ALFA) angehören, haben Kay Hailbronner ins Europäische Parlament eingeladen, um sich von ihm beraten zu lassen. Seine unter anderem auch in der *FAZ* publizierten Ausführungen zum europäischen Asylrecht haben in den nachfolgenden Überlegungen ihren Niederschlag gefunden.

Für Hailbronner haben falsche Anreize die Sicherung unserer Außengrenzen und damit unser Asylrecht außer Kraft gesetzt. Migranten konnten sich durch illegale Einreise und anschließendes

Asylverfahren eine Bleibeperspektive erkämpfen. Entscheidend war die in der Regel begründete Erwartung, dass sich der weitere Aufenthalt in Deutschland von selbst ergebe, sobald die Hürden auf der Reise zum gewünschten Zielland in der EU überwunden seien. Diese Erwartung war und ist die Grundlage jeder organisierten Flucht. Menschen haben zu Hause ihr Habe aufgegeben und verkauft, haben sich Schleppern anvertraut und sich auf marode Schiffe begeben in der Erwartung auf ein gutes Ende. Dabei haben Tausende von ihnen ihr Leben verloren.

Es hat eine allmähliche Mutation vom individuellen Asylrecht zum Asylbewerberrecht stattgefunden. Medien, politische Kräfte und auch Richter haben die zur Durchführung eines Prüfungsverfahrens gewährte Aufenthaltserlaubnis zu einem »Flüchtlingsstatus« umgemünzt. Damit hat der Gesetzgeber dem politischen Druck mit immer weiteren Lockerungen nachgegeben. Das Ergebnis ist der Spurwechsel von der Asylbewerberschiene auf ein humanitäres Bleiberecht. Angesichts der in der Öffentlichkeit verbreiteten Bilder individueller Schicksale, der Not und dem Elend von Menschen auf der Flucht ist dies verständlich. Die Richter haben aber die Aufgabe, nach Maßgabe des Asylrechts ihre Urteile zu fällen. Wer als Richter urteilt, vornehmlich um der Mitmenschlichkeit Raum zu geben, determiniert damit zwangsläufig nachfolgende Richtersprüche und leitet durch Präzedenzfälle zu einem neuen Gewohnheitsrecht über. Auch sind Richtersprüche oft nicht vollzogen worden. Deswegen ist der Anreiz gestiegen, um sich mittels illegaler Einreise und anschließenden Asylverfahrens eine Bleibeperspektive zu erzwingen.

Auf europäischer Ebene haben sich vergleichbare Prozesse abgespielt. Anerkennungskriterien, Rechtsstellung von Asylsuchenden, das Asylverfahren selbst, Zuständigkeiten für die Durchführung des Verfahrens, Anerkennungsrechte und Möglichkeiten der Rückführung von Migranten – das alles hat in einer Vielzahl von Richtlinien und Verordnungen als Bestandteil eines »Gemeinsamen Europäischen Asylsystems« seinen Niederschlag gefunden. Diese Rechtsvorschriften werden von den Mitgliedstaaten in nationales Recht überführt und von nationalen Gerichten ausgelegt.

Trotz oder vielleicht wegen der gemeinschaftlichen Detailversessenheit enthält das Flüchtlingsrecht Auslegungsspielräume, die von allen nationalen Gerichten genutzt und vom Europäischen Gerichtshof oft wieder korrigiert werden. Und das in 28 Mitgliedstaaten. Das Ergebnis ist ein hohes Maß an Rechtsunsicherheit.

Daher folgert Kay Hailbronner, dass die derzeitige Kombination von nationalem Asylrecht und unionsrechtlichen Verordnungen und Richtlinien, die noch dazu höchst ungleich angewendet oder – soweit es um die Zuständigkeitsregelung der Dublin-Verordnung geht – auch völlig ignoriert werden, keine Grundlage für die Lösung des Flüchtlingsdramas sein kann. Die bisher sichtbaren Ansätze, die rechtlichen Grundlagen zu straffen, zu klären oder zu harmonisieren, würden noch tiefer in das gesetzgeberische Dickicht hineinführen. Daher schlägt er vor – gewissermaßen dem Herkules-Mythos der Säuberung des Augias-Stalls folgend –, das rechtliche Chaos von einem imaginären Wasserstrom fortschwemmen zu lassen. Dann sollte man ein klares, gemeinschaftliches Asylgesetz schaffen, ohne Asyltourismus und ohne Begleitgesetze, die das ursprüngliche Asylrecht aushebeln.

Ein einheitliches, transparentes und klar vom nationalen Recht getrenntes Asylverfahren könnte die Kontrolle über Migrationsbewegungen in die EU wiederherstellen und gleichzeitig die Anreize, das Asylrecht als Hintertür zu einer illegalen Einwanderung zu nutzen, vermindern. In von der EU organisierten und finanzierten zentralen Aufnahmeeinrichtungen nahe den Außengrenzen könnten spezialisierte Behörden und Gerichte auf der ausschließlichen Grundlage eines EU-Asylgesetzes innerhalb von drei Monaten, einschließlich gerichtlichem Rechtsschutz, endgültige Entscheidungen treffen, bei Antragstellern aus sicheren Drittstaaten innerhalb eines Monats. Wer die – freilich überarbeitungsbedürftigen – Kriterien einer individuellen Schutzberechtigung nicht erfüllt, würde wie jeder andere illegal Einreisende behandelt. Das hätte den Vorzug einer Reduzierung des vorläufigen Bleiberechts auf die Prüfung einer Schutzberechtigung. Bei Ablehnung würde zeitnah eine Rückführung obligatorisch. Dazu bedarf es allerdings weiterer Vereinbarungen mit Drittstaaten, die eine beschleunigte Rückführung oder Zurückweisung ermöglichen. Bei diesem Verfahren erübrigt sich ein Rückgriff auf nationale Prozeduren, Folgeasylanträge, humanitäre Bleiberechte, Härtefallkommissionen und Kirchenasyl. Ein Zugang zu Asylverfahren und national unterschiedlichen Sozialsystemen wäre damit ausgeschlossen. Dazu müssen keine neuen Behörden eingerichtet werden. Die bisher damit befassten nationalen Behörden könnten damit betraut werden. Eine humanitäre Aufnahme von Personengruppen, die keinen individuellen Schutzanspruch haben, aufgrund von politisch verantworteten nationalen und EU-Aufnahmeprogrammen, wie dies für ca. 40 000 Syrer in Deutschland beschlossen wurde, wäre damit nicht ausgeschlossen. Aber eben aufgrund politischer Entscheidung und damit dem politischen Diskurs über Aufnahmefähigkeit und -grenzen zugänglich, wie es im Übrigen auch Paragraf 1 des deutschen Aufenthaltsgesetzes als Leitlinie deutscher Migrationspolitik formuliert.

Ist dann nicht zu erwarten, dass bei einem so klaren Verfahren, bei dem sich Migranten wenig Chancen ausrechnen, die Grenzen gestürmt werden, um innerhalb des Ziellandes unterzutauchen oder sich über nationale Verfahren mit medialer und politischer Hilfe ein Bleiberecht zu erstreiten? Und muss dann nicht doch von Schusswaffen zum Schutz der Grenze Gebrauch gemacht werden? Nein, keineswegs. Erfahrungen aus Dänemark und Schweden zeigen, dass Hinweise auf Flyern, bei einem unerlaubten Grenzübertritt sei jedes Bleibe- und Verfahrensrecht verwirkt, Flüchtlinge und Migranten davon abhalten, die Grenzen zu stürmen. Auch die EU selbst geht mittlerweile davon aus, dass der Anspruch auf Sozialleistungen und Integration bei irregulärer Weiterreise verwirkt werden kann. Dasselbe muss auch für die Vernichtung von Ausweispapieren gelten. Die Grünen/Bündnis 90, Kirchen und Flüchtlingshilfsorganisationen laufen unter Berufung auf eine Entscheidung des Bundesverfassungsgerichts von 2012 dagegen Sturm und appellieren an die Menschenwürde. Aber die Menschenwürde gibt – trotz einer weltfremden Sozialideologie und einer rein der nationalen Menschenwürdekonzeption verhafteten Auslegung durch das Bundesverfassungsgericht – keinen Anspruch darauf, sich an einem frei gewählten Aufenthaltsort in der Europäischen Union unter staatlicher Finanzierung des Lebensunterhalts aufhalten zu können, wenn durch die Bezahlung der Fahrkarte zur zugewiesenen Aufnahmeeinrichtung die menschenwürdige Existenz gesichert werden kann. Immerhin enthält nun auch das Integrationsgesetz unter dem Druck der Verhältnisse – wenn auch spät – Ansätze in dieser Richtung. Allerdings zeigen solche Regelungen und Ankündigungen nur Wirkung, wenn sie ausnahmslos in die Tat umgesetzt werden.

Ein derartiges System ist ohne effektive Grenzkontrollen an den EU-Außengrenzen nicht denkbar. Erst spät hat man mit Frontex verstärkte Anstrengungen unternommen, die über Jahrzehnte gewachsene Unfähigkeit oder Unwilligkeit von EU-Staaten und insbesondere Griechenlands, die vorgeschriebenen Grenzkontrollen vorzunehmen und ihre Verantwortung als für die Prüfung einer Schutzberechtigung zuständige Staaten wahrzunehmen, zu korrigieren. Die in weiten Kreisen angesichts der Flüchtlingszahlen geradezu gespenstisch anmutende Floskel von der »Festung Europa« verkennt, dass nur durch eine Wiedererlangung der Steuerungsfähigkeit großer Migrationsbewegungen Europa in der Lage sein wird, Sicherheit, Stabilität und Wohlstand für die gesamte Bevölkerung zu gewährleisten. Grenzsicherung ist hierfür unumgänglich – an den EU-Außengrenzen, aber soweit nötig auch an den Binnengrenzen. Dagegen wird eingewandt, nationale Grenzen seien im Zeitalter der Globalisierung überholt. Das Gegenteil ist richtig. Nur wenn die EU-Mitgliedstaaten den Eindruck haben, dass keine unkontrollierte illegale Einwanderung über die Hintertür des Asylrechts in ihre Staaten stattfindet und lediglich solche Personen einen individuellen Anspruch auf Schutz aufgrund einer spontanen Einwanderung haben, die tatsächlich darlegen können, bei einer Abschiebung unmittelbarer Gefahr für Leib und Leben und Verfolgung ausgesetzt zu sein, werden sie auch bereit sein, sich im Sinne einer europäischen »Solidarität« an einer Verteilungsregelung für schutzberechtigte Flüchtlinge zu beteiligen. Ob auf der Basis nationaler Beschlüsse für Obergrenzen oder mittels einer Option zwischen finanzieller Beteiligung oder Schaffung von Aufnahmeplätzen, müssen die EU-Staaten letztlich für sich entscheiden.

Den im luxemburgischen Schengen-Abkommen vereinbarten freien Personenverkehr und die damit verbundenen Freiheiten und Wohlfahrtsgewinne wissen wir alle zu schätzen; allerdings hat man sich damals Entwicklungen, wie wir sie heute erleben, nicht vorstellen können. Man hätte dann vom völligen Freiverkehr für Personen Abstand genommen, weil über ihn auch Menschen außerhalb des Schengen-Raums unkontrolliert eindringen können. Man kann deshalb nicht behaupten, dass nationale Grenzkontrollen, die dazu dienen, die Einreise aus Staaten außerhalb der EU zu kontrollieren, gegen Buchstaben und Geist der Europäischen Verträge verstießen.

Nun hören wir von Jean-Claude Juncker, dass bei Grenzkontrollen der Binnenmarkt gefährdet sei. Er wird dabei geradezu pathetisch: »Wenn der Geist von Schengen unsere Länder und unsere Herzen verlässt, werden wir mehr verlieren als den Schengen-Raum.« Grenzkontrollen zögen Wartezeiten im Güterverkehr und damit höhere Kosten für die Wirtschaft nach sich. Dies könne zu einem Arbeitslosenproblem führen, »das nicht beherrschbar sein würde«. Dass es zu Verzögerungen beim Grenzverkehr kommen wird, ist nicht auszuschließen. Doch werden die Lkw nur daraufhin geprüft, ob sich blinde Passagiere an Bord befinden. Dass deren Fahrer wissentlich Migranten einschleusen auf die Gefahr hin, dadurch an der Grenze aus dem Verkehr gezogen zu werden, ist nicht wahrscheinlich. So können wir davon ausgehen, dass sich die zeitlichen Verzögerungen in Grenzen halten.

Klaus-Michael Kühne, Mehrheitsgesellschafter des weltweit tätigen Logistikunternehmens Kühne & Nagel und Miteigentümer des Handelsschifffahrtsunternehmens Hapag-Lloyd, hatte den Mut, den Schreckensszenarien argumentativ entgegenzutreten. Seiner Meinung nach seien die ökonomischen Folgen von Grenzkontrollen durchaus beherrschbar. Warum sollten sie es nicht sein? Die Grenzkontrollen zu Großbritannien wurden nie aufgehoben, was den Siegeszug deutscher Kraftfahrzeuge auf die Insel nicht beeinträchtigen konnte. Die USA und China wurden zu Deutschlands wichtigsten Exportmärkten, dies mit Grenzkontrollen und – das sei angemerkt – auch ohne den Euro! Es gibt also keinen Anhaltspunkt für die Behauptung, dass bei Grenzkontrollen die Arbeitslosigkeit nicht mehr beherrschbar würde. Das ist wohl eher eine Erfindung von Juncker, um die Welt von einem aus seiner Sicht verhängnisvollen Pfad abzubringen. Übrigens: Sollten die Verzögerungen auf den Transportwegen tatsächlich die Kosten erhöhen und diese über Preissteigerungen an die Verbraucher weitergegeben werden, dann wäre doch ein Herzenswunsch von Mario Draghi erfüllt, weil man der heiß ersehnten Inflation auf diese Weise ein Stück näher gekommen wäre.

Nun zu der Juncker'schen Variation des Spruchs von Angela Merkel: »Wenn der Euro scheitert, scheitert Europa!« Bei Juncker heißt das: »Wenn Schengen scheitert, scheitert der Euro.« Ohne die Freizügigkeit der Arbeitnehmer, ohne die Reisefreiheit, von der alle Europäer profitierten, mache der Euro keinen Sinn. Die Annahme, dass Grenzkontrollen die gemeinsame Währung gefährden, ist ebenfalls eine Erfindung von Jean-Claude Juncker. Damit möchte er die Politiker von Grenzkontrollen abhalten, da sie ja sonst des Euros verlustig gingen. Dieser Argumentation Junckers fehlt jede innere Logik. Für wie dumm hält Juncker die Welt? Oder anders gewendet: Was muss Juncker von sich selbst halten, wenn er annimmt, dass seine Sprüche von aller Welt ernst genommen würden?

4. Die Integration in den Arbeitsmarkt ist die Nagelprobe

Die Frage aller Fragen ist aber: Wie können wir den Menschen, die zu uns gekommen sind, langfristig helfen? Wie kann eine Integration gelingen, die zu ihrer und unserer aller Wohl ist? Die erfolgreichste Integration geschieht über die Aufnahme in den Arbeitsmarkt. Verdienen die Flüchtlinge ihr eigenes Geld, so können sie die Verantwortung für sich selbst übernehmen und gewinnen das Gefühl, von der Gesellschaft aufgenommen und von dieser gebraucht zu werden. Auch werden die Staatsfinanzen dadurch erheblich entlastet.

Die Präsidenten unserer Wirtschaftsspitzenverbände – Bundesverband der Deutschen Industrie (BDI) und Bundesvereinigung Deutscher Arbeitgeberverbände (BDA) – sahen den Flüchtlingsstrom positiv, weil es wegen der demografischen Entwicklung schwierig wäre, die notwendigen Arbeitskräfte für den Wirtschaftsprozess bei uns zu finden. Sie haben sich zustimmend geäußert, ohne geprüft zu haben, ob und wie viele der Zuwanderer dem Anforderungsprofil der deutschen Wirtschaft entsprechen. Daimler-Chef Zetsche hat sich sogar zu der Aussage verstiegen, die Zuwanderung könne eine Grundlage für das nächste deutsche Wirtschaftswunder sein: »Die meisten Flüchtlinge sind jung, gut ausgebildet und hoch motiviert. Genau solche Leute suchen wir.« Die Realität sieht anders aus. Eine Untersuchung der *FAZ* (4. Juli 2016) brachte es an den Tag: 30 DAX-Unternehmen haben bislang 54 Flüchtlinge eingestellt – davon 50 die Deutsche Post, je 2 SAP und Merck. Die Daimler AG hat niemanden brauchen können. Diese Nachricht hat sich im Europäischen Parlament wie ein Lauffeuer verbreitet. Einen Tag später – am 5. Juli 2016 – hat jeder zweite Abgeordnete bei der Aussprache zum Bericht »Refugees: Social Inclusion and Integration into the Labour Market« diese Zahlen präsentiert – entweder entrüstet oder genüsslich.

Wenn Unternehmer solche Statements abgeben, ohne zuvor ihre sachkundigen Mitarbeiter befragt zu haben, sprechen sie damit eine Empfehlung aus, von der sie nicht gewollt hätten, dass diese in ihrem eigenen Betrieb Anwendung findet. Wussten sie um die Unhaltbarkeit ihrer Feststellungen und wollten nur der Bundeskanzlerin einen Gefallen tun? Wir nehmen an, dass die Chefs über elementare Erkenntnisse ökonomischer Zusammenhänge verfügen und mutmaßen deshalb, dass entweder die Kanzlerin selbst oder ihre Vertrauensleute bei den Bossen um Rückendeckung nachgesucht haben. Heike Göbel von der *FAZ* nimmt an, es sei den Sprachrohren der Wirtschaft längst klar geworden, dass sie es mit dem Jubel übertrieben hätten, weil die Mehrzahl derer, die gekommen seien, eher ein Fall für die Sozialämter seien als brauchbare Arbeits- und Ausbildungskräfte.

Einen praktikablen Ansatz für die Integration in den Arbeitsmarkt hat der Architekt Max Schwitalla entwickelt: Er will Wohnraum mit tätiger Hilfe der Flüchtlinge selbst – unter fachkundiger Anleitung – erbauen. Dabei engagieren sie sich für eine Sache, die sie selber angeht. Sie können in der Baugruppe Erfahrungen vielfältiger Art sammeln, die ihnen auch auf dem späteren Arbeitsmarkt zugutekommen. Das Neuartige, geradezu Geniale bei diesem Ansatz ist, dass die zukünftigen Bewohner bei ihrer Tätigkeit noch eigene Vorschläge einbringen können, die bei der Planung nicht bedacht wurden. Wegen seiner menschlichen, gesellschaftspolitischen und didaktischen Relevanz sollte ein solches Projekt Beachtung finden.

Es gibt viele Flüchtlinge, die sofort oder nach kurzer Einarbeitungszeit in den Arbeitsmarkt integriert werden können. Dafür mangelt es nicht an Beispielen. Von den Arbeitgebern werden ihre starke Motivation, ihre Lernbereitschaft und ihr Arbeitseinsatz hoch gelobt. Doch zeigt ein erster Befund, dass dies nicht auf den Großteil der Zuwanderer zutrifft. Fehlende Sprachkenntnisse und mangelnde Vertrautheit mit modernen Arbeitsprozessen sind hohe Hürden, die eine rasche Einarbeitung in den Arbeitsprozess erschweren. Auch verfügen sie in der Regel nicht über eine den einheimischen Arbeitskräften vergleichbare Schul- und Berufsausbildung.

Der beste Weg zur Integration besteht darin, wenn Menschen vor Ort möglichst schnell und unbürokratisch eine Aufnahme in den Arbeitsmarkt finden. Indem der Eingliederungsprozess auf die unterste Ebene verlagert wird, kommt das Subsidiaritätsprinzip zur Anwendung. Die Betriebsleiter vor Ort wissen am besten, welche Kräfte sie brauchen und wie sie im Arbeitsprozess einzusetzen sind. Fertigkeiten können eingeübt und dabei wichtige Erfahrungen gesammelt werden.

Das deutsche Ausbildungssystem baut auf einer langen Handwerkstradition auf. Die Ausbildung erfolgt in Betrieben mit begleitender Unterrichtung an den Berufsschulen. Das hat sich hervorragend bewährt und gilt als die Trumpfkarte Deutschlands. Im Unterschied dazu stützen sich andere Länder auf ein Ausbildungssystem des »Learning by doing«. Dieses Prinzip könnte auch bei uns für eine Übergangsphase Anwendung finden. Die sich daraus ergebenden Schwachstellen könnten durch ein spezifisches Qualitätsmanagement beseitigt werden.

Wenn gegenwärtig eine Reihe fähiger Mitarbeiter früher als sonst – Frau Nahles sei Undank – aus dem Arbeitsprozess ausscheidet, so kann man diesen das Angebot machen, dass sie Neuankömmlinge auf dem Weg in den Arbeitsprozess begleiten. Sie würden diese in Tätigkeiten einweisen, sie anleiten und die Arbeitsprozesse überwachen und überprüfen. Damit übernähmen sie gewissermaßen eine Patenschaft für einen oder mehrere Flüchtlinge und kämen zusätzlich in den Genuss eines Zuverdienstes.

Für die meisten Zuwanderer kommen zunächst Arbeitsplätze infrage, wo sie nur wenig oder kaum angeleitet werden müssen. Da diese Arbeitsplätze eine geringere Produktivität aufweisen, können nur entsprechend niedrige Löhne gezahlt werden. Da wir in Deutschland mit einem gesetzlich festgeschriebenen Mindestlohn eine Lohnuntergrenze eingezogen haben, gibt es zu diesem Lohn zu wenige Arbeitsplätze. Konsequenterweise müsste die Lohnuntergrenze aufgehoben werden, damit auf diese Weise mehr Menschen zu Arbeit und Lohn kommen. Dagegen wehren sich aber die SPD und die Gewerkschaften, weil sie fürchten, dass bei Unterbietung dieses Lohnsatzes Arbeit zu den geringer bezahlten Arbeitskräften abwandern könnte und die zum Mindestlohn Beschäftigten erwerbslos würden. Das wäre aber nicht der Fall, wenn der Mindestlohn der arbeitsplatzspezifischen Produktivität entspräche. Wenn Arbeitskräfte mit geringerer Produktivität zu diesem Satz beschäftigt werden, weil ohne sie das erwünschte Produktionsergebnis nicht erbracht wird, werden sie durch die höhere Produktivität anderer Arbeitsplätze subventioniert. Auch diese Arbeitsplätze würden nicht abwandern.

Was oft übersehen wird, ist die Tatsache, dass bei Zuwanderung das Lohnniveau gedrückt wird, wenn die hinzugekommenen Arbeitskräfte bei gleicher Produktivität ihre Arbeitskraft billiger anbieten. Genau das ist von Politikern und Gewerkschaften nicht gewollt, obwohl es, volkswirtschaftlich gesehen, wie ein Produktivitätsfortschritt wirkt: Es könnten nun Produkte und Dienstleistungen unter dem bisherigen Preis angeboten werden, wodurch den Unternehmen ein größerer Teil der Erlöse für Investitionstätigkeit zur Verfügung stünde. Es würden neue Arbeitsplätze entstehen, bei geringeren Lohnstückkosten fielen die Preise, und die Kaufkraft stiege, was einen Wohlstandsgewinn für die Gesamtbevölkerung zur Folge hätte. Aber wahrscheinlich werden die Politiker reagieren wie sonst auch. Sie werden viele Flüchtlinge dauerhaft bei Hartz IV unterbringen wollen oder sie in staatlich subventionierten Arbeitsplätzen beschäftigen. Damit packen die Verantwortlichen das Problem nicht an der Wurzel an, sondern kurieren an den Symptomen herum.

Sollten sie Sonderregelungen schaffen, von denen »normale« Erwerbspersonen ausgeschlossen sind, so entsteht mehr Bürokratie und Sozialneid. Dabei könnten sich bei mehr Markt und weniger Bürokratie kreative Lösungen auf dem Arbeitsmarkt entwickeln. Die meisten Flüchtlinge sind gewohnt, für ihr Leben selbst zu sorgen und Verantwortung zu übernehmen. Ihre Jugend, ihr Schwung und Elan ließen sich in Richtung Selbstständigkeit nutzen, vorausgesetzt, die Bürokratie hinderte sie nicht daran. Im Übrigen gilt: Ein »prekärer« Job ist integrationsfördernder als das tatenlose Warten auf eine staatlich subventionierte Stelle. Geben wir doch Eigeninitiative, Selbstverantwortung und Freiheit wieder eine Chance.

5. Wird die kulturelle Integration gelingen?

Es gibt Integrationserfolge, von denen niemand spricht. Ein Beispiel ist die massenhafte Auswanderung nach Amerika in den vergangenen Jahrhunderten. Nun ja, kann man sagen, da war genug Platz. Entscheidend war aber: Die Auswanderer wussten, dass sie sich selbst helfen mussten, weil ihnen sonst keiner half. Wir können daraus folgern, dass Eigenverantwortlichkeit auf der einen Seite und ein offener Arbeitsmarkt auf der anderen Seite entscheidende Voraussetzungen für eine gelingende Integration bildeten. In jüngster Zeit haben sich in den USA die meist armen Einwanderer aus Mexiko und anderen lateinamerikanischen Ländern über zunächst schlecht bezahlte Arbeitsplätze in die Mittelschicht hochgearbeitet. Heute stellen sie ein Gewicht in der amerikanischen Gesellschaft dar, das kein Präsidentschaftskandidat ignorieren kann.

Weitere Beispiele für erfolgreiche Integration bieten die Vietnamesen in der ehemaligen DDR sowie die Chinesen und Japaner an der US-amerikanischen Westküste (»Pacific Rim«). Damals fehlten der DDR-Führung Arbeitskräfte als Folge arbeitsintensiver Fertigung und niedriger Produktivität. Die Vietnamesen stellten sich rasch auf die Anforderungen ein und lernten ganz nebenbei so viel Deutsch, dass sie sich verständigen konnten. Viele von ihnen mussten nach der Wiedervereinigung in ihre Heimat zurückkehren. Als Starbatty nach dem Fall der Mauer in Vietnams Hauptstadt Hanoi war, wunderte er sich, wie oft er in Restaurants oder auf Märkten mit den Worten »Was darf's denn sein?« – mit leicht sächsischem Akzent – angesprochen wurde.

Während seiner Aufenthalte als »Visiting Professor« an der University of Washington in Seattle (1992, 1995 und 2002) hat Starbatty beobachtet, dass in seinen Kursen der Anteil an Chinesen, Japanern und Vietnamesen von Mal zu Mal zunahm. Generell konnte er feststellen, dass sich diese Einwanderer aus Südostasien stark um Integration bemühten. Die Familien taten alles dafür, ihren Kindern den Aufstieg in der Gesellschaft durch Bildung zu ermöglichen. Freie Zeit wurde weniger zum Spielen als zum Lernen genutzt. So überflügelten sie schließlich ihre amerikanischen Klassenkameraden. Kulturelle Integration war eine Selbstverständlichkeit. Sie wurden so zu US-Bürgern chinesischer oder japanischer Herkunft. Heute beziehen Amerikaner asiatischer Abstammung die höchsten durchschnittlichen Einkommen der USA.

Es gab und gibt auch viele Beispiele für ein Gelingen von Integration aus arabischen und afrikanischen Ländern in unseren Kulturraum. Nach der Revolution 1979 verließen junge Iraner ihr Land, um ein Leben in Freiheit in Europa, den USA oder Kanada zu beginnen. Ihnen ist es nicht nur gelungen, beruflich erfolgreich zu sein, sondern sie sind mit ihren Gastgeberkulturen geradezu verschmolzen. Natürlich ist anzumerken, dass es sich dabei überwiegend um überdurchschnittlich gebildete und häufig säkularisierte Iraner handelte. Neben diesen hat Starbatty in seiner Hochschullaufbahn viele gute Studenten beiderlei Geschlechts aus türkischen Familien unterrichtet und ausgebildet.

Es besteht aber Zweifel daran, ob es den vielen Menschen ohne Bildung, die zurzeit nach Europa einwandern, gelingen kann, sich auf die Dauer hier zu integrieren – zumal, wenn sie streng muslimisch sind. Dies hängt in entscheidendem Maße von dem Einzelnen selber ab. Doch es gibt Voraussetzungen und Prägungen, die eine erfolgreiche Integration erschweren, wenn die Sozialisierung sich zu elementar von der unseren unterscheidet, wenn das Bildungsniveau zu sehr auseinanderklafft oder wenn das Verhältnis der Geschlechter zueinander von dem unseren abweicht. Die Gleichberechtigung ist bei uns in einem langen Prozess mühsam erkämpft worden. Eine zu starke Prägung durch die wörtliche Befolgung der Suren des Korans ist ein Hindernis und schafft zu oft Konflikte mit unserer Gesellschaft. Im Kern dieser Entwicklung hin zu radikalen religiösen Ausrichtungen stehen der über den Zufluss von Petrodollars stark gestiegene Einfluss der wahhabitisch geprägten Golfstaaten und die islamische Revolution im Iran von 1979. Über Gastarbeiter aus ärmeren arabischen Staaten und mithilfe direkter Finanzierung von Moscheen durch arabische Machthaber haben sich auch islamistische Strömungen von der arabischen Halbinsel aus stark ausgedehnt.

Die schrecklichen Bürgerkriege in der arabischen Welt sind der ursächliche Auslöser für die Flüchtlingsströme. Unter den Vertriebenen sind aber nicht nur weltoffene Muslime und Eliten, sondern auch tiefgläubige, ärmere Bevölkerungsschichten mit geringer Bildung. Die Religion ist für ihr Leben bestimmend, und sie können durch ihre andersartigen Prägungen leicht in Konflikt mit unserer säkularisierten Gesellschaft geraten. Dass die stark durch die Religion geprägte Sicht auf die Welt ein Problem darstellt, wird von der Politik nicht bestritten; sonst gäbe es nicht Überlegungen, die Flüchtlinge oder Zuwanderer muslimischen Glaubens durch Unterschriften auf das deutsche Grundgesetz zu verpflichten. Es ist aber naiv anzunehmen, dass ein strenggläubig geprägter Muslim sich durch eine erzwungene Unterschrift gebunden fühlt. Eher würde er eine solche Verpflichtung als Verrat an seiner eigenen Gesellschaft und seinen Traditionen betrachten. Zum Schutze unserer Gesellschaft, die sehr komplex ist und viele Freiheiten, auch Minderheitenschutz, gewährt, muss aber Folgendes klar und unmissverständlich sein: Die Muslime sind in ein Land gekommen, das ihnen Schutz gewährt und die Möglichkeit gibt, sich eine eigene Existenz aufzubauen. Voraussetzung dafür ist, dass sie sich an unsere Gesetze und Regeln halten, ohne Wenn und Aber.

Es ist in diesem Zusammenhang erhellend, was wir in Immanuel Kants berühmtem Essay »Zum ewigen Frieden« dazu lesen. Im »dritten Definitivartikel« schreibt Kant, dass im Rahmen der Hospitalität das Recht gelte, den Fremdling nach seiner Ankunft auf dem Boden eines anderen Landes nicht feindselig zu behandeln, solange er sich auf diesem Platz friedlich verhalte. Entscheidend ist also das friedliche Verhalten als Voraussetzung für den Aufenthalt in einem anderen Land. Kant sagt ausdrücklich, dass die Basis für das Zusammenleben nicht auf Philanthropie gründe, sondern auf dem Recht. Er sagt weiter, die Kunst der Staatserrichtung bestehe darin, die Verfassung so zu gestalten, dass ein friedliches Nebeneinander gewährleistet werde, auch wenn die Privatgesinnungen einander entgegenstrebten. Diese seien so aufzuhalten, »dass in ihrem öffentlichen Verhalten der Erfolg eben derselbe ist, als ob sie keine solche böse Gesinnung hätten«. Danach wäre das Dulden von Nebengesellschaften, deren Regeln und Recht im Widerspruch zu dem unseren stehen, die Ursache für gravierende Konflikte. Sie verstoßen so gegen den Rechtsstaat. Das ist für unsere Gesellschaft nicht hinnehmbar.

Eine maßgebliche Schwierigkeit besteht darin, dass konservative Ausrichtungen des Islam glauben, die jüngste monotheistische Religion sei anderen Religionen überlegen. Die Erkenntnis von Lessings *Nathan der Weise*, dass sich aus dem friedlichen Zusammenleben der drei monotheistischen Religionen erweise, welches die wahre Religion sei, ist solchen Auslegungen heute weitgehend fremd. Fremd ist in vielen arabischen Ländern auch die Idee der säkularen Aufklärung und die damit verbundene Akzeptanz Andersgläubiger. Auch das gesellschaftliche Miteinander ist in vielen islamischen Staaten streng durch religiöse Überzeugungen geregelt. Noch heute ist es in fast allen islamisch geprägten Staaten muslimischen Frauen untersagt, nichtmuslimische Männer zu heiraten. Auch die Abkehr vom Islam steht in einigen Ländern unter Strafe und ist – beispielsweise für Iraner – ein wichtiger Push-Faktor, der konvertierte Christen zur Flucht verleitet. Zweifelsohne fliehen viele Menschen vor ebendiesen Zuständen, aber viele streng muslimische Migranten bringen ihre Überzeugung auch mit zu uns. Deshalb ist davon auszugehen, dass einige aus dem Flüchtlings- und Migrantenstrom die kulturelle Prägung des aufnehmenden Landes nicht als etwas betrachten, woran sie sich zu orientieren haben, sondern als Umgebung, die auf lange Frist so umzugestalten sei, dass sie sich der als überlegen angesehenen Religion annähert.

Über die Unterdrückung der Frau im Islam wird kritisch berichtet. Wenn eine Frau sich freiwillig unterwirft, ist das eine persönliche Angelegenheit zwischen Mann und Frau. Ob sie sich dabei wohlfühlt, haben wir nicht zu entscheiden. Es gibt so viele Formen des individuellen Miteinanders, dass wir in unserem Urteil zurückhaltend sein sollten. Anders stellt sich die Angelegenheit dar, wenn eine Frau aus diesen Verhältnissen ausbrechen will. Da darf der Rechtsstaat keine Inseln dulden, wo staatliches Recht nicht mehr gilt. Man kann nicht erwarten, dass religiös geprägte Auffassungen sich ändern, wenn Muslime fremden

Boden betreten. Aber ihnen muss durch die Haltung des aufnehmenden Landes unmissverständlich klar sein, dass das Recht des aufnehmenden Staates gilt.

Die Toleranz unserer Gesellschaft, die Freiheiten, die sie gewährt, ist groß. Das kann aber auch absurde Züge annehmen. Wir greifen einen Fall heraus, der sich in Italien abgespielt hat und so bizarr ist, dass man ihn nicht für wahr halten würde, hätte er sich nicht tatsächlich so ereignet. Bei einem Besuch des iranischen Staatsoberhauptes in Rom am 26. Januar 2016 wurden die nackten antiken Statuen verhüllt, wohl um dessen Keuschheitsempfinden nicht zu verletzen. Es ist nicht bekannt, ob der Staatsgast um eine solche Verhüllung gebeten hat. Dann hätte man ihm erklären können, dass diese Statuen seit 2000 Jahren nackt seien und bisher niemand daran Anstoß genommen habe. Man hätte ihm auch sagen können, dass er nicht verpflichtet sei, sie anzusehen. Nachher wollte es in Rom niemand gewesen sein, und der italienische Ministerpräsident Renzi hat entsprechende Fragen von Journalisten unwirsch abgetan.

Die bereits von uns kommentierte Entschuldigung Merkels bei der türkischen Regierung für das Gedicht des ZDF-Satirikers Böhmermann diente wohl dazu, gut Wetter zu machen. Sie erfolgte vorauseilend, ohne dass die Angelegenheit einer rechtlichen Prüfung unterzogen worden war, ohne eine Diskussion darüber, wie weit unsere Freiheiten gehen dürfen und wo sie auf Grenzen stoßen, weil sie Persönlichkeitsrechte verletzen. Die Entschuldigung war eine Konzession an die Politik und kann auch als kulturelle Kapitulation betrachtet werden. Was diesen Fall betrifft, so reagierten die Medien ganz anders. Ja erstaunlich »political incorrekt«. Fast durch die Bank wurde Frau Merkel direkt oder indirekt von der Presse für ihren Kotau gerügt. Sogar der Vorstandsvorsitzende des Springer-Verlags, Mathias Döpfner, kritisierte sie dafür.

Toleranz darf nicht heißen, dass man kampflos das Feld räumt, wenn fremde Religionen politische Geltung beanspruchen und sich unserer Religion gegenüber intolerant verhalten. Keine Toleranz gegenüber Intoleranz! Die Trennung von Staat und Kirche ist Bestandteil unseres modernen Zusammenlebens. Das muss auch für andere Religionen in unserem Land strikt gelten. Die Dichterin Marie von Ebner-Eschenbach hat die Maxime »Der Klügere gibt nach« zu Ende gedacht: »Eine traurige Wahrheit, sie begründet die Weltherrschaft der Dummen.« Auf Toleranz gemünzt heißt das: »Der Tolerantere gibt nach – eine traurige Wahrheit, sie begründet die Weltherrschaft der Intoleranten.«

VIII. GREXIT ODER DEXIT?

Grexit oder Dexit. Oder es kommt der Zusammenbruch des Europäischen Währungssystems – es kann explodieren, aber auch implodieren. Die Regierungen der Mitgliedstaaten, die Europäische Kommission und auch der Großteil des Europäischen Parlaments sehen das anders: Griechenlands Ausscheiden aus der Eurozone würde das Land in den wirtschaftlichen Abgrund stoßen. Es verarme, weil importierte Güter und vor allem dringend benötigte Medikamente nicht mehr zu bezahlen seien; wegen der absehbaren Abwertung der griechischen Neu-Drachme werde Kapital aus dem Land fliehen, und der Schuldenstand würde nach oben gedrückt, weil die Anleihen in Euro oder US-Dollar denominiert seien. Aber auch Europa werde Schaden nehmen. Das Ausscheiden Griechenlands werde die Reputation der EU weltweit beschädigen, weil es als ein Scheitern des europäischen Friedensprojekts gewertet werde. Mögliche Austritte weiterer Mitgliedstaaten könnten von den Märkten erzwungen werden und damit die Währungsunion sprengen. Scheide Deutschland aus, so verrate es die europäische Idee und falle in einen überkommen geglaubten Nationalismus zurück.

Wir werden nachweisen, dass es sich genau umgekehrt verhält: Das Beharren auf einer fehlkonstruierten Währungsunion wird die zentralen europäischen Werte – Freiheit, Demokratie, Rechtsstaat und nachbarschaftlichen Frieden – zerstören.

1. Schäubles Erkenntnis – 2010 und 2015

Zur Erinnerung: Als das Statistische Amt der Europäischen Union (Eurostat) Ende 2009 aufdeckte, dass das griechische Haushaltsdefizit nicht, wie von der griechischen Regierung gemeldet, 4 oder 5 Prozent betrage, sondern sich in einem zweistelligen Bereich befinde, war allen Akteuren sofort bewusst, dass Griechenland zu Schuldendienst und -rückzahlung nicht in der Lage war. Als Reaktion darauf schossen sofort die Zinsen für Staatsanleihen in die Höhe. Damit war Griechenland zahlungsunfähig und bankrott. In dieser Situation – im Frühjahr 2010 – hat Bundesfinanzminister Schäuble es für vernünftig gehalten, wenn Euroländer im Notfall aus der Währungsunion ausscheiden könnten. Angela Merkel hat in ihrer Regierungserklärung vom 17. März 2010 Schäubles Position bekräftigt und hinzugefügt: »Auch bei Griechenland muss jetzt gelten, dass die Stabilitätsgemeinschaft im Vordergrund steht und dass wir nicht eine vorschnelle Hilfe leisten, die uns langfristig überhaupt nicht weiterbringt, sondern den Euro immer weiter schwächt.« Dafür gab es Beifall von der CDU/CSU und der FDP.

Welche klare Sicht auf kommende Dinge. Warum es dann anders gelaufen ist, haben die Kanzlerin und ihr Minister nicht offengelegt. Wahrscheinlich sind die Banken Sturm gelaufen, weil sie erhebliche Verluste bei ihren Griechenland-Anleihen hätten hinnehmen müssen. Sie haben wohl auch den französischen Staatspräsidenten Nicolas Sarkozy und den britischen Premierminister Gordon Brown auf ihre Seite bringen können. Das alles ist an uns Bürgern vorbeigegangen, obwohl wir ja als Steuerzahler für die riskanten Engagements der Banken geradestehen müssen und Transparenz politischer Vorgänge die Voraussetzung für die Herrschaft des Volks ist.

Die Politiker haben damit Griechenland aber keinen Gefallen getan – im Gegenteil. Wenn einem Schuldner Geld gegeben wird, um seine Gläubiger zu bedienen, so werden seine Schulden größer, und die Gläubiger sind fein raus. Und uns Bürgern ist immer erzählt worden, man würde Griechenland retten und die Eurozone stabilisieren. Nichts davon ist wahr. Griechenland war und ist mit einem Wechselkurs konfrontiert, der eine Gesundung seiner Wirtschaft nicht zulässt. Der *Economist*, das weltweit führende Magazin für Wirtschaftsfragen, schrieb damals: »The greek economy is hopelessly uncompetitive.«

Nach fünf Jahren Zuwartens ist Bundesfinanzminister Schäuble im Juli 2015 wieder für ein Ausscheiden Griechenlands aus der Eurozone eingetreten und hat auch 14 Mitgliedstaaten der Eurozone überzeugen können; nur Frankreich, Italien, Griechenland und Zypern stimmten dagegen. Schäuble vermutete wohl, dass auch das dritte Hilfsprogramm Griechenland nicht auf einen Wachstumspfad schieben, sondern weiter in der Schuldenfalle halten würde. Griechenland hing und hängt am finanziellen Tropf der Gläubigerländer und wird davon nicht loskommen, weil es unter den gegebenen Umständen wirtschaftlich nicht gesunden kann. Der französische Finanzminister hat ein Ausscheiden Griechenlands abgelehnt, weil eine Abwertung die anderen Mitgliedstaaten schädige, stattdessen sei eine Gesundung über eine geeignete Reformpolitik anzustreben. Doch ließ Angela Merkel dieses Mal – nach einer Unterredung mit dem französischen Staatspräsidenten – Schäuble im Stich. Er hat sich seinerzeit beklagt, dass ausgerechnet er, ein überzeugter Europäer, des Verrats an der europäischen Idee bezichtigt werde. Dabei hat er bloß ausgesprochen, was wahr ist. Verrückte europäische Welt: Wer die Wirklichkeit im Blick hat und die Politik daran ausrichtet, gilt als Verräter an der europäischen Idee; unsere europäischen Schönredner werden dagegen als Retter europäischer Werte gefeiert.

2. Von finanzieller Eigenverantwortung zum Währungssozialismus

Wir wissen: Griechenlands Bankrott hat eine Vorgeschichte. Dieses Land ist geradezu zum Schuldenmachen verführt worden.

Griechenland hat sich mit Zahlentrickserei in die Europäische Währungsunion hineingeschmuggelt – das gilt im Übrigen auch für andere Mitgliedstaaten der Eurozone –, und nun muss es dafür büßen. Wegen des Zinsgeschenks boomte die Wirtschaft, die Löhne stiegen kräftig und damit auch die private Kaufkraft; der verstärkte Import dämpfte die Preise und befriedigte die Wünsche der Konsumenten. Die Welt schien himmelblau, die drohenden Gewitterwolken wollte niemand sehen: Überschuldung, Verlust internationaler Konkurrenzfähigkeit und schließlich Staatsbankrott und Massenarbeitslosigkeit.

Als der Bankrott Griechenlands offenkundig war, hätte Griechenland konsequenterweise aus der Eurozone ausscheiden müssen. In den Europäischen Verträgen ist vereinbart worden, dass weder die Gemeinschaft noch ein Mitgliedstaat für die finanziellen Verpflichtungen eines anderen Mitgliedstaates eintritt – die viel beschworene »No-Bail-Out«-Klausel (Art. 125 AEU-Lissabon-Vertrag). Helmut Kohl hat im Bundestag, als am 23. April 1998 endgültig über den Beitritt zur Währungsunion abgestimmt wurde, ausgeführt, wie die deutsche Bundesregierung bei den Verhandlungen zum Maastricht-Vertrag habe kämpfen müssen, um diese Klausel im Vertrag zu verankern. Als es zum währungspolitischen Schwur kam, haben die Politiker sich nicht an die »No-Bail-Out«-Klausel (auf Deutsch: finanzielles Beistandsverbot) gehalten, sondern stattdessen für Griechenland ein Hilfspaket geschnürt, und als dies in Brüssel in der Nacht vom 7. auf den 8. Mai 2010 unterschrieben werden sollte, kam zur Überraschung einiger Staats- und Regierungschefs auch die Einrichtung eines europäischen Rettungsschirms hinzu. So sollten alle Länder zahlungsfähig gehalten werden, die aus eigenem Vermögen ihren finanziellen Verpflichtungen nicht mehr nachkommen können. Um zögerlichen Mitgliedstaaten die Zustimmung zu erleichtern, wurden diese finanziellen Engagements als vorübergehend deklariert.

Damit hat sich die Währungsunion grundlegend gewandelt: Von einer auf Eigenverantwortung gründenden Währungsunion – jedes Mitgliedsland haftet für seine finanziellen Verpflichtungen – zum Währungssozialismus. Diese Formulierung stammt von Václav Klaus; sie klingt in vielen Ohren ungerecht, aber sie beschreibt präzise, was in der Brüsseler Nacht vom 7. auf den 8. Mai 2010 geschehen ist. Der ungarische Systemforscher János Kornai sieht den Unterschied zwischen Marktwirtschaft und Sozialismus in »hard budget constraints versus soft budget constraints« begründet. Wenn in der Marktwirtschaft die Erlöse die Kosten eines Unternehmens nicht mehr decken, hat der Unternehmer drei Möglichkeiten: Kosten senken, ein besseres Produkt entwickeln oder zum Konkursrichter gehen. Wenn er diesen Gang vermeiden will, ist er gezwungen, produktiver zu arbeiten. Er hat es dann mit »hard budget constraints« zu tun.

Wenn im Sozialismus die Kosten nicht durch eigene Einnahmen gedeckt werden konnten, so rief der Betriebsleiter im Planungsbüro an und schilderte seine finanziellen Nöte. Dann kamen Revisoren in den Betrieb, prüften und schossen gegen Auflagen und Ermahnungen die fehlenden Beträge zu. Im Sozialismus durften Betriebe nicht bankrottgehen. Waren die Probleme nicht behoben, spielte sich die Prozedur ein zweites und ein drittes Mal ab – der Betriebsleiter hatte es in dem Fall mit »soft budget constraints« zu tun.

Und genau diese Situation haben wir seit besagtem Mai-Wochenende 2010 in der Währungsunion. Hat ein Land finanzielle Schwierigkeiten, so schlüpft es unter den Rettungsschirm, und die Gläubigerstaaten stellen Hilfsgelder bereit. Ein neu eingerichtetes Kontrollgremium (die sogenannte Troika), das sich aus Beamten

der Kommission, der EZB und des Internationalen Währungsfonds (IWF) zusammensetzt, soll prüfen, ob der Krisenstaat nach
Erhalt der Hilfsgelder an einem Sanierungsprogramm arbeitet
und dieses auch umsetzt, um in Zukunft ohne Hilfsprogramme
seinen finanziellen Verpflichtungen nachzukommen.

Die von der Troika im Detail ausgearbeiteten Sanierungsprogramme laufen im Grunde auf eine Austeritätspolitik hinaus. Da
die Schuldnerstaaten als Konsequenz einer Boom-Bust-Phase in
einer tiefen Rezession stecken, wirkt die Austeritätspolitik prozy-
klisch: Griechenland steckt seit dem Jahre 2010 in einer Rezessi-
onsfalle, Betriebe und Geschäfte schließen, Stadtteile veröden und
verkommen, die Infrastruktur verrottet, die Arbeitslosigkeit ver-
harrt auf hohem Niveau, und die Jugend sitzt auf gepackten Kof-
fern, um ihr Glück anderswo zu finden.

3. Griechenland in der Hand seiner Gläubiger

Da die Gläubigerstaaten kein Geld in ein offenes Loch schütten
wollen, müssen sie darauf achten, dass die Schuldnerstaaten die
ihnen auferlegten Verpflichtungen erfüllen. Deren Parlamente
sind gehalten, im Sinne der Gläubigerstaaten tätig zu werden. Damit wird die politische Souveränität der Schuldnerstaaten weitgehend aufgehoben, die Bürger können zwar die Parteien ihres Ver-
trauens wählen, aber das Sagen hat die angefeindete Troika.

Umgekehrt sind aber auch Parlamenten und Regierungen der
Gläubigerstaaten die Hände gebunden. So hat zwar das Bundesverfassungsgericht (BVerfG) eine Aufstockung der Haftungsquote
im EMS ohne parlamentarische Zustimmung untersagt – das haben dann alle Mitgliedstaaten der Währungsunion übernommen –,
doch sind die Parlamente nur scheinbar in ihren Entscheidungen
frei. Würden sie ihre Zustimmung verweigern, so würde dies auf
den internationalen Kapital- und Devisenmärkten als eine Aufkün-

digung der Währungsunion gewertet. Wenn daher Abgeordnete des Deutschen Bundestages vor dem BVerfG ausführen, wie intensiv und zeitaufwendig sie ihre Pflichten im Rahmen der Währungsunion wahrnehmen, dann wird Demokratie bloß gespielt.

Irland, Portugal, Zypern und Spanien sind inzwischen wieder als Emittenten auf die Kapitalmärkte zurückgekehrt. Dies ist auch dem »Outright Monetary Transactions«-(OMT)-Beschluss und der Ankaufspolitik der EZB zu verdanken. Mit OMT wird ein Programm des Eurosystems zum Ankauf von Staatsanleihen bezeichnet. Da im Europäischen Parlament immer wieder strukturelle Reformen zur Sicherung einer nachhaltigen finanziellen Konsolidierung angemahnt werden, müssen wir von einem starken Nachholbedarf ausgehen. Daher können sich relativ rasch wieder Unsicherheiten über die Nachhaltigkeit der Sanierungsprogramme auf den Märkten einstellen. Für Griechenland gilt dagegen, dass weder die griechische Regierung noch die Mitgliedstaaten annehmen, dass es irgendwann auf eigenen finanziellen Füßen stehen kann.

Der Unterschied zwischen Griechenland und den genannten Schuldnerstaaten besteht darin, dass es zwar Bemühungszusagen gemacht, sich aber weitgehend nicht daran gehalten hat. Diese Politik des »Weiter so« hat es noch tiefer in die Schuldenfalle hineingestoßen. Es erhält Kredit nach Kredit, seine Schulden steigen, und die wirtschaftliche Misere will nicht weichen. Die Japaner haben die Erfahrungen gemacht, dass Unternehmen, die von Banken weiter mit Krediten am Leben erhalten werden, weil diese die Abschreibungen auf bisherige Kredite vermeiden wollen, zu »Zombie-Unternehmen« mutieren; schließlich werden die Banken, die sie finanzieren und deswegen am Tropf ihrer Zentralbank hängen, selbst zu »Zombie-Banken«. Die ultimative Steigerung hat die Währungsunion geschafft – den »Zombie-Staat«, dessen Weiterleben von der finanziellen Blutzufuhr der EZB und den Gläubigerstaaten abhängt.

In Griechenland sind die Regierungen abgewählt worden, die versucht haben, es den Gläubigerstaaten recht zu machen, wenn auch vornehmlich über Bemühungszusagen. Die einst mächtige sozialdemokratische Regierungspartei Pasok mit ihrem Ministerpräsidenten Papandreou ist nahezu vom politischen Erdboden verschwunden. Stattdessen ist der Chef der links davon ausgesiedelten Syriza-Partei, Alexis Tsipras, aufgestiegen. Er hat nach seiner Wahl zum Ministerpräsidenten versucht, das auferlegte Joch abzuschütteln, indem er sich weigerte, die Auflagen zu erfüllen. Er betrat nicht die goldene Brücke, die ihm Kommissionspräsident Juncker und Parlamentspräsident Schulz gebaut hatten. Von beiden ist bekannt, dass sie die von Angela Merkel vorgegebenen, von der Euro-Gruppe gemeinsam beschlossenen Sanierungsprogramme für verhängnisvoll halten und deswegen flexibel interpretieren, also aufweichen wollen. Sie werden Tsipras geraten haben, zunächst auf die Vorstellungen der Gläubigerstaaten einzugehen und auf einen für Griechenland günstigen Kompromiss zu vertrauen.

Tsipras betrat diese Brücke nicht, sondern ließ sich in einem Referendum seine ablehnende Haltung sogar noch bestätigen. Er hat seine Position im Europäischen Parlament selbstbewusst vorgetragen, doch stieß er nicht auf die von ihm wohl erwartete Zustimmung. Insbesondere die rhetorische Wucht des Vorsitzenden der ALDE-Fraktion (Allianz der Liberalen und Demokraten für Europa), Guy Verhofstadt, setzte Tsipras zu: Er, Verhofstadt, sei ein Freund Griechenlands, aber wenn Tsipras jetzt geradeheraus Reformen verweigere, die längst zum Wohle Griechenlands hätten umgesetzt werden müssen, könne er nicht länger auf die Unterstützung des Europäischen Parlaments rechnen.

Man sah förmlich, wie Tsipras unter diesen rhetorischen Schlägen zusammenbrach. Er wusste: Wenn er sich jetzt weiterhin weigerte, dann stünde er allein außerhalb der Währungsunion da. Genau das wollte er nicht. Seine Vorstellung war: Die finanziellen

Ströme nach Griechenland fließen weiter, aber wir machen die Politik, für die wir gewählt worden sind.

Und jetzt läuft das uns bekannte Spiel erneut: Gelder nur bei Umsetzung eines verabredeten Sanierungsprogramms. Die Auflagen tun schon weh: Heraufsetzung des Renteneintrittsalters und des Beitragssatzes einerseits und Kürzung der Rentenzahlungen andererseits, Sanierung der Banken über Zwangsversteigerung von Immobilien, deren Hypotheken nicht bedient werden, und schließlich beschleunigte Privatisierung von Staatsbetrieben, verbunden mit einem erheblichen Personalabbau. Das in normalen Zeiten umzusetzen ist eine Herkules-Aufgabe, umso mehr in der Phase einer nicht enden wollenden Rezession.

Dass sich Tsipras jetzt auf die bisher übliche Methode – Bemühungszusagen, aber fehlende Umsetzung – besinnt, ist verständlich. Und die Gläubigerstaaten akzeptieren das offensichtlich. Der Sprecher des Bundesfinanzministers hat Verständnis für die griechische Position (Regierungspressekonferenz vom 29. Februar 2016) gezeigt:»Der andere Aspekt – der zweite Strang sozusagen – ist das laufende Reformprogramm. Da ist Griechenland etwas in Verzug, aber um Umsetzung dieses Programms bemüht – das anerkennen wir ausdrücklich.«

Wenn wir, die beiden Autoren,»um Umsetzung bemüht« in eine ungeschönte Schulnote umsetzen würden, hieße das»mangelhaft«.

Hinzu kommt die Flüchtlingsproblematik, die es immer schwieriger macht, für Griechenland eine ökonomisch nachhaltige Lösung zu entwerfen und vorzuschlagen. Die gesamte EU, aber insbesondere Angela Merkel haben sich in eine Position hineinmanövriert, die sie erpressbar macht. Unsere Kanzlerin weiß das. Sie hat zur Lage Griechenlands gesagt:»Man werde Griechenland in der jetzigen Situation nicht hängen lassen; man habe Griechenland schließlich nicht beim Euro gerettet, um es jetzt sozusagen absaufen zu lassen.«

4. Der Grexit wäre Griechenlands Rettung

Wir haben schon darüber berichtet: Während sich Joachim Starbatty von Anfang an gegen die europäische Einheitswährung positioniert hat, ist Hans-Olaf Henkel erst im Mai 2010 der Geduldsfaden gerissen. Die Aushebelung der im Maastricht-Vertrag festgeschriebenen »No-Bail-Out«-Klausel durch Angela Merkel erinnert Henkel an die Folgen eines Bombenangriffs der Alliierten auf seine Heimatstadt Hamburg. Am Abend des 26. Juli 1943 stand er als Dreijähriger vor dem brennenden Elternhaus in der Rothenbaumchaussee 141 in Hamburg-Harvestehude. Der Dachstuhl des Hauses war von einer Brandbombe getroffen worden, eine gleichzeitig abgeworfene Sprengbombe explodierte im Garten. Zwar versuchte sein Vater mit der damals für solche Zwecke unter dem Dach gelagerten Schaufel Sand auf die Brandstelle zu werfen, aber das stellte sich schnell als vergebens heraus. So blieb ihm nichts weiter übrig, als seine Frau und seinen Sohn Hans-Olaf in relativer Sicherheit vor einem Baum zu platzieren und sie dem schaurigen Schauspiel des Niederbrennens ihrer schönen Villa zusehen zu lassen. Bevor sich das Feuer vom Dachstuhl über den zweiten und den ersten Stock bis ins Erdgeschoss durchfressen konnte, ging Henkels Vater noch einmal ins brennende Haus zurück. Anstatt einige Wertsachen, Bilder oder Kleider herauszuholen, schnappte er sich seine 16mm-Kamera, lud sie mit einem Film und filmte das Chaos. Am nächsten Morgen filmte er die noch qualmende Ruine.

Henkel hat diesen Film im Laufe der Jahrzehnte immer wieder Verwandten und Freunden gezeigt. Er erzählt diese Geschichte gern im Zusammenhang mit dem ersten »Rettungspaket« für Griechenland, weil ihm damals aufgefallen war, dass das Mauer an Mauer gebaute Nachbarhaus vom Feuer in seinem Elternhaus verschont blieb. Der Grund dafür liegt auf der Hand: Das deutsche Baurecht verlangt von den Architekten und Bauherren für aneinandergereihte Gebäude die Installation einer Brandmauer.

Der damalige Finanzminister Theo Waigel und sein damaliger Staatssekretär Horst Köhler drangen bei den Verhandlungen über die Einführung des Euro gegen entschiedenen Widerstand der Franzosen darauf, im Maastricht-Vertrag eine Brandmauer einzubauen. Und sie hatten Erfolg. Das finanzielle Beistandsverbot war die Brandmauer zwischen den europäischen Steuerzahlern und ausgabefreudigen Politikern im Süden Europas einschließlich Frankreichs. Merkel und Schäuble hatten mit dem schon erwähnten ersten Rettungspaket für Griechenland diese Brandmauer eingerissen und damit das Überspringen der Eurokrise auf andere Länder möglich gemacht.

Dies war die zweite fatale Entscheidung, die deutsche Politiker im Zusammenhang mit Griechenland getroffen hatten; die erste war die Zustimmung Gerhard Schröders und seines Finanzministers Hans Eichel zur Aufnahme Griechenlands in die Währungsunion.

Über die katastrophalen Folgen, die der viel zu hoch bewertete Euro für die Wirtschaft, die Arbeitsplätze und schließlich die politische Stabilität Griechenlands hatte, ist zwar schon fast alles gesagt und geschrieben worden, dennoch bleibt es erstaunlich, wie Politiker, Medien und einige »linke« Ökonomen diesen Zusammenhang verschweigen. Sie sprechen lieber über »Staatsschuldenkrise«, »Finanzkrise« oder »Wirtschaftskrise«; über den Euro als einer »One-size-fits-all«-Währung schweigen sie.

Es hat an Vorschlägen, wie man einen Grexit bewerkstelligen könnte, nicht gemangelt. Zusammen mit ihren Kollegen im Europäischen Parlament – Ulrike Trebesius, Bernd Lucke und Bernd Kölmel – schlugen die Autoren dieses Buches den Politikern vor, statt eines dritten Rettungspakets für Griechenland der Regierung in Athen ein Angebot zu machen, das sie schwerlich hätte ausschlagen können, das den deutschen Steuerzahler nichts gekostet und die Griechen in Zukunft vor weiteren Rettungstaten Merkels verschont hätte.

Unsere Idee ist ganz einfach: Im Gegenzug zur Wiedereinführung der griechischen Drachme würde Deutschland auf eine Rückzahlung aller gegebenen Kredite verzichten und die in allen anderen Rettungsaktionen zugunsten Griechenlands bereits aufgelaufenen Risiken und indirekten Bürgschaften in der EZB übernehmen. Mit so einem Angebot in der Tasche hätte der griechische Premier Tsipras seinen Wählern und Wählerinnen etwas Handfestes und Attraktives vorzuweisen gehabt; er hätte eine neue, frisch abgewertete Drachme einführen und eine auf Griechenland abgestimmte Politik machen können. Vor allem: Wir wären vor neuen Anfällen des Merkel'schen Helfersyndroms in Zukunft verschont geblieben.

Auf die Frage, warum unser Vorschlag nicht aufgegriffen wurde, gibt es nur eine Antwort: Merkel und Schäuble hätten zugeben müssen, im Mai 2010 einen schweren Fehler begangen zu haben. Stattdessen haben sie immer wieder behauptet, ein Grexit käme den deutschen Steuerzahler teuer zu stehen. In der Tat, Schäuble hat keine Vorkehrungen für den Fall getroffen, dass dieser höchst zweifelhafte Schuldner seine Kredite nicht zurückzahlen und die für ihn abgegebenen Bürgschaften nicht in Anspruch nehmen kann.

Übertragen wir das einmal auf die Bilanz eines Unternehmens. Diese faulen Kredite stehen immer noch zu 100 Prozent bewertet in den Büchern Schäubles. Selbst die Streckung dieser Kredite auf fünfzig Jahre – neuerdings werden schon achtzig Jahre diskutiert – und die Reduzierung der zu zahlenden Zinsen in die Nähe von »null« sind für den deutschen Finanzminister kein Grund, an der Rückzahlung zu zweifeln oder wenigstens Vorkehrungen zu treffen.

Dabei kennen die Autoren keinen Ökonomen, nicht einmal jemanden, der sich selbst auf der »linken« Seite verortet, der ernsthaft daran glaubt, dass Deutschland dieses Geld jemals wiedersehen wird.

Bei dem von uns vorgeschlagenen Modell eines Grexit mit gleichzeitiger Entschuldung Griechenlands hätte sich Schäuble wegen eines fehlenden dreistelligen Milliardenbetrages vor dem Bundestag zu verantworten gehabt, seine »Schwarze Null« im Bundeshaushalt hätte sich als das entpuppt, was sie in Wirklichkeit ist: ein Bilanzschwindel.

Was Schäuble unterschlägt: Das Geld ist sowieso schon weg! Neben den positiven Effekten für die griechische Wirtschaft und der Verhinderung weiterer zukünftiger Rettungsaktionen für Griechenland zulasten deutscher Steuerzahler hätte ein Grexit noch eine weitere positive Nebenwirkung. Ein Grexit hätte für Ehrlichkeit in der deutschen Haushaltspolitik gesorgt.

5. Griechenland und die Eurozone – nach einem Grexit

Im Europäischen Parlament wird die ausbleibende Investitionsbereitschaft beklagt. Deshalb gebe es kein Wachstum, und die Arbeitslosigkeit bleibe hoch. Gelegentlich wird sogar die fehlende internationale Wettbewerbsfähigkeit angesprochen. Doch wollen weder die Kommission noch die dominanten Fraktionen innerhalb des Europäischen Parlaments – Europäische Volkspartei (EVP) sowie Sozialisten und Demokraten (S&D) – der Wirklichkeit ins Gesicht sehen: dem falschen Wechselkurs. Der Euro ist für die einen zu hoch und für die anderen zu niedrig bewertet. Ist er zu hoch bewertet, erstickt er die einheimische Investitionsfähigkeit, liegt wie eine zusätzliche Steuer auf nationalen Exporten, verbilligt Importe, die einheimische Produktion vom Markt verdrängen und damit Arbeitslosigkeit schaffen.

Umgekehrt verhält es sich bei einer zu niedrigen Bewertung: Importe werden mit einer Abgabe nach Maßgabe des überbewerteten Euro belastet und Exporte entsprechend subventioniert; es werden Güter exportiert und dafür Beschäftigung importiert. Wie schon erwähnt, in der Sprache von John Maynard Keynes haben wir es mit einer »Beggar-thy-neighbour-Policy« zu tun – »den Nachbarn zum Bettler machen«. In Deutschland sind die Leistungsbilanzüberschüsse von 1 Prozent im Jahre 2000 auf den Rekordwert von 8 Prozent im Jahre 2015 angestiegen, die Arbeitslosigkeit ist von 9 Prozent im Jahre 2010 auf jetzt 5 Prozent gesunken, während sie sich in der südlichen Peripherie der Eurozone nahezu verdoppelt hat.

Diese »Beggar-thy-neighbour-Policy« ist die Konsequenz der Entscheidung aller Euroländer, an einem falschen Wechselkurs festzuhalten – »whatever it takes«. Gäbe es die Währungsunion und damit den gemeinsamen Euro nicht, würden alle Politiker und Ökonomen die ausbleibende Investitionstätigkeit in den Schuldnerstaaten auf die überbewertete Währung und damit auf die mangelnde nationale Konkurrenzfähigkeit zurückführen und für eine Abwertung der nationalen Währung plädieren. Konsequenterweise müssten sie auch ein Ausscheiden Griechenlands aus der Eurozone befürworten. Stattdessen wollen sie den deutschen Überschuss mit administrativen Maßnahmen zurückführen.

Sie hätten Erfolg, wenn sie es wirklich wollten und die Bundesregierung mitspielte. Die Wirtschaftsgeschichte hat immer wieder gezeigt, dass es leichter ist, einen Starken schwach als einen Schwachen stark zu machen. Freilich bedenkt man dabei nicht, dass die Überschüsse in der Leistungsbilanz Deutschland in die Lage versetzen, finanzielle Mittel bereitzustellen und ein erstklassiges Ranking für die Eurozone zu sichern. Erstaunlich, dass diese überschaubaren Zusammenhänge von den politisch Verantwortlichen nicht wahrgenommen werden.

Umso erfreulicher, dass gerade von der linken GUE-Fraktion (Gauche Unie Européenne) – mit Ausnahme der Abgeordneten aus Deutschland – ein Antrag im Europäischen Parlament eingebracht wurde, der ein Ausscheiden aus der Eurozone möglich machen soll, wenn die Mitgliedschaft in der Eurozone mit schweren wirtschaftlichen Folgen für das betreffende Land verbunden sei. Weiter wurde empfohlen, während der Übergangsphase seitens der EU finanzielle Mittel bereitzustellen, die den Übergang zu einer nationalen Währung abfedern sollen.

Bei dieser Gelegenheit sei ein Einschub erlaubt: Während, wie bereits festgestellt, von den 633 Abgeordneten des deutschen Bundestages nur eine, Sahra Wagenknecht, ab und zu wagt, den Einheitseuro infrage zu stellen, sind es im Europäischen Parlament nach unserer Schätzung etwa 200! Deutsche versetzt diese Einschätzung jedes Mal in ungläubiges Erstaunen, dabei lässt sie sich leicht erklären. Zunächst finden sich unter den Abgeordneten aus den Ländern, die zwar in der EU, aber nicht in der Eurozone Mitglied sind, kaum welche, die den Eintritt ihres Landes noch propagieren. Wir kennen keinen Briten, keinen Dänen oder Schweden, der sich aktiv für die Mitgliedschaft seines Landes in der Eurozone einsetzt. Auch unter den Abgeordneten der Länder, die den Euro eingeführt haben, gibt es im Europäischen Parlament eine Reihe von Eurogegnern. Einer von ihnen, ein finnischer Abgeordneter der ALDE-Fraktion, hat mit Abgeordneten aus der italienischen »Fünf-Sterne-Bewegung« und den fünf Kollegen der ALFA (Allianz für Fortschritt und Aufbruch) eine interfraktionelle Arbeitsgruppe gegründet: Das Ziel dieser Gruppe ergibt sich schon aus ihrer Bezeichnung: »Freedom of Choice«.

Das Pikante: Die unablässig die Einheitswährung bejubelnden drei Abgeordneten der FDP sind ebenfalls Mitglied der Fraktion unseres mitstreitenden Eurogegners aus Finnland.

Unsere Gruppe umfasst inzwischen 30 Abgeordnete aus insgesamt sieben Nationen. Theoretisch könnten wir bereits eine eigene Fraktion begründen, um unserem Anliegen noch größeren Rückhalt zu verleihen. Stattdessen verfolgen wir mit diesen Gleichgesinnten das Ziel, es jedem Land der EU zu gestatten, die

Eurozone zu verlassen. Und nicht nur das, wir setzen uns dafür ein, im Fall eines Neueintritts das jeweilige Volk durch eine Befragung zu konsultieren. Es sei daran erinnert, dass es zu keinem Zeitpunkt während der Entscheidungsfindung für den Euro und seiner späteren Einführung eine Mehrheit dafür in Deutschland gegeben hat.

Nun spielen wir einmal überschlägig durch, was passieren würde, wenn Griechenland zu einer eigenen Währung zurückkehrte. Manche Szenarien wollen die Unmöglichkeit eines solchen Vorhabens nachweisen: Ebenso wie man ein Omelett nicht in den ursprünglichen Zustand verwandeln könne, verhalte es sich mit der Währungsunion. Es gibt Vergleiche, die erhellen, und solche, die verdummen. Zu einer nationalen Währung zurückzukehren ist eine politische Entscheidung, die mit Einschnitten und Friktionen verbunden ist.

Wir nehmen diesen Vergleich trotzdem auf. Wenn wir 19 Eier einzeln zum Frühstück braten wollen und eins davon ist schlecht, kann man es leicht aussortieren. Wenn wir dagegen 18 frische Eier mit einem faulen Ei vermischen, kann man das ganze Omelett wegwerfen. Oder wie mal jemand sagte: Kippt man ein Glas Wein in ein Fass Jauche, bleibt es Jauche. Kippt man ein Glas Jauche in ein Fass Wein, wird es zur Jauche.

Je stärker die Integration in einer Währungsunion fortgeschritten ist, desto erheblicher werden die Schwierigkeiten bei ihrer Rückabwicklung sein. Anhaltspunkte liefert das Ausscheiden aus der Vorstufe zur Währungsunion, einem Festkursverbund, bei dem die nationalen Währungen beibehalten wurden. Bei Lösung aus einem solchen Verbund oder von einer dominanten Währung bei einseitiger Wechselkursbindung kommt es zu starken Abwertungen, die in der Regel übertreiben (overshooting), weil zunächst jeder einer vermuteten Abwertung zuvorkommen möchte. Die Lage beruhigt sich, wenn die betreffende Regierung eine stetige und berechenbare Politik betreibt. Auch wird eine Gegenspekulation einsetzen, wenn die Übertreibung lohnende Engagements signalisiert.

Die griechische Zentralbank würde Drachmen zu einem Pari-Kurs emittieren und danach die Entwicklung den Märkten überlassen. Zwei Grundsätze müssten dabei gelten: Steuern können nur in Drachmen gezahlt werden, und Drachmen sind gegenüber allen Währungen konvertibel. Die Empfehlung von Kapitalverkehrskontrollen, wie sie im Falle Zyperns und auch Griechenlands eingeführt wurden, wäre kontraproduktiv, da sie den Wechselkurs vor einer Bewertung durch die Märkte abschirmen. Sollte der Euro als Zweitwährung umlaufen, so wäre das kein Schaden. Es würde der Bevölkerung die Angst vor einem Grexit nehmen, wenn sie weiter Euro verwenden und zur Wertaufbewahrung nutzen könnten.

Nun wird argumentiert, dass die Drachme ins Bodenlose falle, weil von der griechischen Zentralbank eine inflationistische Politik betrieben würde. Natürlich kann man das nicht ausblenden, aber auch den politisch Verantwortlichen würden die verhängnisvollen Folgen einer solchen Politik bekannt sein. Gemäß dem Verhaltensaxiom, dass alle Menschen sich an ihren eigenen und Regierungen an nationalen Interessen orientieren, können wir zunächst einmal annehmen, dass sie sich nicht selbst schädigen wollen.

Jede Abwertung ist mit Umverteilung verbunden, da die Preise importierter Güter nach Maßgabe des Abwertungssatzes teurer werden. Damit entfällt aber die bisherige Subventionierung der Importe, und wegfallende inländische Kaufkraft wird durch ausländische kompensiert. Gerade im Falle Griechenlands kann das rasch geschehen, weil der Tourismus die wichtigste Einnahmequelle unter den Exporten ist. Und viele Touristen werden bei einer starken Abwertung sofort ihren Urlaub in Richtung Griechenland umdisponieren. Und dann strömt auch Kapital ins Land, um vom Tourismus-Boom zu profitieren. Auch lohnt sich bei geänderten Wechselkursen wieder die Produktion in Griechenland. Die zur Auswanderung bereite Jugend könnte die Koffer wieder auspacken, weil sie auf Arbeit im eigenen Land hoffen kann. Um die Absenkung des Realeinkommens aufzufangen, könnten die Gläubigerländer Übergangshilfen bereitstellen. Das kostet, ja! Doch käme das Geld jetzt wirklich bei den Bedürftigen an und gälte nur für die Übergangszeit.

Natürlich muss man dann über die Bewertung der Schulden reden: Zinsen, Laufzeit, Sicherheit. Eine Abwertung der Schulden in Höhe von 80 Prozent könnte eine realistische Annahme sein. Dann müssten die Bilanzen der Gläubigerstaaten entsprechend korrigiert werden. Wenn eingewendet werden sollte, dass eine solche Bilanzbereinigung nicht hingenommen werden dürfe, ist zu antworten: 20 Prozent ist mehr als null, falls Griechenland Mitglied der Eurozone bleibt. Bei einer solchen Bilanzbereinigung stünde natürlich der geschäftsführende Direktor des ESM, Klaus Regling, ziemlich nackt da, hatte er doch, auf die Risiken der Griechenlandkredite angesprochen, ausgeführt, dass Deutschland daran noch verdiene, weil die Zinsen für die Refinanzierung unter den Zinsen lägen, die Griechenland zu zahlen hätte. Diese Aussage hat er im Jahr 2010 gemacht.

Wer damals eine solche Zusicherung gab, wusste entweder nicht, worüber er redete, oder er hat die Öffentlichkeit bewusst getäuscht. Wenn man sich vorstellt, dass solche Leute dafür verantwortlich sind, dass Gelder, für die wir Steuerzahler schließlich haften müssen, nicht in ein offenes Loch geschüttet werden, ist das eine so schlimm wie das andere.

Auch jetzt wird wieder auf den Domino-Effekt hingewiesen. Wenn alle Mitgliedstaaten glauben, zukünftig ohne finanzielle Zuschüsse auszukommen, und wenn sie eine Politik verfolgen können, die nationale Belange berücksichtigt, passen sie ja in die Währungsunion. Es gilt dann wieder die »No-Bail-Out«-Klausel. Freilich müssten dann die Regierungen der Mitgliedstaaten darin übereinstimmen, dass Mario Draghi – oder besser noch ein anderer Zentralbankpräsident – sich wieder dem eigentlichen Mandat widmet und nicht über eine zerstörerische Geldpolitik die Eurozone zusammenhalten will. Sollten weitere Mitgliedstaaten ausscheiden, so gilt das für Griechenland Ausgeführte analog. Wird dadurch die Währungsunion geschwächt? Im Gegenteil. Sie gewinnt an Glaubwürdigkeit, weil nun Mitgliedstaaten ausscheiden, an die dauerhaft Transfers hätten fließen müssen, damit sie ihren finanziellen Verpflichtungen nachkommen können. Dann könnte auch ein »Moral Hazard« nicht ausgeschlossen werden, wie es bei der Vergabe der Mittel aus den Kohäsionsfonds beobachtet werden konnte. Wenn ein Infrastrukturprojekt geplant war – eine zusätzliche Autobahntrasse oder ein weiterer Regionalflughafen – und die Frage aufkam, brauchen wir das wirklich, so konnten solche kritischen Fragen mit dem Argument abgewürgt werden: Es handelt sich ja um europäisches Geld. Verdient haben dann lokale Unternehmer, Immobilienbesitzer und natürlich die kommunalen Bürgermeister.

Beim Urlaub in Lanzarote fiel Henkel auf, dass es auf dieser schönen Vulkaninsel insgesamt weniger Schlaglöcher als auf der kurzen Strecke zwischen dem Bahnhof Friedrichstraße und dem Oranienburger Tor in Berlin zu geben scheint. Überall auf der Insel waren große Schilder mit der blauen EU-Flagge und den zwölf gelben Sternen zu sehen, die auf von der EU finanzierte Straßenbauprojekte hinwiesen. Obwohl sich der Straßenverkehr auf dieser ruhigen Urlaubsinsel im Vergleich zu den meisten deutschen Städten sehr in Grenzen hielt, wurde eine große Zahl von Kreuzungen offensichtlich erst kürzlich durch Kreisverkehrsinseln mit ausladenden Bepflanzungen und Monumenten ersetzt. Immer wieder stieß Henkel auf modernste autobahnähnliche Strecken, die über weite Entfernungen parallel zu bereits bestehenden Straßen in die Landschaft gelegt wurden. Unweigerlich erinnert man sich dann an die neuesten Korruptionsskandale, in die hochrangige Vertreter sowohl der konservativen als auch der sozialistischen Partei Spaniens verwickelt sind.

Wenn innergemeinschaftliche Transfers die Eurozone zusammenhalten sollen, so schwächt die Entnahme von Mitteln aus produktiven Arbeitsplätzen und deren Umwandlung in Sozialkonsum die Wettbewerbsfähigkeit der Geberländer, aber auch der Europäischen Union insgesamt. Sogenannte Rent-Seeking-Strategien werden nicht bloß von Einzelpersonen, sondern auch von Staaten verfolgt. Eigene Anstrengungen werden durch Umverteilung im Rahmen des europäischen sozialen Modells substituiert. Im Europäischen Parlament wird dieses Modell allenthalben beschworen.

6. Wenn kein Grexit, dann Dexit

Wir halten fest: Mit Blick auf die Wirklichkeit ist ein Grexit für Griechenland und die Eurozone wirtschaftlich und politisch vorteilhaft. Andernfalls ist ein Abrutschen in eine Haftungsgemeinschaft endgültig. Allgemein herrscht die Auffassung vor, dass die Währungsunion ohne weitere Integration nicht überlebe. Wir wissen, dass der Bericht der »fünf Präsidenten« den Fortbestand der Währungsunion nur bei mehr Europa und mehr Gemeinsamkeit gesichert sieht. Als Abrundung und Absicherung der Bankenunion sollen zunächst die nationalen Einlagensicherungssysteme vergemeinschaftet werden, damit die finanziellen Lasten einer erneuten Weltfinanzkrise, die niemand ausschließen kann, nicht mehr auf Sparer und Steuerzahler abgewälzt würden. Die gemeinsame Einlagensicherung könnte in Form einer Rückversicherung aufgesetzt werden. Da die Rücklagen für die Sicherung von Anlegern in den Mitgliedstaaten unterschiedlich gut dotiert sind – die deutschen Sicherungssysteme sind gut gefüllt –, käme eine Vergemeinschaftung einer Enteignung deutscher Sparer gleich.

Natürlich wiegelt Juncker ab – wir ersparen uns hier die Einzelheiten, wie er das den Sparkassen und Volksbanken schmackhaft machen wollte –, und noch wehren sich die deutschen Abgeordneten in der EVP-Fraktion, aber sie sind in der Minderheit. Und auf das bisher ablehnende Votum von Wolfgang Schäuble – »Bevor wir die Haftung vergemeinschaften, muss man die Risiken reduzieren« – sollte man sich lieber nicht verlassen.

Und es geht weiter. Zur Erinnerung: Der italienische Finanz- und Wirtschaftsminister Paduan hat inzwischen im zuständigen Ministerrat den Vorschlag einer gemeinsamen Arbeitslosenversicherung eingebracht und darüber im Europäischen Parlament berichtet.

Wird dann Schluss sein? Oder werden noch die Rentensysteme vergemeinschaftet? Interessanterweise hat der französische für die Renten zuständige Minister hier gleich abgewiegelt. Klar, angesichts der mehr als doppelt so hohen Arbeitslosenrate Frankreichs ist die Zusammenlegung der französischen Arbeitslosenversicherung mit der deutschen auch aus seiner Sicht eine gute Idee, aber angesichts der in Frankreich viel günstigeren demografischen Entwicklung käme eine Zusammenlegung der französischen Rentenversicherung mit der unsrigen für die Franzosen natürlich nicht infrage.

Wer über gut gefüllte Kassen verfügt, weil die deutsche Volkswirtschaft vom Euro profitiert, muss sich ständig rechtfertigen, bis er schließlich um des Erhalts der Eurozone willen nachgeben muss. Eine ungerechtfertigte Unterstellung? Es ist die Logik der Währungsunion als einer Haftungsgemeinschaft. Damit nimmt die Währungsunion quasi bundesstaatliche Züge an, ohne dass die Bürger darüber hätten abstimmen können. Aber sind nicht die Vereinigten Staaten von Europa das Wunschziel der Eliten und dann mit den Vereinigten Staaten von Amerika vergleichbar?

Auf eines seien die Verfechter einer solchen Konzeption hingewiesen: In den USA gibt es seit 1847 kein »Bail out« für vom

Konkurs bedrohte Bundesstaaten. Wenn beispielsweise der Staat Kalifornien zu wenig Einnahmen hat, weil die Menschen lieber in der Sonne liegen, als zu arbeiten – das ist natürlich falsch, aber wir lassen es aus didaktischen Gründen so stehen –, dann gucken alle »States« seelenruhig zu, wie sich Kalifornien aus dem Schuldensumpf herausarbeitet.

Eine Entwicklung in Richtung Bundesstaat ist dem Wesen Europas und seiner Geschichte fremd. Europa ist durch Wettbewerb und Innovation groß und liebenswert geworden. Eine Zentralisierung ist freiheits- und demokratiefeindlich und einer friedlichen Nachbarschaft abträglich. Bei einem supranationalen Finanzausgleich wirft das eine Land dem anderen vor, auf seine Kosten zu leben, und das andere fühlt sich schlecht behandelt, weil die Transfers aus den reichen Nachbarstaaten zu gering scheinen. Weil das ein Irrweg ist, müssen wir der Alternative eines Dexit nachgehen, also einem Ausscheiden Deutschlands aus der Währungsunion. Eine solche Lösung hat als erster Prominenter George Soros vorgeschlagen: Deutschland sei wegen seiner übermäßigen Konkurrenzfähigkeit der Störenfried in der Währungsunion; es solle entweder die Währungsunion verlassen oder seine Taschen aufmachen und darauf achten, dass die Nehmerländer ihre Pflichten erfüllten. Die Rolle eines wohlwollenden Diktators ist das Letzte, was sich Deutschland wünschen kann.

Was würde bei einem Ausscheiden Deutschlands geschehen? Wir können das hier nicht im Einzelnen ausführen, sondern nur summarisch präsentieren. Die Komplikationen eines Dexit würden die eines Grexit übersteigen. Bei einer Rückkehr Deutschlands zu einer eigenständigen Währung werden sofort Aufwertungsspekulationen einsetzen. Auf Euro lautende Banknoten werden in die neue Währung eingetauscht.

Gilt das allgemein oder sind nur Deutsche dazu berechtigt? Wenn es nur für Deutsche gilt, dann ist eine komplizierte Bürokratie erforderlich, um die Anspruchsberechtigung eines jeden zu prüfen. Auch werden natürlich Umgehungsgeschäfte nicht zu vermeiden sein. Ohne eine zumindest zeitweilige Einschränkung der Konvertibilität lässt sich das nicht machen. Bleibt man bei der Konvertibilität, dann haben wir überschießende Wechselkurse, die dem Export stark zusetzen. Was die schweizerische Industrie in den letzten Jahren wegen der Schwäche des Euro ertragen musste, träfe nun in voller Härte die deutsche Industrie. Bräche sie deswegen zu Boden?

Der frühere Linde-Chef Wolfgang Reitzle, einer der wenigen Dax-Firmenchefs, die nicht nur unter vier Augen, sondern auch öffentlich an der Eurorettungspolitik Merkels und Schäubles Kritik üben, sieht das eher entspannt: Natürlich werde die deutsche Industrie zu kämpfen haben, doch habe sie immer mit Aufwertungen zu tun gehabt und sei damit zurechtgekommen, weil sie zur Mobilisierung von Produktivitätsreserven und zu Innovationen gezwungen gewesen sei. Er prognostizierte, dass nach fünf Jahren die deutsche Industrie wettbewerbsfähiger sei als zuvor. Und recht hat er. Zu DM-Zeiten erfuhr die deutsche Industrie 17 Aufwertungen. Jedes Mal führten diese zu einem Ruck durch Mittelstand und Großindustrie. Sie mussten effizienter, produktiver und kreativer sein als ihre Kollegen im Ausland.

Weiter gilt: Auch bei Aufwertungen gibt es eine Gegenspekulation. Ab einem bestimmten Punkt werden Kapitalanleger und Spekulanten aussteigen, weil sie das Kurspotenzial ausgeschöpft sehen. Ferner erfolgt die Produktion komplexer Industriegüter weltweit; die nationale Produktionstiefe nimmt kontinuierlich ab. Bei Ausrüstungsgütern wird oft zu 80 Prozent aus dem Ausland zugeliefert. Daher wird der Aufwertungseffekt gedämpft. Weiter spielen Service, langjährige Geschäftsbeziehungen und spezifisches industrielles Know-how eine entscheidende Rolle. Daher lassen sich Lieferanten und Produkte nicht von heute auf morgen austauschen. Deutschland produziert keine Bananen, wo geringe Preisunterschiede über den Verlust von Märkten entscheiden können, sondern komplexe Systeme, die nicht von heute auf morgen gegen andere substituiert werden können. Nicht zu vergessen ist der Kaufkraftanstieg der Bevölkerung bei Aufwertung – der frühere Wirtschaftsminister Karl Schiller sprach von der »sozialen Dividende« im Zuge der Aufwertung. Damit steigen zugleich die Absatzmöglichkeiten der nationalen Industrie im eigenen Land; auch lassen die vermehrten Importe nach Deutschland die Gewinne ausländischer Produzenten steigen und regen damit deren Investitionstätigkeit an. Dafür brauchen sie in hohem Maße Ausrüstungsgüter, die in Deutschland produziert werden.

Unsere Schlussfolgerung lautet: Ein Dexit wäre ohne Erschütterungen nicht zu haben, aber langfristig würde er sich für Deutschland, für Europa und für die Welt positiv auswirken. Denn nun würde die politisch gewollte »Beggar-thy-neighbour-Policy« beendet, die, wie wir aus den schmerzlichen Erfahrungen der Dreißigerjahre des letzten Jahrhunderts wissen, die internationale Arbeitsteilung erheblich schädigen kann. Schiede Deutschland aus, wäre es keineswegs isoliert. Alle Mitgliedstaaten, die zuvor in einem informellen Währungsverbund mit Deutschland gestanden hatten, würden mitgehen. Auch die Schweiz wäre über eine solche Entwicklung erleichtert, weil ihr in Zukunft eine Flucht in den Schweizer Franken erspart bliebe und sie sich an einen Stabilitätsblock anhängen könnte. Dann wäre realisiert, was Hans-Olaf Henkel seit Langem propagiert: der Nord-Euro.

Wie bereits dargestellt, litt der Maastricht-Vertrag schon zu Beginn an schweren Geburtsfehlern. Einer davon ist die Verpflichtung der an der Einheitswährung teilnehmenden Staaten, diese niemals zu verlassen. Einmal ganz davon abgesehen, dass es in der gesamten Geschichte des Geldes noch nie einen Währungsverbund gegeben hat, der nicht wieder zugrunde ging, erscheint es uns als völlig widersinnig, zwar die EU insgesamt verlassen zu können, aber nicht den Euro!

Darüber hinaus haben die Autoren bereits festgestellt, dass der Maastricht-Vertrag mehrfach verletzt wurde. Das war bei der vertragswidrigen Aufnahme einiger Südländer schon der Fall, dann hielten sich Frankreich und Deutschland nicht an die im Vertrag von Maastricht festgelegte Obergrenze in der Neuverschuldung, schließlich folgten über 100 weitere Verletzungen durch fast alle Staaten, und im Mai 2010 wurde sogar die Brandmauer zwischen den deutschen Steuerzahlern und den Politikern anderer Länder zum Einsturz gebracht.

Um den Euro zu retten, haben europäische Politiker, deutsche vorneweg, den Maastricht-Vertrag erst ignoriert, dann verletzt und nun praktisch außer Kraft gesetzt. Für uns heißt das: Wenn die Mehrheit eines Vereins den Vereinszweck verändert, muss das einzelne Mitglied ebenfalls das Recht haben, aus diesem Club auszutreten. Wir finden, dass Deutschland schon lange dieses Recht zusteht und dass es dies jetzt in Anspruch nehmen muss. Wenn Griechenland nicht austritt, wenn Spanien, Portugal, Italien und Frankreich sich nicht um gemachte Zusagen und versprochene Reformen scheren, dann ist es nicht nur das Recht, dann ist es die Pflicht deutscher Politiker, die Reißleine zu ziehen, um nicht weiterhin an den Euro gekettet zu bleiben. Auch andere, angeblich noch strengere Verpflichtungen als im Maastricht-Vertrag niedergelegt (»Fiskalpakt«) haben sich als leere Versprechungen und Luftblasen herausgestellt, die von keinem Euroland mehr ernst genommen werden.

Es ist nicht nur nötig, es ist auch möglich, dass Deutschland die Initiative ergreift, aus dem Euroverbund aussteigt und sich nicht weiter von seinen vom Rettungssyndrom befallenen Politikern in die Sackgasse führen lässt. Wir verkennen nicht, dass der Ausstieg Deutschlands aus dem Euroverbund ökonomisch mit Risiken behaftet und politisch heikel ist. In der Tat könnte man den Deutschen Renationalisierung, Arroganz und Geschichtsvergessenheit vorwerfen. Unsere Erfahrung im Europäischen Parlament zeigt uns aber, dass diese Vorwürfe kaum von ausländischen Politikern gemacht würden. Im Gegenteil, wir erfahren immer wieder, dass Abgeordnete aus anderen Ländern, und nicht nur solche aus EU-Ländern, die die Einheitswährung nicht eingeführt haben, über den deutschen Euromasochismus den Kopf schütteln. Nein, es werden die Vertreter deutscher Parteien sein, die sich unter bedeutungsschweren Hinweisen auf die deutsche Geschichte zum Anwalt der vermeintlichen Interessen anderer Länder machen. Auch hier sieht man, warum unser Patient auf der Couch liegt.

Wir sind deshalb der Meinung, dass zwar der Auszug Deutschlands möglichst nicht allein erfolgen, aber nicht davon abhängig sein sollte, ob wir Mitstreiter finden oder nicht. Vorbild könnte das Europäische Währungssystem (EWS) sein. Dieses System war eine von 1979 bis 1998 bestehende Form einer faktischen Währungsunion von einigen Ländern der EU. Der Kern des EWS war ein Wechselkursmechanismus (WKM), welcher die Wechselkursfluktuationen innerhalb spezifisch festgelegter Bandbreiten halten sollte. Dieses System funktionierte besonders gut zwischen Österreich, Holland und Deutschland. Wir nennen es eine faktische Währungsunion, weil zum Beispiel die Entscheidungen der Deutschen Bundesbank, etwa die zahlreichen Aufwertungen der D-Mark, immer sofort von den Notenbanken Österreichs und Hollands nachvollzogen wurden. Zwar hatten die Österreicher eine eigene Währung, ihren Schilling, und die Holländer ihren Gulden, aber faktisch bestimmte die Bundesbank die Geldpolitik.

Die Umstellung vom Euro zurück zur D-Mark oder hin zu einer anderen gemeinsamen Eurowährung (Arbeitstitel: Nord-Euro) ist nicht einfach. Aber sie ist über den Umweg einer Parallelwährung genauso möglich, wie die Einführung des Euro zunächst über eine Parallelwährung erfolgte. Wir erinnern uns noch gut an Rechnungen, Quittungen, Miet- und Rentenbescheide, die über einen längeren Zeitraum sowohl in D-Mark als auch in Euro ausgestellt wurden. In jüngster Vergangenheit wurden drei andere

Einheitswährungen auf einzelne nationale Währungen ohne große Probleme umgestellt: der sowjetische Rubel, der jugoslawische Dinar und die tschechoslowakische Krone. Natürlich geht das nicht ohne Erschütterungen; aber je länger wir zuwarten, desto tiefgreifender werden sie. Und im Übrigen gilt auch hier der Satz: Ein Ende mit Schrecken ist immer besser als ein Schrecken ohne Ende!

Kann Deutschland so wie Finnland aus der europäischen Währungsunion ausscheiden? Sagt uns nicht unsere Geschichte, dass die europäische Integration unser Schicksal ist? Was man aus der Geschichte lernt, hängt vom jeweiligen Standpunkt ab. Da wir nachweisen können, dass der bisherige Weg der Europäischen Währungsunion eine Sackgasse ist, dann ist es die politische Pflicht der von den Bürgern gewählten Abgeordneten, der europäischen Idee die Treue zu halten: Rechtsstaatlichkeit, Freiheit, Demokratie und gute Nachbarschaft.

IX. DAS EUROPÄISCHE PARLAMENT UND DIE IMMER ENGERE UNION

1. Der Luxus dreier europäischer Standorte

Die Europäische Integration nahm ihren Anfang mit dem Vertrag zur Europäischen Gemeinschaft für Kohle und Stahl (EGKS), die wir im Folgenden Montanunion nennen. Sie war als supranationale Organisation von Frankreich, Italien, Belgien, den Niederlanden, Luxemburg und Deutschland gegründet worden. Als politischer Gründungsvater gilt der Lothringer Robert Schuman, damals französischer Außenminister; Jean Monnet war der Spiritus Rector der Montanunion. Die »Hohe Behörde« als ihr Leitungsgremium beaufsichtigte und steuerte die Sektoren Kohle und Stahl – das damalige Rückgrat einer modernen Industriewirtschaft und unabdingbar für jede Art der Kriegsführung. Der Verzicht auf die nationale Bewirtschaftung dieser Sektoren wurde allgemein als Bereitschaft der Gründerstaaten angesehen, ein für alle Mal das Zeitalter der europäischen Bürgerkriege zu beenden. Die nationale Beteiligung war auf ein Konsultationsrecht beschränkt.

Die »Gemeinsame Versammlung« als Vorläuferorganisation des Europäischen Parlaments (EP) war das Aufsichts- und Kontrollorgan der Hohen Behörde. Ihre Tätigkeit konzentrierte sich auf die Debatte des jährlichen Rechenschaftsberichts der Hohen

Behörde, die sie durch ein Misstrauensvotum mit Zweidrittelmehrheit zum Rücktritt zwingen konnte. Sie trat zum ersten Mal vom 10. bis 13. September 1952 in Straßburg zusammen. Ihre 78 Abgeordneten wurden von den nationalen Parlamenten entsendet. Von Beginn an bildeten sich Fraktionen nicht nach nationaler Herkunft, sondern nach der politischen Richtung: Christdemokraten, Sozialdemokraten/Sozialisten und Liberale.

Eine Begebenheit hat den nachfolgenden Integrationsprozess entscheidend geprägt, wie Alfred Müller-Armack, Ministerialdirektor und später Staatssekretär für Europäische Fragen im Bundeswirtschaftsministerium, seinen Assistenten, darunter auch Starbatty, berichtete. Um die Arbeitsweise der Hohen Behörde in praxi zu erleben, ist der damalige deutsche Wirtschaftsminister Ludwig Erhard am Vorabend einer Arbeitssitzung der Hohen Behörde – das Straßennetz war damals noch recht unzulänglich – in großer Besetzung (Staatssekretär, Ministerialdirektor und Ministerialrat) nach Luxemburg gereist. Am nächsten Morgen saß die deutsche Delegation vor dem Konferenzraum – geduldig wartend. Stunde um Stunde verging, bis sich schließlich die Flügeltüren öffneten und Jean Monnet an der Spitze seiner Kollegen heraustrat. Er verlas das Kommuniqué – auf Französisch – und blickte dann in Richtung der nationalen Delegationen: »Quelques questions? Irgendwelche Fragen?«

Als sich die Mitglieder der deutschen Delegation überrascht anschauten, sich aber nicht äußerten, sagte Jean Monnet in das Schweigen hinein: »La consultation est finie.« So hatte sich die deutsche Delegation ihr Konsultationsrecht nicht vorgestellt. Daher hat Deutschland bei den nachfolgenden Verträgen zur Gründung der Europäischen Wirtschaftsgemeinschaft (EWG) und Europäischen Atomgemeinschaft (Euratom), die in Rom am 25. März 1957 feierlich unterzeichnet wurden, darauf gedrungen, dass alles, was aus Brüssel auf die Nationen zukommt, den Segen des jeweiligen Ministerrates braucht. So sollte verhindert werden, dass die Mitgliedstaaten suprarationale Entscheidungen akzeptieren müssen, auf die sie selbst keinen Einfluss hatten. Die Institutionen von EWG und Euratom wurden zunächst in Brüssel angesiedelt. Die Kommission und ihr administrativer Unterbau fanden Platz in einem schlanken Hochhaus, dem Berlaymont. Auch der Rat tagte in Brüssel. Nun gab es drei Sitze für die europäischen Institutionen: Luxemburg, Straßburg und Brüssel. Die Parlamentarier forderten schon 1958 einen einheitlichen Sitz für alle Gemeinschaftsorgane: Brüssel, Straßburg oder Mailand. Als es zwischen den Delegationen zu keiner Einigung kam, plädierte Alfred Müller-Armack für eine vorläufige Beibehaltung des Status quo. Die Delegationen stimmten zu. Daraufhin gratulierte Alfred Müller-Armack der belgischen Delegation zum endgültigen Verbleib von Rat und Kommission in Brüssel. Die Belgier stutzten, bis sie begriffen, dass eine Änderung dieses Beschlusses nur einstimmig möglich war. Damit war Brüssel als endgültiger Sitz von Kommission und Rat bestätigt.

Um die Abstimmung mit der Kommission zu erleichtern und um auch näher am europäischen Machtzentrum zu sein, wurde in der Folgezeit die parlamentarische Tätigkeit immer stärker nach Brüssel verlagert. So wuchs Brüssel die Rolle der europäischen Hauptstadt zu. Dieser Eindruck verfestigt sich bei einer Wanderung durch die Stadtviertel, in denen sich europäische Institutionen niedergelassen haben. Der Baustil ist ausladend, dominant, geradezu neo-imperial. Das jetzige Berlaymont als Sitz der Kommission macht den Eindruck eines mächtigen Tigers, der breit auf seine Pranken gelagert dem Betrachter und Besucher Ehrfurcht abverlangt und Respekt erheischt.

Im Fusionsvertrag von 1965 wurden EGKS, EWG und Euratom zu den Europäischen Gemeinschaften (EG) vereinigt, und auch die Verteilung der europäischen Institutionen wurde neu geregelt. Weil mit dem Fusionsvertrag die Montanunion aufgelöst wurde, hätte der Standort Luxemburg entfallen müssen. Doch dann hätte sich Luxemburg quergestellt, und die Fusion wäre verhindert worden. Also musste Luxemburg entschädigt werden. Da die Europäischen Gemeinschaften nicht durch die Grundsätze sparsamer Haushaltsführung bei Verteilung europäischer Aktivitäten behindert werden, ist Luxemburg großzügig abgefunden worden.

Da wenig bekannt ist, dass Luxemburg einer der Hauptnutznießer des europäischen Projekts ist, haben wir den wissenschaftlichen Dienst des EP gebeten, uns aufzuklären. Als Kompensation für den Abzug der Montanunion hat Luxemburg folgende Dienststellen erhalten (in Klammern die Zahl der Beschäftigten): 1. Generalsekretariat des EP (2376), 2. acht Generaldirektionen (3867), 3. Europäischer Gerichtshof (2132), 4. Europäischer Rechnungshof (900), 5. Europäische Investitionsbank (mehr als 2000), 6. Europäische Finanzstabilisierungsfazilität und Europäischer Stabilitätsmechanismus (260), 7. Europäisches Statistisches Amt (mehr als 800), 8. Amt für Veröffentlichungen (640), 9. Übersetzungszentrum für die EU (200), 10. Exekutivagentur für Gesundheit und Verbraucher (50), 11. Euratom-Versorgungsagentur (17). Das summiert sich auf mehr als 13000 Beschäftigte. Da wir erwarten dürfen, dass deren Gehälter weit über dem europäischen und auch luxemburgischen Durchschnitt liegen und dass diese Dienststellen viele Besucher haben, die oft über Nacht bleiben, und auch Lobby-Organisationen vor Ort tätig sind, können wir überschlägig davon ausgehen, dass die EU in starkem Maße dazu beiträgt, das Durchschnittseinkommen in Luxemburg weit über den europäischen Durchschnitt zu heben. Wenn Jean-Claude Juncker als Präsident der Kommission für »mehr Europa« und »mehr Gemeinsamkeit« wirbt, ist Luxemburg immer auf der Gewinnerseite.

Dass die europäischen Aktivitäten auf drei Standorte verteilt sind, ist natürlich ein Luxus, doch wird die Schließung eines der drei Standorte von den jeweiligen Landesregierungen blockiert. Nach einem ewigen Hin und Her zwischen Belgien und Frankreich wurde 1992 auf dem Gipfel in Edinburgh entschieden, in Straßburg als offiziellem Sitz des Parlaments monatlich eine Plenarsitzung abhalten zu lassen, während die Ausschuss- und Fraktionssitzungen in Brüssel stattfinden. Im Jahre 1999 wurde in Straßburg ein neues Parlamentsgebäude fertiggestellt, wieder ein gigantischer Bau. Für beide Parlamentssitze braucht man einen Kompass, um sich zurechtzufinden. Auch wenn das Parlament nur vier Tage im Monat in Straßburg tagt, muss es doch ganzjährig bewirtschaftet und beheizt werden. Und dieses europäische Regime wird in alle Ewigkeit weitergehen, da gegen das französische Veto nicht anzukommen ist.

Bei den Straßburger Plenarwochen zieht der parlamentarische Tross (Abgeordnete, parlamentarische Assistenten und Fachpersonal) einmal im Monat von montags bis donnerstags nach Straßburg. Der persönliche Aufwand des einzelnen Abgeordneten ist überschaubar; er packt in Brüssel die notwendigen Handakten zusammen und geht sie am Wochenende zur Vorbereitung auf die Abstimmungen durch. Die übrigen Akten werden von Speditionsfirmen von Brüssel nach Straßburg und danach wieder retour gebracht. Das ist mit einem hohen finanziellen Aufwand verbunden. Auch verlängern sich die Reisezeiten für viele Abgeordnete nicht unerheblich. Zudem zahlen die meisten zu, haben sie doch in Brüssel eine Wohnung gekauft oder angemietet und müssen in Straßburg während der Sitzungswoche Knappheitspreise für Hotelzimmer bezahlen. Für die Straßburger Hotels und Restaurants ist das eine nicht zu unterschätzende Einnahmequelle. Einen Vorteil hat Straßburg gegenüber Brüssel. Brüssel ist in vielen Stadtteilen ungepflegt; die Gehwege sind uneben, viele Platten sind locker, und Regenwasser verdeckt die vielen Schlaglöcher. Straßburg mit seinem Münster ist dagegen ein städtebauliches Juwel, voller Atmosphäre und Elsässer »Winstub«-Gemütlichkeit.

In jeder Legislaturperiode lebt die Diskussion um den »Single Seat« wieder auf. Und immer weiß man, dass es fruchtlos ist, weil

Frankreich und Luxemburg nicht auf Prestige und europäische Einnahmequellen verzichten wollen. Im Übrigen ist dieser Hickhack typisch für den europäischen Willensbildungsprozess. Alle Mitgliedstaaten reden ständig von Europa und meinen in Wirklichkeit ihr nationales Interesse. Und sie lassen einander gewähren. Die Steuerzahler, die für die Kosten aufkommen, werden nicht gefragt. »Ist es auch Tollheit, so hat es doch Methode«, heißt es bei Shakespeare.

2. Die Arbeitsweise des Europäischen Parlaments

Nach Unterzeichnung der Römischen Verträge (1957) war die Gemeinsame Versammlung für alle drei Gemeinschaften zuständig. Sie wurde auf 142 Abgeordnete erweitert, erhielt aber keine neuen Kompetenzen; doch wertete sie sich selbst auf, indem sie sich den Titel »Europäisches Parlament« zulegte. Eine Zäsur gab es 1979: Das Europäische Parlament wird von nun an direkt gewählt. Zwar blieben die Zuständigkeiten unverändert und bescheiden, doch verschaffte die unmittelbare Bestätigung durch die Wähler dem EP einen erheblichen Prestigegewinn; sein Selbstbewusstsein gegenüber Kommission und Ministerrat stieg. Einen entscheidenden Schritt in Richtung parlamentarische Aufwertung gab es mit der Einheitlichen Europäischen Akte (1986). Über das Verfahren der Zusammenarbeit ist es nun an der allgemeinen Gesetzgebung beteiligt. Zwar kann es sich gegen das Votum des Ministerrates nicht durchsetzen, aber auch der Rat muss das Votum des EP beachten.

Eine zentrale Prärogative haben Jean-Claude Juncker und Martin Schulz gemeinschaftlich dem Rat entwunden. Im Vorfeld der letzten Europawahlen (2014) hat Angela Merkel die Öffentlichkeit wissen lassen, dass das Europäische Parlament laut Lissabon-Vertrag nach Maßgabe der Wahlergebnisse einen Kandidaten für den Kommissionsvorsitz vorschlagen könne, dass aber der Europäische Rat der Staats- und Regierungschefs letztlich entscheide, ob er dem Vorschlag des Parlaments folgen wolle. Doch hatte Martin Schulz mit seinem Anspruch, »Spitzenkandidat« der europäischen Fraktion der »Sozialisten und Demokraten« (S&D) zu sein, die Basis für den Machtzuwachs des EP gelegt. So verständigten sich Martin Schulz und Jean-Claude Juncker, der Spitzenkandidat der »Europäischen Volkspartei« (EVP), die aus den Wahlen als stärkste Fraktion hervorgegangen war, noch in der Nacht nach den Europawahlen darauf, dass das EP Juncker für das Amt des Kommissionspräsidenten vorschlagen werde. Dafür sollte Jean-Claude Juncker im Gegenzug die EVP überzeugen, Martin Schulz zum Präsidenten des EP zu wählen. Das widersprach zwar der Geschäftsordnung des EP – nach Ende und in der Mitte einer Legislaturperiode wechselt das Amt des Präsidenten, aber es geschah trotzdem. Der Europäische Rat beugte sich dem Votum des EP.

Auch das parlamentarische Selbstverständnis hat sich gewandelt. Während zuvor für französische Abgeordnete die Mitgliedschaft im Parlament als Eintrittskarte für höhere politische Aufgaben und Ämter gesehen wurde, galt für Deutschland eher, dass die Mitgliedschaft im EP ein Trostpflaster war oder am Schluss einer politischen Karriere stand. Der Spottspruch – hast du einen Opa, schick ihn nach Europa – gilt inzwischen nicht mehr. Das politische Personal steht intellektuell wohl über dem des Bundestages. Im EP finden sich exzellente junge Leute, die bewusst eine europäische Karriere anstreben. Dass die Autoren dieses Buches als Mitglieder des EP mehrfache Opas sind, ergibt sich aus dem Umstand, dass die Bürger sie als Kritiker eines immer stärker abgehobenen und detailversessenen Europa und einer fehlkonstruierten Europäischen Währungsunion ins Parlament gewählt haben.

Wir, die Autoren, schildern nun, wie wir das EP erleben. Das EP ist wahrscheinlich fleißiger als jedes nationale Parlament; es ist aber kein richtiges Parlament. In einer parlamentarischen Demokratie wählen die Stimmbürger die Parteien, die die Regierung stellen. Entweder hat eine Partei genügend Sitze, um allein die Regierung zu bilden, oder einzelne Partien finden sich zu Koalitionen zusammen. Die anderen Parteien kontrollieren als Opposition die Regierung. Im britischen Unterhaus ist das besonders augenfällig. Da kommt es auch zu regelrechten Redeschlachten. Die Sitzordnung begünstigt das: Regierung und Opposition sitzen sich an einem großen Tisch Auge in Auge gegenüber.

In einer Anhörung des Bundesverfassungsgerichts zum Europäischen Stabilitätsmechanismus (ESM) hat dessen Präsident, Andreas Voßkuhle, den lang gedienten Parlamentarier Elmar Brock gefragt, weshalb er das EP eine demokratische Institution nenne, da es keine Opposition, das Lebenselixier einer Demokratie, gebe. Daraufhin belehrte Brock den Präsidenten, das EP betrachte es als seine Aufgabe, die europäische Integration voranzutreiben. Darin sei sich das EP völlig einig; auch sehe es die Kommission als Motor der Integration. Somit sei der natürliche Verbündete der Kommission das EP. Insofern sei eine Opposition für das EP wesensfremd.

Das entscheidende Machtzentrum in der EU ist die Kommission. Sie allein verfügt über das Gesetzgebungsrecht. Die ihr unterstellten Generaldirektionen, die als ministerielle Ressorts angesehen werden können, verfügen über das nötige Fachwissen. Freilich kann das EP die Kommission auffordern, in einer von ihm gewünschten Richtung tätig zu werden. Eine wesentliche Aufgabe des EP besteht in der Bestätigung der von den Mitgliedstaaten vorgeschlagenen Kandidaten für die Kommission. Sie müssen sich kritischen Fragen des EP stellen, das Kandidaten ablehnen kann. In einem Aufsehen erregenden Fall hat es dem Kandidaten der damaligen Berlusconi-Regierung die Zustimmung verweigert, allerdings nicht wegen nachgewiesener Unkenntnis, sondern weil von ihm herabsetzende Äußerungen zur Homosexualität bekannt geworden waren. Hingegen ist bei der letzten Anhörung der Kandidat der französischen Regierung, Pierre Moscovici, durchgekommen, obwohl er bei dem von ihm zu vertretenden Themen Wirtschaft und Währung völlig blank war. Dabei werden die Kandidaten von den jeweiligen Stäben ins Einzelne gehend präpariert. Immer wenn Moscovici mit seinem Latein am Ende war, hat er Zuflucht bei der Formel gesucht: Hier stimme ich mit meinem Freund Schäuble überein. Die Mehrheit des EP sah seine Vorstellung als mangelhaft an, und doch ist er mit großer Mehrheit gewählt worden.

Die »Sozialisten und Demokraten« hatten gedroht, dem britischen Kandidaten für Finanzmarktregulierung, Jonathan Hill, ihre Stimme zu verweigern, wenn Moscovici durchfallen sollte. Daraufhin haben die großen Fraktionen, EVP und S&D in Abstimmung mit der EKR (Europäische Konservative und Reform-Parteien) und ALDE (Allianz der Liberalen und Demokraten für Europa) ein Vierertableau – Valdis Dombrowskis, Jonathan Hill, Jyrki Kateinen und Pierre Moscovici – zusammengestellt, das entweder en bloc abgelehnt oder angenommen werden konnte.

Moscovici hat später auf einem Parteikongress der französischen Sozialisten die Politik von Merkel und Schäuble scharf angegriffen; sie gefährde den Zusammenhalt der Eurozone. Der Vorsitzende der deutschen Delegation in der EVP, Herbert Reul, hat sich darüber bitter beklagt. Das wäre den Christdemokraten erspart geblieben, wenn die EVP Moscovici ihre Stimme verweigert hätte, war doch seine Haltung zur Politik in der Währungsunion bekannt.

Auch weicht die Repräsentanz des EP von demokratischen Grundregeln ab. Wenn die kleineren Länder überhaupt im EP vertreten sein sollen, kann das Prinzip der Proportionalität – die Zahl der Mandate entspricht der nationalen Bevölkerung – nicht durchgehalten werden. Ein deutscher Abgeordneter vertritt 800000 Wähler, ein maltesischer gerade einmal 80000. Aber die fehlende

Proportionalität falle weniger ins Gewicht, so wird argumentiert, da es um die Wahrung europäischer Interessen und die Einbringung nationaler Anliegen in das europäische Aufbauwerk gehe. Auch müsse das kleinste Mitgliedsland über mindestens sechs Abgeordnete verfügen, um in den wichtigsten Ausschüssen mit je einem Abgeordneten vertreten zu sein.

Insgesamt gibt es im EP acht Fraktionen: von ganz rechts, die von Marine Le Pen dominierte ENF (Europa der Nationen und der Freiheit), bis hin zu ganz links, die GUE-Fraktion (Gauche Unie Européenne). Jede Fraktion besteht aus mindestens 25 Abgeordneten und mindestens sieben Delegationen aus den Mitgliedstaaten. Dies soll eine effiziente Arbeitsweise des Parlaments ermöglichen und zugleich die europäische Vielfalt einfangen und kanalisieren. Gelegentlich folgen die Delegationen bei entscheidenden Abstimmungen nicht der Fraktionslinie, sondern lassen sich von nationalen Gesichtspunkten leiten.

Wie fleißig die Parlamentarier, die Mitarbeiter aus den einzelnen Ausschüssen und die parlamentarischen Assistenten sind, kann an der Dicke der Stapel gemessen werden, die auf den Pulten der Abgeordneten in den Ausschüssen zur Lektüre ausliegen. Man fragt sich natürlich, wie so viel bedrucktes Papier zustande kommt und wann der einzelne Abgeordnete das alles lesen und durcharbeiten soll. Um es kurz zu machen: In den einzelnen Ausschüssen werden Berichterstatter bestimmt, die zusammen mit den Beamten aus den Ausschusssekretariaten und parlamentarischen Assistenten an Gesetzestexten und Berichten arbeiten; Schattenberichterstatter aus den Fraktionen gucken ihnen auf die Finger. Nach den Beratungen und Abstimmungen in den Ausschüssen gehen die Texte an die nationalen Delegationen der jeweiligen Fraktionen. Hier organisieren die parlamentarischen Geschäftsführer (»Whips«) die Willensbildung; die Ergebnisse werden in einer Sitzung aller Delegationen eingebracht, wo der »Chief Whip« der Fraktion die manchmal unterschiedlichen Einstellungen auf Linie bringen muss. Keine leichte Aufgabe. Er bringt die Ergebnisse in die Fraktionssitzung ein, wo dann noch einmal Argumente ausgetauscht werden. Bei unterschiedlichen Positionen werden entweder Kompromisse ausgehandelt, oder die Delegationen gehen mit unterschiedlichen Vorstellungen in die parlamentarischen Abstimmungen.

Wirkliche Debatten im Plenum des EP sind eine Ausnahme. Die Redezeiten werden nach Fraktionsstärke zugeteilt. Zuerst erheben sich die Fraktionsführer, um zu einem Bericht, einem Gesetzentwurf oder einem europäischen Gipfel Stellung zu nehmen. Sie beanspruchen in aller Regel eine Redezeit von drei bis fünf Minuten. Herausgehobene Fraktionssprecher kommen eineinhalb Minuten zu Wort. Alle anderen Redner müssen sich mit einer Minute begnügen. Wenn einer überzieht – etwa um zehn Sekunden –, wird er gemahnt, zum Ende zu kommen. Reagiert er nicht, wird ihm das Mikrofon abgedreht.

Rigoros, doch ist eine strikte Bewirtschaftung der Redezeit unausweichlich. Das EP hat mit seinem Präsidenten 751 Abgeordnete, von denen jeder glaubt, dass die Welt unterginge, wenn er nicht zu Wort käme. In einer Minute kann kaum ein Redner einen Gedanken entfalten. Er redet zwangsläufig in bloßen Überschriften. Er kann nicht auf seine Vorredner eingehen, weil dann keine Zeit für das eigene Anliegen bliebe. Freilich können Abgeordnete eine Frage stellen (30 Sekunden), und der befragte Redner hat 30 Sekunden für seine Antwort. Diese Möglichkeit wird eifrig genutzt, größtenteils für die Selbstdarstellung. So erlebt der zuhörende Abgeordnete Minutenrede nach Minutenrede – im Laufe der Debatte nur noch von Abgeordneten aus den großen Fraktionen, weil diese über reichlich Redezeit verfügen, bis er sich schließlich sagt, jetzt reicht's, und den Plenarsaal verlässt.

Kein Wunder, dass viele Minutenredner erst kurz vor ihrem Auftritt im Parlament erscheinen und kurz danach wieder verschwinden. Auch wenn sich viele Redner zu Wort gemeldet haben, die Besetzung des EP ist immer spärlich. Eine wirkliche fraktions-übergreifende Debatte kommt so nicht zustande. Aber vielleicht ist der Abgeordnete daran weniger interessiert als an seinem Auftritt bei Facebook und Twitter, um seinen »Followern« parlamentarische Präsenz zu zeigen.

Der Inhalt und auch die Form der Reden bleiben weitgehend gleich. Besonders auffallend ist dies bei den Beiträgen zur Europäischen Währungsunion. Die Redner aus dem Süden der Eurozone beklagen die ausbleibende Investitionstätigkeit, die wirtschaftliche Stagnation, das sinkende Realeinkommen und die hohe Jugendarbeitslosigkeit. Sie verlangen nach europäischen Lösungen. Ihre normativen Sätze – ohne jede analytische Unterfütterung – erinnern an das Beschwörungsritual von Medizinmännern, die nach Abhilfe rufen und um Besserung bitten, ohne die Ursachen der Krankheit zu prüfen.

Sie fragen nicht, warum sich die Arbeitslosigkeit in Deutschland in den letzten zehn Jahren halbiert und in den Staaten der südlichen Peripherie verdoppelt hat. Wenn sie nach den Antworten für diese Fragen suchten, dann wüssten sie auch, was sie tun müssten, um ihrer Jugend im eigenen Land die Chance auf ein menschenwürdiges Leben zu sichern.

Aber genau diese Abhilfe, das Ausscheiden aus der Eurozone und die nachfolgende Abwertung ihrer nationalen Währungen, um attraktiv für nationale und besonders internationale Investoren zu werden, scheuen sie wie der Teufel das Weihwasser. Doch vielleicht wendet sich das Blatt: Die Fraktion der Autoren (EKR), der euroskeptischen italienischen Fünf-Sterne-Bewegung (EFDD) und der europäischen Linken (GUE) haben in verschiedenen Berichten Anträge eingebracht, dass Mitgliedstaaten ein Austreten aus der Eurozone möglich sein soll, wenn der Euro eine zu schwere Last für sie wird und sie die Währungsunion deshalb aus freien Stücken verlassen wollen. In diesem Fall sollte die EU dann finanzielle Anpassungshilfen gewähren. Das ist auch die Position von

Henkel und Starbatty. Interessanterweise haben die deutschen Mitglieder der GUE diesen Antrag abgelehnt wie auch die Abgeordneten der EVP und S&D.

Es gibt auch heitere Szenen im Parlament. Im Herbst des Jahres 2015 ging es um die Verringerung des für die Atmosphäre abträglichen Ausstoßes von Methangas. Es ist bekannt, dass gerade Kühe, wenn sie sich auf die eine oder andere Weise erleichtern, Methangas ausstoßen und damit kein klimaverträgliches Verhalten an den Tag legen. Im Parlament wurde diskutiert, ob man nicht den Freigang der Kühe einschränken, wenn nicht verbieten müsse. Schließlich entschied sich das EP doch für den Freigang, obwohl das nicht umweltfreundlich sei. Das sei hinzunehmen, hieß es, schließlich reiche die Macht des EP nicht so weit, den Kühen das Furzen zu untersagen.

Die Abstimmungsprozeduren im Plenum des EP sind für jeden Frischling ein Erlebnis. Besonders aufschlussreich war die Abstimmung am Schlusstag unserer ersten Plenarwoche. Ein mehrfaches Klingelzeichen ruft die Abgeordneten in der Regel um 12 Uhr zur Abstimmung. Der Plenarsaal, bislang spärlich besetzt, füllt sich zusehends, die Abstimmung wird von einem erfahrenen Vizepräsidenten, Rainer Wieland (EVP), geleitet. Die Abstimmungsprozedur läuft mit ziemlicher Geschwindigkeit ab. Der amtierende Präsident ruft die entsprechende Ziffer auf: Dafür, dagegen, Enthaltung. Danach heißt es entweder »adopted – angenommen« oder »rejected – abgelehnt«.

Im Zuge der Abstimmungsprozedur meldete sich ein Abgeordneter zur Geschäftsordnung: Er könne ja gar nicht so schnell lesen, wie abgestimmt werde; er habe überhaupt keine Zeit, sich zu orientieren, und fühle sich überfordert. Ja, antwortete der Präsident, er verstehe das Anliegen derer, die neu ins Parlament gekommen wären, durchaus, doch sei bisher immer so verfahren worden; zudem sei die Tagesordnung in allen Fraktionen besprochen worden; daher sei die Meinungsbildung bereits abgeschlossen. Er müsse das Tempo hochhalten, da die meisten Abgeordneten auf dem Sprung zu Flughäfen oder Bahnhöfen wären.

Die Kollegen haben es in der Tat nicht so gut wie Henkel oder Starbatty. Wenn sie in ihrem Land gelandet sind, müssen sie oft noch weite Wege zurücklegen, um ihren Heimatort oder Wahlkreis zu erreichen. Kaum ist daher die letzte Abstimmung vorbei, stürzt der Abgeordnetentross zu Trolleys und Mänteln und dann in Richtung Fahrbereitschaft, so als ob eine Büffelherde über die Prärie donnerte; doch wird erstaunlicherweise weder gedrängelt noch geschubst. Da die Fahrbereitschaft bestens organisiert ist, erreicht jeder Abgeordnete schnellstens die gewünschte Abfahrtsstelle.

Der Frischling wundert sich bei der ersten Abstimmung auch, warum einzelne Abgeordnete wie in der römischen Arena den Daumen mal nach oben, mal nach unten oder die Hand flach über dem Kopf halten. Schließlich kapiert er: Daumen nach oben heißt »zustimmen«, Daumen nach unten »ablehnen«, Hand flach über dem Kopf »enthalten«. Schließlich entdeckt er, dass nicht nur die Fraktionen selbst, sondern auch die nationalen Delegationen solche Vorturner haben. Bei Orientierung am jeweiligen Zeichengeber kann der Abgeordnete also nichts falsch machen. Zur Sicherheit liegen noch die Abstimmungsblöcke der Fraktionen beziehungsweise Delegationen auf den Pulten. Sie umfassen oft mehr als 50 Seiten mit etwa 5 Abstimmungen pro Seite. Für diese ca. 250 Abstimmungen sind eineinhalb Stunden vorgesehen. Da muss wirklich ein hohes Tempo vorgelegt werden, um das aufgegebene Pensum abzuarbeiten.

Es wird entweder per Handzeichen oder namentlich abgestimmt. Die entscheidenden Abstimmungen erfolgen namentlich. Wird per Handzeichen abgestimmt, entscheidet die optische Wahrnehmung des Präsidiums über Annahme (»it's adopted«) oder Ablehnung (»it's rejected«). Gelegentlich ertönt nach einer solchen Abstimmung der Ruf »check«. Offensichtlich haben einzelne Abgeordnete einen anderen Eindruck gewonnen, oder das Abstimmungsergebnis entsprach nicht den Erwartungen. Dann wird noch einmal elektronisch abgestimmt. Gar nicht so selten weicht das elektronische Votum von der optischen Wahrnehmung ab. Die Erklärung ist leicht zu finden. Während solcher Abstimmungen sind die Köpfe vieler Abgeordneter über Smartphones oder Tablets gebeugt, und sie bekommen gar nicht mit, worüber gerade abgestimmt wird. Der jeweilige Vizepräsident ruft dann die Abgeordneten zur Ordnung: »Ich bitte um ein deutliches Handzeichen.«

Diese Mahnung hilft zunächst, doch dann spielen die Kollegen wieder mit ihren Handys. Henkel und Starbatty strecken dagegen bei jeder Abstimmung eifrig die Arme nach oben – mal rechts, mal links –, nicht weil sie als Frischlinge besonders eifrig und beflissen wären, sondern weil solche Abstimmungsprozeduren die einzige Gelegenheit sind, sich während der Plenarwoche gymnastisch zu betätigen.

3. Die Entfremdung zwischen Europäischem Parlament und seinen Wählern

Der Rückgang der Wahlbeteiligung von 69 Prozent im Jahre 1979, der ersten Wahl des EP, auf 43,1 Prozent im Jahre 2009 und auf 42,5 Prozent im Jahre 2014 ist ein Alarmzeichen. Die Vertiefung der europäischen Integration schreitet fort, während sich die Bürger für Europa immer weniger interessieren. Daher haben EU-skeptische und sogar EU-feindliche Parteien starken Aufwind bekommen. Solange aber EVP und S&D die weitaus stärksten Fraktionen stellen, werden die EU-kritischen Fraktionen im EP einfach überstimmt. Dass sich nichts in der Willensbildung des EP und der Europäischen Institutionen ändert, zeigt auch folgendes Beispiel: Der jetzige Parlamentspräsident Martin Schulz wurde im Europawahlkampf 2014 als Spitzenkandidat der S&D auf Großplakaten beworben. Sein Konterfei war unübersehbar. Wenn der Betrachter genau hinschaute, entdeckte er auf dem Bildrand den Slogan »Europa neu denken«. Wir haben im Parlament von ihm aber noch keinen Satz gehört, der nun vermuten ließe, dass er es mit diesem Leitspruch ernst meinte. Er steht neben Jean-Claude Juncker auf der Brücke des Riesentankers EU, ohne dass eine Richtungsänderung spürbar wäre. Die Fahrt in Richtung »mehr Europa« geht unbeirrt weiter.

Die Wahlkämpfe zum EP hatten diese Bezeichnung bisher nicht verdient, waren doch die Slogans und Programme aller Parteien austauschbar und nichtssagend. Die wirklich drängenden europäischen Themen nahmen die bekannten Redner der etablierten Parteien nicht auf; oft hatte man den Eindruck, dass sie die Europawahlkämpfe als Bühne für innerpolitische Inszenierungen benutzten. Einzig von Horst Seehofer waren kritische Töne im letzten Europawahlkampf (2014) zu hören: Europa sei eine großartige Idee, wenn sie nicht von der Brüsseler Bürokratie erstickt würde. Doch war dieses Statement nicht glaubwürdig, da die EVP, auf die CDU und CSU einen maßgeblichen Einfluss haben, weiter am europäischen Einheitskleid strickt. Die Wahlverweigerung der Bürger sahen die meisten Parlamentarier und die hauptamtlich für die EU tätigen Politiker und Beamten nicht als Zeichen, auf dem bisher eingeschlagenen Weg umzukehren, sondern als Aufforderung, mehr finanzielle Mittel bereitzustellen, um die Bürger vom Konzept des »mehr Europa« zu überzeugen.

Abgeordnete in nationalen Parlamenten stehen für ein bestimmtes Parteiprogramm und die jeweilige Regierungsarbeit. Sie werden in ihren Wahlkreisen von den dort wohnenden Stimmbürgern zur Rede gestellt – manchmal ziemlich derb, wenn diese sich übergangen und schlecht behandelt fühlen. Das EP soll dagegen die Interessen von 28 Mitgliedstaaten repräsentieren. An wen sollen sich Bürger in Deutschland wenden, wenn ihr Abgeordneter

800 000 Wähler repräsentiert und er sich – mit unangenehmen Wahrheiten konfrontiert – herausreden kann, dass er sich in seiner multinational zusammengesetzten Fraktion nicht durchsetzen könne. Er kann sich immer hinter dem Rücken nicht anwesender Bösewichte verstecken.

Ein Parlament, das 28 Nationen vertreten soll, ist niemandem gegenüber verantwortlich. Es kann sich heraussuchen, was es als das europäische Interesse betrachtet, und dann Stimmbürgern erklären, warum den Nationen am besten gedient sei, wenn sie die Definition des europäischen Interesses von EP und Kommission akzeptierten. Götz Briefs, ein bekannter, bereits verstorbener deutscher Ökonom, hat über empirische Studien herausgefunden, dass Verbände, die divergenten Interessen zu dienen haben, ihr eigenes Interesse als das der Vertretenen ausgeben. Er nannte ein solches Phänomen »autonomes Verbandsinteresse«. Diese Grundidee hat die »Neue Institutionenökonomik« in Form der Prinzipal-Agent-Theorie weiterentwickelt.

Die »Prinzipal-Agent-Theorie« beschreibt, wie der Agent als Beauftragter des Prinzipals seine eigenen Interessen, aber nicht die des Prinzipals verfolgen kann. In unserem Fall beauftragen die Wähler ihre Abgeordneten, ihre Interessen auf europäischer Ebene wahrzunehmen. Es sind bisher noch keine Möglichkeiten entdeckt und diskutiert worden, wie das EP gezwungen werden kann, als Agent im Sinne seines Prinzipals, der europäischen Bürger, zu handeln. Doch kennen wir die Wege, wie der Agent dem Prinzipal weismachen kann, in seinem Sinne zu handeln. So gesehen können wir von einem autonomen Parlamentsinteresse sprechen. Wir wollen zwei Einflusskanäle prüfen, mithilfe derer die Stimmbürger überzeugt werden sollen.

Erster Fall: Der Willensbildungsprozess auf europäischer Ebene ist dermaßen komplex geworden, dass der einzelne Bürger nicht mehr durchblickt und auf die Aufklärung durch seinen Agenten angewiesen ist. Das gilt in besonderer Weise für die Einrichtung der Europäischen Währungsunion und für den Zusammenhalt der Eurozone. Die Abgeordneten und die Mitglieder der Kommission bemühen sich, den Bürgern zu erklären, warum der Euro den innereuropäischen Frieden und den Zusammenhalt der EU sichert, obwohl genau das Gegenteil zutrifft. Man muss sich nur die Talkshows anschauen, wo Politiker und Parlamentarier aus Brüssel, aber auch aus Berlin die Notwendigkeit der Eurorettungspolitik erläutern. Wenn sie daraufhin von Kennern auf die Stimmigkeit ihrer Argumentation angesprochen werden, geben sie zu, dass ihre Argumentation auf schwankendem Boden stehe, sie aber die Bürger nicht mit Details und Unwägbarkeiten verunsichern dürften.

Zweiter Fall: Ein beliebtes Argument, um die Bürger von einer immer engeren Union zu überzeugen, lautet: Die einzelnen Mitgliedstaaten seien für sich genommen zu schwach, um sich im Strudel der Globalisierung über Wasser zu halten. Dabei wird so getan, als ob die nationalen Interessen der 28 Mitgliedstaaten zu einer homogenen Einheit – »Europa in der Welt« – verschmolzen wären. Joseph Schumpeter bezeichnete eine solche Argumentationsfigur als »methodologischen Kollektivismus« – verschiedene Entscheidungsträger in einem Verbund so zu behandeln, als ob sie ein Kollektivorgan wären. Dieser Argumentationsweise stellte er den »methodologischen Individualismus« gegenüber, der vom Verharren individueller (nationaler) Interessen ausgeht, auch wenn man sie in einem Verbund oder einer europäischen Institution zusammenfasst.

Ein gutes Beispiel dafür ist die Behauptung, nur bei Mitgliedschaft in der EU und in der Währungsunion könnten sich die einzelnen Nationalstaaten in der Globalisierung behaupten. Wir wollen einen Protagonisten zu Wort kommen lassen, der maßgeblich am Zustandekommen der Währungsunion beteiligt war und der sich der Methode des methodologischen Kollektivismus bedient. Der frühere deutsche Finanzminister Theo Waigel rechtfertigt den Euro mit dem Argument, dass sonst der US-Dollar oder der chinesische Renminbi mit den nationalen europäischen Währungen Katz und Maus spielten. Allein die Schaffung des Euro gebe der EU die Möglichkeit, im Zuge der Globalisierung ein gewichtiges Wort mitzureden.

Waigel blendet aus, dass er es bei der Währungsunion nicht mit einem homogenen Block zu tun hat, sondern mit 19 verschiedenen Regierungen, deren jeweilige Politik eben nicht den Euro gesichert und gestärkt hat, sondern die wegen der Existenz des Euro und des verstopften Wechselkursventils auseinandergetrieben werden. Die Eurozone repräsentiert insgesamt eine Gruppe von Ländern, deren Wachstum weltweit das schwächste aller Industrieländer ist, weil eine heterogene Gruppe unter eine gemeinsame Währung gezwungen wird. Da ein Ausscheiden einzelner Länder aus der Eurozone verhindert werden soll, fliegen uns nun die Arbeitslosenzahlen um die Ohren.

Der falsche Denkansatz des methodologischen Kollektivismus und das Dogma der immer engeren Union treiben das EP als Agenten immer weiter weg von den europäischen Bürgern, seinem Prinzipal. Das EP will aber nicht umkehren. Es hält das für einen Verrat an der europäischen Idee. Derk Jan Eppink, der als früheres Mitglied die EU reformieren will, zeigt den Widerspruch zwischen der Haltung des EP und seinem Plädoyer für weltweite Toleranz: Das EP vergebe den Sacharow-Preis mit dem Ziel, Dissidenten in der ganzen Welt zu ermutigen, aber es weigere sich, abweichende Meinungen in den eigenen Reihen zu dulden.

Natürlich kommen jetzt im Plenum auch Abweichler zu Wort; bislang wird das eher als belebendes folkloristisches Element zur Kenntnis genommen, so wenn Nigel Farage seinem Spott über EP und Mitglieder der Kommission freien Lauf lässt. Oder was pflegte Helmut Kohl zu sagen, wenn er auf die Unumkehrbarkeit der Einführung des Euro zu sprechen kam? Die Hunde mögen bellen, aber die Karawane zieht weiter.

X. WER HAT IN EUROPA DAS SAGEN?

1. Verschiebung der Gewichte zwischen Kommission und Mitgliedstaaten

Die Europäische Kommission ist das Zentrum der Europäischen Integration. Ihr kommt das Initiativrecht zu: Sie leitet die Verfahren zur Verabschiedung von Rechtsakten der Gemeinschaft ein. Sie gilt als »Hüter der Verträge«: Sie überwacht die Umsetzung und Anwendung des Gemeinschaftsrechts in den Mitgliedstaaten und ist mitverantwortlich für die Durchführung von Rechtsakten auf Gemeinschaftsebene. Ihr ist auch die Führung des Gesamthaushalts der EU anvertraut. Ohne die Zustimmung des jeweiligen Ministerrates kann freilich keine Initiative der Kommission für die Mitgliedstaaten Geltung erlangen.

Die Regierungen der Mitgliedstaaten schlagen die Personen vor, die sie in der Kommission installiert sehen wollen. Der Europäische Rat schlägt den Präsidenten der Kommission vor. Faktisch gibt seit der Europawahl 2014 das EP dem Europäischen Rat vor, welchen Kandidaten er vorzuschlagen hat. Präsident wie Mitglieder der Kommission müssen vom Europäischen Parlament mehrheitlich bestätigt werden. Das Miteinander von Kommission und Regierungen der Mitgliedstaaten kann als Prinzipal-Agent-Verhältnis gesehen werden: Die Kommission wird als Agent oder Geschäftsführer für die Mitgliedstaaten tätig, um für sie den Prozess der europäischen Integration voranzutreiben. Im Zuge des Integrationsprozesses hat sich das Gewicht in Richtung EU-Kommission verschoben, weil die Interessen der 28 Prinzipale unterschiedlich oder sogar gegenläufig sind, eine weitgehend gleichbleibende Besetzung der Kommission mit wechselnden Regierungen zu tun hat und die Kommission über einen Informationsvorsprung verfügt. Sie leitet die Initiativen ein und verfügt über einen bestens eingespielten administrativen Unterbau.

Im Zuge der Erweiterung der EU hat sich die Zusammensetzung der Kommission verändert. Vor dem Vertrag von Nizza (2001) konnten die fünf »großen« Mitgliedstaaten – Deutschland, Frankreich, Großbritannien, Italien und Spanien – zwei Kommissare vorschlagen. Da aber die neu aufgenommenen Mitgliedstaaten auf einem eigenen Kandidaten bestehen, hat die EU nun so viele Kommissare, wie sie Mitglieder hat. Andernfalls hätte es in der EU dauerhaft Streit und Unfrieden gegeben. Die Tätigkeitsfelder der Kommission mussten so aufgeteilt und abgestimmt werden, dass jeder Kommissar und die Regierung, die ihn entsendet, zufriedengestellt ist. Natürlich gibt es die klassischen Ressorts und die zu Ressorts heraufgestuften Abteilungen aus den traditionellen Kommissariaten. Das hat zwei Konsequenzen:

Jeder Kommissar sieht seine Bedeutung für Europa und sein Land erst dann so recht gewürdigt, wenn der ihm zugewiesene administrative Unterbau quantitativ mit den anderen Ressorts mithalten kann; damit ist eine nicht unerhebliche personelle und finanzielle Aufstockung verbunden.

Wenn die Kompetenzen begrenzt sind, wird jeder Kommissar versuchen, zusätzliche Arbeits- und Einflussgebiete hinzuzugewinnen. Das ist auf der Ebene der nationalen Ministerien nicht anders. Auf europäischer Ebene erhält die Rangelei um Posten und Einfluss eine neue Qualität, weil die gesamte Kommission daran interessiert ist, zusätzliche Kompetenzen nach Brüssel zu holen.

Einzelne Regierungen einflussreicher Mitgliedstaaten versuchen – oft mit Erfolg –, ihre Interessen unmittelbar in der Kommission zu verankern. Der Brite Jonathan Hill wurde in die Kommission entsandt, damit er als Kommissar für »Finanzdienstleistungen und Kapitalmarktunion« Schaden vom Londoner Finanzplatz fernhalte. Der von Deutschland vorgeschlagene Günther Oettinger hatte auf ein klassisches Ressort gehofft, ist aber mit dem Ressort »digitale Wirtschaft und Gesellschaft« abgefunden worden. Gefragt, wie er sich fühle, antwortete er: »Nicht happy, aber glücklich.« Er wird das Beste aus seinem Ressort machen; von den entscheidenden europäischen Weichenstellungen hat Juncker ihn freilich ferngehalten.

Die französische Regierung hat Pierre Moscovici ins Rennen geschickt, damit er darauf achte, dass die Europäische Währungsunion im Sinne Frankreichs gesteuert werde, indem beispielsweise die Vorschriften des EU-Stabilitätspakts nicht nach deutscher Manier, also regelkonform, sondern nach romanischer, also flexibel und weich, ausgelegt werden. So hat die Kommission die Verfehlung der zugesagten Defizitziele der spanischen und portugiesischen Regierungen nicht geahndet (18. Mai 2016), weil – so Pierre Moscovici – derzeit »wirtschaftlich und politisch nicht der geeignete Augenblick« sei. Wenn der Stabilitätspakt von den Kennern schon längst für tot erklärt worden war, jetzt wissen wir es ganz genau: »Er ist mausetot.« Natürlich hätte sich Moscovici nicht in der Kommission durchsetzen können, wenn er nicht die Rückendeckung von Jean-Claude Juncker gehabt hätte.

Der Einfluss der Mitgliedstaaten wird auch wegen des spezifischen Willensbildungsprozesses im Rahmen des Wechselspiels von Kommission und Mitgliedstaaten zurückgedrängt. Regierungen, aber auch die Opposition versuchen, Lieblingsprojekte, bei denen sie zu Hause auf Widerstand in der Öffentlichkeit und auch im Parlament stoßen, über den Umweg »Brüssel« durchzubringen – wie ein geübter Billardspieler Bälle, die er nicht direkt lochen kann, über die Einbeziehung der Bande anspielt. Bei diesem »Spiel über die Bande« macht die Brüsseler Kommission gerne mit, kann sie doch so ihre Unentbehrlichkeit unter Beweis stellen und ihre Tätigkeitsfelder ausdehnen. Sie wird dann andere Ratsmitglieder entsprechend instruieren und bearbeiten. So kann die Kommission ein strategisches Spiel aufziehen, das ihren Einfluss festigt und verstärkt.

Die Zentralisierungstendenz wird auch über das berühmt-berüchtigte »Paket-Schnüren« gestärkt. Es gibt immer europäische Projekte, bei denen die einen strikt dagegen, die anderen unbedingt dafür sind. Die Kommission schnürt dann Pakete, bei denen sie einerseits den Wünschen der Mitgliedstaaten (»Leckerlis«) entgegenkommt, andererseits ihnen »Kröten« zumutet, die sie schlucken müssen, wenn sie die »Leckerlis« haben wollen. So stellt die Kommission Pakete mit »Leckerlis« und »Kröten« zusammen, die in der Summe ihren Einfluss stärken und ihr zusätzliche Kompetenzen verschaffen.

2. Juncker fühlt sich als europäischer Ministerpräsident

Keine Brust in Europa ist breit genug, um Platz für all die Orden, Ehrenpromotionen und Ehrenbürgerschaften zu haben, die Jean-Claude Juncker im Laufe seines politischen Lebens zuteilgeworden sind. Wir beschränken uns hier auf die höchsten Orden: großes Bundesverdienstkreuz mit Stern und Schulterband, Großoffizier der französischen Ehrenlegion, Internationaler Karlspreis, Großes goldenes Ehrenzeichen am Bande für Verdienste um die Republik Österreich und den höchsten griechischen Verdienstorden, das Großkreuz des Erlösers. Solche Orden werden für erwiesene Verdienste oder zukünftig erhofftes Entgegenkommen verliehen. Es sei aber nicht verschwiegen, dass Juncker auch andere

Auszeichnungen zuteilwurden:»Goldenes Schlitzohr« (2004) und »Schandfleck des Jahres – Auszeichnung für verantwortungslose Unternehmen«. Diesen Preis hat das österreichische »Netzwerk für soziale Verantwortung« am 20. Februar 2015 an Juncker verliehen. Auf die Auszeichnung »Goldenes Schlitzohr« ist Juncker geradezu stolz. So bezeichnete er in seiner Dankesrede unter schallendem Gelächter vor rund 500 Zuschauern seine Entscheidung, nach seiner Ernennung zum luxemburgischen Regierungschef (1995) das Finanzressort behalten zu haben, als seine »gelungenste Schlitzohrigkeit«: »Anstatt wie Bundeskanzler Schröder und Finanzminister Eichel dauernd über die öffentlichen Finanzen miteinander debattieren zu müssen, debattiere ich mit mir selber und setze mich dabei auch regelmäßig durch.«

Der Regierungschef Juncker wird sich auch in der Auseinandersetzung mit dem Finanzminister Juncker über den Abschluss komplizierter Steuerabkommen mit inzwischen mehr als 340 internationalen Konzernen – wahrscheinlich nach intensiver Debatte – durchgesetzt haben. Ein internationales Rechercheteam hat unter dem Namen »Luxemburg-Leaks« aufgedeckt, dass internationale Konzerne mithilfe solcher »Steuer-Deals« Hunderte von Milliarden Euro am nationalen Fiskus vorbei durch Luxemburg schleusten. Dieses kleine Land profitierte also davon, dass Firmen ihre angestammten Produktionsstandorte um die fälligen Steuern brachten.

Wie mag es Juncker insgeheim gefreut haben, ernten zu können, wo er nicht gesät hatte. Im Nachklang zur Auszeichnung »Schandfleck des Jahres« hat sich ein Blogger aus Luxemburg (in der Landessprache »Letzeburg«) beschwert, dass das kleine Luxemburg am Pranger stehe: »Hun se net genuck Schandflecken en Ei'sterreich, dat se lo mussen of Letzeburg klappen?«

Ein Österreicher hat geantwortet: »Doch, doch, haben wir. Aber mit 1 Billion Euro Steuerbetrug können wir nicht glänzen.«

Wenn dieser Vorgang vor den Europawahlen im Jahre 2014 bekannt gewesen wäre, hätte die Europäische Volkspartei (EVP) Juncker weder zum Spitzenkandidaten gemacht noch als Präsidenten der EU-Kommission im Parlament durchsetzen können. Merkwürdige Welt. Im Prozess um die Enthüllungen der geheimen Steuer-Deals hat die Anklagebehörde in Luxemburg 18 Monate Haft für die beiden ehemaligen Mitarbeiter der Unternehmensberatung »PricewaterhouseCoopers« gefordert, weil sie für die Öffentlichkeit zugänglich gemacht haben, was geheim bleiben sollte. Sie werden beschuldigt, Tausende von Dokumenten über die dubiosen Steuerpraktiken multinationaler Konzerne entwendet und an Journalisten weitergegeben zu haben. Diejenigen, die die Öffentlichkeit darüber informiert haben, was Juncker unter der Decke halten wollte, werden angeklagt und mit Haft bedroht. Derjenige, der darüber mit sich als Finanzminister beratschlagt und schließlich diese Deals eingefädelt hat, führt sich als Präsident der EU-Kommission wie der europäische Ministerpräsident auf.

Auch wenn sich jetzt der Vorsitzende der EVP-Fraktion, Manfred Weber, bei jeder Gelegenheit schützend vor Juncker stellt und sich für jede seiner Aktionen bei ihm bedankt, Juncker war nicht der Wunschkandidat von Angela Merkel. Sie hat ein gutes Gedächtnis, und unfreundliche Bemerkungen vergisst sie nicht. Juncker hatte ihr »simples Denken« nachgesagt, nachdem sie seinen Vorschlag, gemeinsame Staatsanleihen (»Euro-Bonds«) auszugeben, zurückgewiesen hatte. Er konnte zwar von ihr nicht als Spitzenkandidat der EVP verhindert werden, doch hat sie durchgesetzt, dass auf keinem CDU/CSU-Plakat Junckers Foto erschien, im Gegensatz zum Spitzenkandidaten der SPD, Martin Schulz, der an jeder Ecke zu sehen war.

Ob es Schulz genutzt oder Juncker geschadet hat, ist eine andere Frage. Auf jeden Fall ist die EVP mit Juncker als stärkste Partei aus den Europawahlen im Jahre 2014 hervorgegangen, doch hat die Bundeskanzlerin noch einen Tag nach der Wahl zum Europäischen Parlament offengelassen, ob sie hinter Juncker steht. Sie hatte früher bereits und auch dann wieder auf den Lissabon-Vertrag verwiesen, dass das Parlament zwar aufgrund der Wahlergebnisse einen Wahlvorschlag unterbreiten könne, dass aber der Europäische Rat entscheide, ob er ihn sich zu eigen mache. Schließlich hat François Hollande für Angela Merkel die Entscheidung getroffen. Es sei doch merkwürdig, so war er zu vernehmen, da der Kandidat der EVP als Sieger aus der Wahl hervorgegangen sei und auch das Europäische Parlament hinter ihm stehe, dass Angela Merkel aber noch zaudere.

Je länger sie gewartet hätte, desto unglaubwürdiger wäre ihr Verhalten geworden. So musste sie schließlich einwilligen. Hollande wusste wahrscheinlich, warum Angela Merkel zögerte und weshalb er sie dann unter Zugzwang setzte, denn bei Entscheidungen in der Währungsunion – das hatte Juncker als früherer Chef der Euro-Gruppe mehrfach unter Beweis gestellt – spielte er regelmäßig die französische Karte: sich nicht an Regeln halten, die von vornherein stabilitätsgerechtes Verhalten sichern sollen, sondern sich von Situation zu Situation im Sinne politischer Opportunität entscheiden oder im Sinne flexibler Weisheit, wie er es selbst nennt.

Seit seiner Wahl ist Juncker mit großem Macht- und Sendungsbewusstsein aufgetreten: »Ich habe von Anfang an deutlich gemacht, dass die Kommission, der ich die Ehre habe vorzusitzen, eine politischere Kommission sein wird. Und, ergo, der Präsident dieser Europäischen Kommission auch ein politischer Präsident sein wird.«

Hat Junckers Vorgänger José Manuel Barroso die Kommission im Sinne der Mitgliedstaaten geführt, also als Geschäftsführer oder – lateinisch – als »maior domus«, so wird der geschichtsbewusste Juncker wissen, dass das Geschlecht Karls des Großen, die Karolinger, die für die königlichen Merowinger als deren »maior domus« das Reich verwalteten, immer mächtiger wurden und die Merowinger schließlich zu Schattenkönigen werden ließen, bis den Karolingern die Königskrone wie eine reife Frucht in den Schoß fiel.

Wie sich Juncker auf der europäischen Bühne in den Vordergrund spielt, konnte jeder sehen, der das Drama, besser die Tragödie um Griechenland bewusst verfolgt hat. Dabei werden die aus dem ESM stammenden Hilfsgelder von den Euro-Mitgliedstaaten aufgebracht und garantiert, und nur die Euro-Gruppe entscheidet, wie es in Griechenland weitergehen soll. Juncker und auch Martin Schulz haben in eigenwilligen Interpretationen der sich in Griechenland abspielenden Sachverhalte die Meinungsbildung der Euro-Gruppe und der beteiligten Regierungen – Nachgeben gegenüber Griechenland – zu beeinflussen versucht. Dabei vermeiden sie, den direkten Widerspruch einzelner Mitgliedstaaten hervorzurufen. Doch können die Eingeweihten aus dem Kontext heraushören, was sie tatsächlich meinen und wollen. Taktisch versiert, wie sie es sind, können sie sich leicht auf die Position zurückziehen, dass sie nicht von der allseits akzeptierten politischen Linie abgewichen seien.

Juncker erklärt in seinen Reden im Europäischen Parlament, die er regelmäßig auf Deutsch, Französisch und Englisch hält, den Parlamentariern, was Europa im Innersten zusammenhält, wie es beispielsweise in der Vergangenheit mit Flüchtlingsströmen umgegangen und daraus gestärkt hervorgegangen sei. Er klärt uns auf, dass Europa nur bei »mehr Europa« Bestand habe und dass »mehr Gemeinsamkeit« nötig sei, um bei zunehmender Globalisierung zu bestehen. Nigel Farage, als Chef der britischen UKIP (United Kingdom Independence Party) auch Fraktionsvorsitzender der EU- und Euroskeptiker EFDD (Europe of Freedom and Direct Democracy), macht sich dann immer einen Spaß daraus, Juncker und die führenden Repräsentativen der im Europäischen Parlament vertretenen Gruppen darauf hinzuweisen, dass sie stets dann, wenn sie in einer Sackgasse gelandet seien, wieder dieselbe Medizin in einer höheren Dosis verschrieben:»mehr Europa« und »mehr Gemeinsamkeit«.

Wer als Parlamentarier Junckers Vorlesungen über sich ergehen lassen muss, kann nicht anders als auf den Gedanken kommen: Hier spricht jemand zu uns, der sich als»Praeceptor Europae«, als»Lehrmeister Europas«, berufen fühlt, Europa auf den rechten Weg zu führen.

Seinen Führungsanspruch hat Juncker in besonderem Maße mit seinem»Fünf-Präsidenten-Bericht« vom Juni 2015 untermauert, ein Bericht, den er von seinem Stab in seinem Sinne hat vorbereiten lassen. Die anderen vier Präsidenten – Jeroen Dijsselbloem, Donald Tusk, Mario Draghi und Martin Schulz – werden wohl den Bericht gegengelesen haben, bevor sie ihr Einverständnis signalisierten. Er geht davon aus, dass die Währungsunion auf Dauer nicht zu halten sei, wenn nicht die Haftung aller für alle ausgeweitet werde. Auch sieht der Bericht vor, dass nicht mehr die Mitgliedstaaten der Eurozone im Gouverneursrat des Internationalen Währungsfonds auftreten, sondern ihre Stimmrechte an die Kommission abtreten. Auch eine gemeinsame Einlagensicherung des Bankensystems wird gefordert. Noch wehren sich die Bundesregierung und vor allem die Sparkassen, während der private Bankenverband sich zurückhält. Wenn aber Angela Merkel den Euro für alternativlos hält, wird sie sich einem solchen Ansinnen auf Dauer nicht entgegenstemmen können. Denn anderenfalls, so werden Juncker und die Regierungen mit notleidenden Banken argumentieren, sei der Euro in Gefahr.

Juncker spielt nicht bloß den großen Wegweiser, er ist auch ein geschickter Taktiker. So hat er sich eine Kommission zurechtgeschneidert, wo er nicht als Primus inter Pares auftritt, sondern die Entwicklung Europas in seinem Sinne vorantreibt. Er hat sich den loyalen, erfahrenen und vielsprachigen Niederländer Frans Timmermans als ersten Vizepräsidenten und Stellvertreter an seine

Seite geholt. Ihm kann er voll und ganz vertrauen, da er geschickt die von Juncker vorgegebene Linie verfolgt. Die »hohe Vertreterin für Außen- und Sicherheitspolitik« und Vizepräsidentin Federica Mogherini ist mit schwebenden und bereits aufgebrochenen Konflikten rund um die EU so ausgelastet, dass sie sich um nichts anderes mehr kümmern kann. Die übrigen vier Vizepräsidenten stammen sämtlich aus kleinen, vor Kurzem erst der EU beigetretenen Ländern: Bulgarien, Estland, Lettland und Slowakei. Keiner von ihnen wird die dominierende Rolle Junckers infrage stellen können oder bloß wollen.

Besonders pikant ist, dass der deutsche Kommissar mit dem Ressort »Digitale Wirtschaft und Gesellschaft« dem Vizepräsidenten Andrus Ansip, der das Ressort »Digitaler Binnenmarkt« vertritt, berichten muss, bevor er größere Aktionen aus eigener Machtbefugnis starten kann. Manche Kenner der Brüsseler Szenerie sehen darin eine Retourkutsche in Richtung Angela Merkel. Schon erstaunlich, dass Juncker so mit einem Vertreter aus Deutschland umspringt. Noch erstaunlicher, dass unsere Bundesregierung das mit sich machen lässt.

Dass er mit seinen Kollegen umgeht, als wären es Schulbuben, zeigte er uns bei der parlamentarischen Ansprache am 28. Juni 2016 – unmittelbar nach dem Brexit. Es ging um die Leitlinien für das zukünftige Nebeneinander von Großbritannien und der EU. Der Europäische Rat legt die Leitlinien fest, im Rahmen derer die Kommission die Details verhandelt. Ihr Einfluss ist also nicht unbeträchtlich. Juncker hat dann zweimal bei seiner kurzen Ansprache gesagt, er habe seinen Kommissaren verboten, darüber in abgedunkelten Räumen irgendwelche Besprechungen mit irgendwelchen Leuten zu führen. Er hat nicht gesagt, die Mitglieder der Kommission seien übereingekommen, keine bilateralen informellen Gespräche über das zukünftige Nebeneinander zu führen. Nein, er hat es ihnen verboten. Und wie brave Schulbuben werden sie wohl alle genickt haben. Verständlich, dass Vicky Ford, unsere

Kollegin aus der EKR-Fraktion, über Junckers Gehabe meinte, seine Arroganz sei atemberaubend.

Aber wenigstens einer hat versucht, sich gegen den Brüsseler Machtanspruch zu stemmen. Bundesfinanzminister Schäuble sieht es als unvereinbar an, dass die Kommission als Hüter der Verträge nun in die Speichen des Rades der Geschichte greift und die nationalen Regierungen zu Statisten degradiert, weil die nationalen Egoismen dem wahren Interesse Europas entgegenstünden. Wolfgang Schäuble hat unmittelbar nach dem Eurogipfel (25./26. Juni 2015), auf dem alle Finanzminister der Eurozone bis auf Frankreich, Italien, Zypern und Griechenland für ein Ausscheiden Griechenlands aus der Eurozone stimmten, seinem Frust über die Einmischungen Junckers Luft gemacht. Dazu beigetragen hat wohl auch der Beschluss der Kanzlerin und des französischen Staatspräsidenten, Griechenland unter allen Umständen in der Eurozone zu halten.

Schäuble beanstandete, dass die Kommission sich nicht mit ihrer Rolle als Hüter der Verträge bescheiden wolle. Daher schlug er vor, zentrale Kompetenzen – Recht, Wettbewerbsrecht und Haushaltsaufsicht – auszugliedern und an »unabhängige« Instanzen abzutreten. Doch sind die Regierungen der übrigen Mitgliedstaaten dieser Linie nicht gefolgt, noch nicht einmal die eigene Bundesregierung. Sie unterstützen die Kommission, die nicht über strenge Regeln, sondern über gemeinsame Haftung die Eurozone stabilisieren will. Aber Schäubles Vorstoß zeigt immerhin, dass unsere Beobachtung, Juncker komme sich vor wie der europäische Ministerpräsident, auch von anderen geteilt wird.

Legendär sind Junckers Sprüche. Für den Beginn und die Zusammensetzung der Kandidaten für die Währungsunion hat womöglich ein Spruch von ihm in Wildbad Kreuth (1998) Geschichte gemacht. Der damalige bayerische Ministerpräsident Edmund Stoiber hatte ihn eingeladen, um innerhalb der CSU die finanziellen Risiken einer vergrößerten Währungsunion auszuloten. Stoiber fragte Juncker, ob nicht in einer größeren Währungsunion

Transfers zwischen reicheren und ärmeren Mitgliedstaaten wahrscheinlicher geworden seien. Juncker antwortete: »Transfers in der Währungsunion sind so unwahrscheinlich wie eine Hungersnot in Bayern.«

Stoiber hat in der entscheidenden Abstimmung im Bundesrat (28. April 1998) diesen Satz Junckers mit der anschließenden Bemerkung zitiert, dass eine Hungersnot in Bayern nun wirklich nicht zu erwarten sei. Daher stimme auch die zuvor skeptisch eingestellte bayerische Landesregierung dem Beitritt Deutschlands zur Währungsunion in der vorgesehenen Zusammensetzung und zum vereinbarten Zeitpunkt zu. Am 16. Februar 2016 hat der Vizepräsident der EZB, Yves Mersch – Junckers Landsmann –, vor dem Bundesverfassungsgericht ganz offen und ehrlich gesagt: »Transfers sind Bestandteil einer Währungsunion.«

Anlässlich eines Treffens der Euro-Gruppe, um über die Probleme in Griechenland zu beraten (Anfang Mai 2011), von dem die Öffentlichkeit aber nichts erfahren sollte, stritt Juncker als Präsident der Euro-Gruppe vor wartenden Journalisten ab, dass sich die in schweren Limousinen eintreffenden Minister just zu einer solchen Beratung verabredet hätten. Als später dieses Treffen nicht mehr zu verheimlichen war, sagte Juncker: »Wenn es ernst wird, muss man lügen.« In seinem Bericht zur Lage der Union am 9. September 2015 gab er eine weitere Kostprobe seines spezifischen Humors: »Dies ist die Stunde der Ehrlichkeit. Die Zeit für mehr Ehrlichkeit ist gekommen.«

Das ist für Juncker kein Widerspruch. Einmal geht es darum, Hindernisse aus dem Weg zu mehr Europa zu räumen und Kritik, die in seinen Augen ein falsches Licht auf die EU wirft, zu unterbinden. Da darf man es mit der Wahrheit nicht zu genau nehmen. So hat er behauptet, die ständige Verfehlung der Haushaltsziele durch Griechenland hätten eurokritische Bürger zu verantworten. Sie hätten verhindert, dass die Kommission und Eurostat sich die Haushaltslage in den Mitgliedstaaten genauer angesehen hätten, weil das als Einmischung hätte interpretiert werden können. Dass sich Brüssel immer stärker breitmache und immer mehr Kompetenzen an sich ziehe, versucht er mit dem Argument zu entkräften, dass die Verwaltung in Brüssel nicht größer als die in Köln sei. Dabei verschweigt er, dass in Köln auch der städtische Fuhrpark dazugezählt wird, der Papier auf den Straßen zusammenfegt, während die Brüsseler Beamten Papier produzieren, das die nationalen Verwaltungen beschäftigt.

Auch Chuzpe ist Juncker nicht fremd. So hat er doch uns Parlamentariern weisgemacht: »Wir brauchen mehr Europa, wir brauchen mehr Union und wir brauchen mehr Fairness in unserer Steuerpolitik.« Es ist erstaunlich, dass die führenden Fraktionsvorsitzenden diesen Satz Juncker nicht um die Ohren gehauen haben. Wahrscheinlich ahnten sie, dass Juncker darunter die Unterbindung eines europaweiten Steuerwettbewerbs verstanden hat; und das sehen viele von ihnen positiv.

Wir brauchen »mehr Europa«, wir brauchen »mehr Union« sind Umschreibungen eines immer zentralistischeren Europas und einer immer mächtigeren Kommission. Wie man das organisieren kann, ohne dass die Öffentlichkeit davon Wind bekommt, hat Juncker einmal in einem Anflug von Ehrlichkeit verraten (1999): »Wir beschließen etwas, stellen das dann in den Raum und warten einige Zeit ab, ob was passiert. Wenn es dann kein großes Geschrei gibt und keine Aufstände, weil die meisten gar nicht begreifen, was da beschlossen wurde, dann machen wir weiter – Schritt für Schritt, bis es kein Zurück mehr gibt.«

Mindestens so legendär wie Junckers Sprüche ist sein Begrüßungsritual. Er begnügt sich nicht, seine Kollegen, Politiker oder bekannte Persönlichkeiten zu umarmen. Besonders innig zieht er Alexis Tsipras an seine Brust und bedenkt ihn mit Wangenküssen; wahrscheinlich will er ihm sagen: Wenn die Deutschen dich drangsalieren, du hast einen Freund an deiner Seite, der unverbrüchlich zu dir hält.

Da hat wohl die Verleihung des griechischen »Großkreuzes des Erlösers« reiche Frucht getragen. Der Bundeskanzlerin legt er seine rechte Hand mal auf ihre rechte, mal auf ihre linke Schulter, gewissermaßen aufmunternd und mahnend, ihren Finanzminister zu zügeln. Neulich hat er sogar Nigel Farage geherzt, mit dem er sich sonst hitzige Wortgefechte im Parlament liefert. Die Krönung seines Rituals war die Begrüßung des Parlamentspräsidenten Martin Schulz: Er packte ihn an beiden Oberarmen, zog ihn zu sich herunter und küsste ihn auf die Glatze. Mein Gott, denkt man, was macht denn der Juncker da – vor einem vollen Plenarsaal. Vielleicht könnte das einem in vorgerückter Stunde ja auch passieren, aber doch erst nach einer Flasche Wein. Wahrscheinlich täte es Henkel erst nach zwei Flaschen, haben die Hamburger doch bekanntlich eine höhere Hemmschwelle. *mehr Anstand*

3. Der getriebene Hegemon

Zur Erinnerung: Vor Gründung der Europäischen Währungsunion dominierte die Bundesbank mit ihrem Produkt, der in der ganzen Welt geschätzten D-Mark, die Geldpolitik aller Zentralbanken, die mit der D-Mark zum Europäischen Währungssystem (EWS) gehörten. Wegen der Verlässlichkeit der Geldpolitik der Bundesbank waren die D-Mark zur Ankerwährung und die Bundesbank zur Hüterin der Ankerwährung aufgestiegen. Wenn die Mitgliedstaaten des EWS ihre Tauglichkeit für die ins Auge gefasste Währungsunion nachweisen wollten, mussten sie sich der Politik der Bundesbank anschließen. Das EWS war durch eine asymmetrische Willensbildung charakterisiert: Die Bundesbank gibt den Kurs vor, alle anderen folgen.

Beim Übergang zur Währungsunion verlor die Bundesbank diese Vorherrschaft. Sie hat jetzt im Zentralbankrat nur eine Stimme wie alle anderen, die obendrein noch wegfällt, wenn ihr Stimmrecht im Zuge des Rotationsverfahrens ausgesetzt wird. Dass die deutsche Bundesregierung das mit sich machen ließ, bleibt unerklärlich. Die europäischen Ministerräte haben mehr Mitglieder als der Zentralbankrat, ohne dass jemand auf die Idee gekommen wäre, das Stimmrecht Maltas, Zyperns oder Deutschlands im Zuge eines Rotationsverfahrens ruhen zu lassen.

Die Mitgliedstaaten der Eurozone haben sich zwar aus ihrer geldpolitischen Abhängigkeit lösen können, sie aber gegen eine weit gefährlichere eingetauscht. Sie hatten in ihrem Bestreben, die Vorherrschaft der Bundesbank zu brechen, nicht daran gedacht, dass sie dann die Gewalt über zwei der drei entscheidenden Politikparameter zur Steuerung der internationalen Konkurrenzfähigkeit – Löhne, Zinsen, Wechselkurse – verlieren würden. In der Währungsunion werden die Politikparameter Zins und Wechselkurs vergemeinschaftet. Wenn sie ihre Wettbewerbsfähigkeit verloren haben, können sie diese nur über eine interne Abwertung zurückgewinnen. Da müssen sie ein tiefes Tal der Tränen durchschreiten, ohne sicher zu sein, an das rettende Ufer internationaler Wettbewerbsfähigkeit zu gelangen. Ebendiesen Weg verlangen die Gläubigerländer unter Führung Deutschlands in der Eurozone von den notleidenden Schuldnerstaaten. Dabei gilt Deutschland als Garantiemacht der Währungsunion. Wenn eine deutsche Bundesregierung sagen würde: Es reicht, wir wollen nicht mehr, wäre die Währungsunion nicht mehr als eine kurzlebige Episode im Rahmen der europäischen Integration gewesen.

Unsere Kanzlerin stemmt sich noch dagegen, dass Deutschlands wirtschaftliche Kraft in Form einer Haftungsgemeinschaft sozialisiert wird. Keine finanziellen Leistungen ohne Reformen, solange ich Kanzlerin bin, lautete ihr Motto. Doch hat sie ihre Politik selbst unglaubwürdig gemacht, indem sie den Euro als alternativlos erklärt hat. Das war für das heimische Publikum gedacht, wird aber von den europäischen Partnern so verstanden:

Angela Merkel wird bei Weggabelungen nicht auf Reformen bestehen, wenn dies mit der Konsequenz des Ausscheidens aus der Eurozone verbunden wäre, sondern immer wieder von ihr selbst gesetzte rote Linien überschreiten. Sie muss auch eine Geldpolitik zulassen oder fördern, die den Zusammenhalt der Eurozone um jeden Preis garantiert. Sie hat zusammen mit Wolfgang Schäuble den Weg für Mario Draghis Ankündigung frei gemacht, Anleihen aus Staaten, die sich unter den Rettungsschirm ESM flüchten mussten, in jeder beliebigen Höhe (»Whatever it takes«) aufzukaufen. Im Frühsommer des Jahres 2012 gab es nur zwei Möglichkeiten, die Eurozone zusammenzuhalten – Eurobonds oder die EZB als Garant für den Zusammenhalt der Eurozone.

Da die Politiker glaubten, Eurobonds der deutschen Bevölkerung nicht zumuten zu können, bekam Draghi freie Fahrt. Er begründete die angekündigte Intervention mit dem Argument, dass die Transmission geldpolitischer Impulse auf das wirtschaftliche Geschehen gestört sei und daher zum Mittel der »Outright Monetary Transactions« (OMTs) hätte gegriffen werden müssen. Natürlich war der gestörte Transmissionsmechanismus bloß ein hergeholtes Argument, um das eigentliche Ziel, Zusammenhalt der Eurozone, zu kaschieren.

Aber die Geschichte geht weiter. Die Konjunktur in der Eurozone will keine rechte Fahrt aufnehmen, die Investitionstätigkeit springt nicht an, und ein Auseinanderbrechen der Währungsunion bleibt eine drohende Gefahr. Nun hat Mario Draghi die »Dicke Berta« in Stellung gebracht. Das Haus Krupp hatte dieses Geschütz mit unglaublicher Feuerkraft im Ersten Weltkrieg entwickelt. Die »Dicke Berta« war der Hoffnungstropfen des deutschen Militärs. Draghi setzt darauf, mit einem unsere Vorstellungen sprengenden Ankaufprogramm von Staatsanleihen (insgesamt 1,6 Billionen Euro) die Zinsen niedrig zu halten, das Wachstum zu beflügeln und die Eurozone zusammenzuhalten. Angela Merkels Kommentar dazu: Sie hoffe, dass so der Reformeifer der Schuldnerstaaten nicht erlahme und die strukturellen Reformen weiter vorangebracht würden. Welche Naivität! Wenn die Zinsen für Staatsanleihen wegen des Ankaufsprogramms gegen null gedrückt werden, warum sollen sich dann die Regierungen von Schuldnerstaaten noch unpopulären Sanierungsprogrammen unterziehen? Und wenn unser Finanzminister sagte: Wir haben der EZB die Unabhängigkeit gegeben; jetzt handelt sie in diesem Sinne, dann ist das eine Ermutigung für Draghi.

Manche haben geglaubt, das Auffahren der »Dicken Berta« sei der Abschluss, aber nein: Nachdem der Hegemon sein stillschweigendes Einverständnis signalisiert hatte, indem er alle Aktionen von Draghi mit Schweigen begleitete, war das bloß der Anfang. Das Ankaufsprogramm wird erweitert um alle möglichen forderungsbesicherten Papiere und nun auch um Unternehmensanleihen; Negativzinsen sollen Banken in Risiken hineintreiben, die sie bei üblicher Risikoüberprüfung nicht eingehen würden.

Die verheerenden Konsequenzen sind für Versicherungsunternehmen, Banken, insbesondere für mittelständische Betriebe und Sparer mit Händen zu greifen. Draghi handelt nach der Maxime: Wenn die bisherige Medizin nicht richtig angeschlagen hat, müssen wir einfach mehr davon nehmen. Inzwischen werden die warnenden Stimmen aus der Wirtschaft und der Wissenschaft immer dringlicher. Wer die Auszüge der Deutschen Bundesbank aus Presseartikeln überfliegt, sieht sofort, mit welch großer Sorge die Deutsche Bundesbank das Treiben von Mario Draghi verfolgt. Aber die Kanzlerin schweigt. Wahrscheinlich sagen ihr die Berater, ein Widerspruch aus dem Kanzleramt wäre das Signal für die Märkte, dass sie ein Auseinanderbrechen der Eurozone hinnehmen würde. Da aber der Euro alternativlos ist, sagt sie sich mit Christian Morgenstern: Das nicht sein kann, was nicht sein darf. Und so muss sie Schritt für Schritt von ihren ursprünglichen Festlegungen abweichen.

Neue Töne waren von Wolfgang Schäuble zu hören. Mario

Draghi sei schuld daran, dass die AfD in Deutschland so starken Zulauf habe. Die Menschen sähen ihren Lebensabend gefährdet. Und darüber müsse er mit Draghi reden. Womöglich haben die Kanzlerin und ihr Finanzminister sich auf folgende Strategie geeinigt: Ich, Angela Merkel, signalisiere Draghi, dass ich hinter ihm stehe, und du, Wolfgang Schäuble, signalisierst der Öffentlichkeit, dass du mit seiner Politik nicht einverstanden bist. Dann haben wir zwei Fliegen mit einer Klappe erschlagen: Zusammenhalt der Eurozone und eine Demonstration für die Öffentlichkeit, dass wir nicht alles hinnehmen wollen. Schäuble hat angekündigt, dass er mit Draghi reden wolle. Was will er ihm sagen? Das, was Draghi seit Langem aus Deutschland und besonders von der Bundesbank hört? Er wird erwidern: Die Deutschen sparen zu viel, die Inflationsrate muss wieder steigen, damit der unternehmerische Attentismus verschwindet, vor allem muss das Vertrauen der Anleger in den Zusammenhalt der Eurozone erhalten bleiben.

Wie wird Schäuble darauf reagieren: Lieber Mario, ich weiß das natürlich. Aber versteh doch: Ich muss den Eindruck in der Öffentlichkeit erwecken, dass wir uns gegen eine Politik wehren, die unsere Sparer schröpft und den Mittelstand schädigt.

Ein Hegemon, der die Eurozone zusammenhalten und Griechenland in der Eurozone halten will, ist zum Gefangenen des eigenen politischen Ausspruchs – der Euro ist alternativlos – geworden. Genau das ist das Charakteristikum eines getriebenen Hegemons. Ein souveräner Hegemon würde Schaden vom deutschen Volk und zugleich von Europa fernhalten wollen. Er würde sich dafür einsetzen, die Im- oder Explosion der Währungsunion zu verhindern, den notleidenden Schuldnerstaaten wieder Luft zum Atmen zu verschaffen und nach einer Lösung zu suchen, die nicht gegen ökonomische Gesetzmäßigkeiten anrennt. Wir haben den Entwurf dafür konzipiert.

XI. WELCHEN WEG NIMMT EUROPA?

1. Geht nach dem Brexit alles seinen gewohnten Gang?

Ein Flügel des riesigen Gebäudekomplexes des Europäischen Parlaments in Straßburg heißt »WIC«. So wie in Brüssel hat man auch dort verschiedene Gebäudeteile nach »großen Europäern« benannt. »WIC« steht für Winston Churchill. Wir halten ihn in der Tat für einen außergewöhnlichen Staatsmann; nicht zuletzt, weil er Hitler erfolgreich die Stirn geboten hat. Recherchiert man im Internet über die möglichen Gründe für seine Auszeichnung durch die europäischen Parlamentarier, dann landet man schnell auf der offiziellen Homepage der Europäischen Kommission. Sie feiert ihn dort als einen der Ersten, »der die Vereinigten Staaten von Europa forderte«.

Die Kommission bezieht sich dabei auf eine berühmte Rede Churchills, die er am 19. September 1946, also gerade anderthalb Jahre nach Kriegsende, an der Universität in Zürich gehalten hat. »Wir müssen etwas wie die Vereinigten Staaten von Europa schaffen«, sagte er und verband damit große Ziele wie die deutsch-französische Versöhnung und die Bildung eines Europarats.

Bezeichnenderweise unterschlägt die Kommission in ihrer Vereinnahmung Churchills als Anwalt »einer immer engeren

Union« (»ever closer Union«), dass Churchill in seiner Rede von der zukünftigen Zusammenarbeit eines solchen Europa mit dem »mächtigen Amerika, Sowjetrussland und ... Großbritannien« sprach. Dass Churchill in dieser wie in nachfolgenden Reden Russland und Großbritannien nicht als Teile Europas sah, haben die europäischen Geschichtsschreiber in Brüssel offensichtlich bewusst unter den Tisch fallen lassen. Die britische Insel sah er als eigenständige Nation an. Klar, Churchill war für eine weitgehende Kooperation mit Europa, aber es wäre ihm nie in den Sinn gekommen, dass Großbritannien staatliche Souveränität abgeben sollte.

Auch Margaret Thatcher hat immer wieder unmissverständlich klargemacht, dass Europa kein Selbstzweck sein dürfe und nur das gemeinsam tun solle, was man allein nicht besser machen könne. Alle nachfolgenden Premierminister der Insel haben darauf geachtet, dass Brüssel das Prinzip der Subsidiarität, der Eigenverantwortung und des Wettbewerbs zwischen den europäischen Nationen respektiert und nicht durch Zentralismus, Vergemeinschaftung nationaler Risiken oder Harmonisierung gefährdet. In den Maastricht-Vertrag haben sich die Briten und Dänen die »Opt-out-Klausel« hineinschreiben lassen, nach der sie nicht Mitglieder der Währungsunion werden müssen. Die Dänen haben mit »Nein« gestimmt; die britische Regierung hat darüber erst gar nicht abstimmen lassen. Es ist bemerkenswert, dass auch Schweden über den Beitritt zur Währungsunion abgestimmt und ihn abgelehnt hat. Das ist vertragswidrig, und doch ist die EU-Kommission als Hüter der Verträge nicht dagegen eingeschritten. Warum nicht? Es ist unerheblich, ob Schweden Mitglied ist oder nicht. Da hat man sich in Brüssel wohl gesagt: Wenn die Schweden nicht wollen, dann eben nicht. Großbritannien ist auch dem Abkommen von Schengen, wo es um die Personenfreizügigkeit geht, nicht beigetreten. Die Briten wollten weiterhin wissen, wer zu ihnen ins Land kommt. In diesem Kapitel erklären wir, warum gerade die deutsche Politik erst durch ihre Eurorettungs- und später durch die Flüchtlingspolitik mitgeholfen hat, die Briten aus der EU zu vertreiben, obwohl Großbritannien weder der Eurozone noch dem Verbund von Schengen angehört.

»Am 23. Juni 2016 konnten wir in Brüssel fast hören, wie den Granden in der Kommission, im Europäischen Rat und im Parlament die Steine vom Herzen fielen. Was heißt hier Steine? Es müssen wahre Felsbrocken gewesen sein.« So stand es in einer früheren Fassung des Kapitels, nur einige Tage vor dem Referendum geschrieben, denn so wenig wie die Londoner Buchmacher und die meisten Medienbeobachter rechneten wir mit diesem Resultat. Wir bedauern, dass wir dieses Kapitel der Realität anpassen mussten. Aber jetzt gilt es, die richtigen Konsequenzen daraus zu ziehen. Völlig kontraproduktiv waren die ersten Reaktionen des Kommissionspräsidenten Jean-Claude Juncker und des Präsidenten des Europäischen Parlaments Martin Schulz. Kaum waren die Ergebnisse bekannt, forderten sie die Briten auf, nun möglichst schnell ihren Club zu verlassen. Sie wollten ihnen zeigen, wo der Hammer hängt. Das ist das denkbar schlechteste Werkzeug zur Gestaltung zukünftiger Beziehungen.

Mit seinem Entschluss, den britischen Wählern in einem Referendum die Entscheidung zu übertragen, ob sie in der Europäischen Union bleiben wollen oder ihr Glück außerhalb und ohne die vermeintlichen Segnungen der EU suchen sollen, ist ihr Premierminister David Cameron ein großes politisches Risiko eingegangen.

Zunächst war es ein Risiko für ihn selbst. Schon wenige Stunden nachdem das Ergebnis bekannt war, erklärte er seinen Rücktritt. Nach Ansicht der meisten unserer britischen Kollegen in der gemeinsamen EKR-Fraktion im Europäischen Parlament hatte zunächst der frühere Londoner Bürgermeister Boris Johnson die besten Chancen, neuer Parteivorsitzender der Konservativen und britischer Premierminister zu werden. Er nahm sich aus dem Rennen und machte damit den Weg frei für Theresa May. Die Premierministerin hat ein Kabinett zusammengestellt, das den Riss innerhalb der Unterhausfraktion und der Tory-Partei kitten soll, indem sie Boris Johnson und David Davis, Wortführer der Brexiteers, zum Außenminister sowie zum Minister für die Beitrittsverhandlungen ernannt hat.

Die Reaktionen von Politikern aus der EU waren voller Besserwisserei und Bevormundung, sodass sich die Brexiteers noch einmal bestätigt fühlen konnten. Wir greifen wenige Stellungnahmen heraus. EU-Parlamentspräsident Martin Schulz meinte, bedauerlicherweise setze sich fort, was schon der unselige Ausgangspunkt des Referendums gewesen sei: »Nicht das Wohl des Landes steht im Mittelpunkt der politischen Weichenstellungen, sondern parteipolitisches Kalkül.«

Für SPD-Fraktionschef Oppermann werde der Brandstifter Boris Johnson zum Chef der Feuerwache ernannt. Allein Finanzminister Schäuble zeigte Übersicht und Gelassenheit. Man habe in Deutschland gute Erfahrungen damit, »dass man Äußerungen, die in Wahlkämpfen gemacht werden, am Tag, nach dem die demokratische Entscheidung gefallen ist, zu den Akten legt und im übrigen vergisst«.

Nun ist ein Regierungswechsel nicht weiter schlimm, schließlich gehört er zum Alltag der Demokratie. Aber allein die Ankündigung des Referendums über die weitere Zugehörigkeit Großbritanniens in der EU hatte nicht nur politische Nebenwirkungen in anderen europäischen Ländern und in Brüssel zur Folge, über die wir noch berichten werden. Sie führte auch für uns zu neuen Erkenntnissen.

2. Das Referendum zeigt den Nutzen plebiszitärer Elemente

Wir konnten im Zuge des Referendums sowohl bei den britischen Fraktionskollegen als auch in Großbritannien selbst eine politische Mobilisierung beobachten, die man aus dem politischen Betrieb Deutschlands überhaupt nicht kennt. Man stelle sich vor, wir hätten über die Flüchtlingspolitik Merkels (»Obergrenze oder nicht«) oder über den Euro abstimmen können. Die Deutschen hätten sicher von den in einem Wahlkampf mehr oder weniger eloquent vorgetragenen Argumenten profitiert. Die Protagonisten des jeweiligen »Für« und »Wider« hätten sich im Fernsehen, auf deutschen Marktplätzen und natürlich im Bundestag für ihre Position ins Zeug legen müssen, so wie es die Befürworter des Ausstiegs aus der EU (»Brexiteers«) oder die Gegner (»Remainers«) auch tun mussten. Die Politiker hätten viel erklären müssen, die Bürger hätten viel gelernt. Letztere wären so nicht nur Nutznießer einer großen Aufklärungskampagne geworden, viele hätten sich überdies zu Experten für das komplizierte Asylrecht, Zuwanderungsregeln und die Praxis in anderen Ländern oder über die Sinnhaftigkeit dauernder Rettungspakete für Griechenland gemausert. Auch die britische Bevölkerung wusste am Vorabend der Abstimmung viel mehr über die Vor- und Nachteile des »Für« und »Wider« eines Austritts als noch vor Monaten. Die Einbindung der Wähler und Wählerinnen hatte zur Aufklärung der Bevölkerung enorm beigetragen.

Überlässt man, wie bei uns der Fall, alle wichtigen Entscheidungen einer kleinen politischen Elite, darf man sich anschließend über das Nichtwissen in der deutschen Wählerschaft nicht beschweren. Kein Wunder, dass die Vertreter deutscher Parteien Volksabstimmungen so scheuen wie der Teufel das Weihwasser. Das Verschreiben von Rezepten oder die Behauptung, die eingeschlagene Richtung sei alternativlos, ist bei einer unaufgeklärten Bevölkerung allemal einfacher durchzusetzen als bei einer

Wählerschaft, die durch eigenes Urteilsvermögen die politischen Rezepte miteinander vergleichen kann. Volksbefragungen, davon sind wir überzeugt, hätten unser Land davor bewahrt, den Euro einzuführen oder eine unserer Ansicht nach unverantwortliche Flüchtlingspolitik zu betreiben.

Bei dieser Gelegenheit sei auch ein Blick auf die Schweiz erlaubt. Allein die Tatsache, dass die Schweizer immer wieder bei wichtigen Themen an die Wahlurne gerufen werden, führt zu einem nach unserer Beobachtung wesentlich höheren Aufklärungsgrad der Schweizer Bevölkerung. Sie stimmten zum Beispiel mit überwältigender Mehrheit gegen die Einführung eines vor allem die Arbeitsplätze junger und weniger qualifizierter Menschen gefährdenden Mindestlohns und gegen ein bedingungsloses, vom Staat finanziertes Grundeinkommen.

In Deutschland wäre das Ergebnis solcher Befragungen sicher anders gewesen. Warum? Weil die Deutschen nicht daran gewöhnt sind, sich an der Wahlurne mit unterschiedlichen Lösungen spezifischer Probleme, sondern nur mit unterschiedlichen Parteien und ihren allgemeinen Programmen zu befassen. Schon deshalb glauben wir, dass eine schrittweise Heranführung an plebiszitäre Elemente auch in Deutschland überfällig ist. In der Beobachtung des Verlaufs der britischen Diskussion über den Brexit wurden nicht nur den Briten, sondern auch uns Argumente zugänglich gemacht, die wir ohne die durch Cameron anberaumte Volksbefragung kaum erfahren hätten.

3. Großbritannien ist weniger Leidtragender des Brexit als die EU

Wie die Befürworter des Einheitseuro – mit Merkels »Scheitert der Euro, scheitert Europa!« in Deutschland – jede Kritik an der Europolitik zu ersticken versuchten, so wollten auch in Großbritannien die Remainers den Bürgern Angst vor einem Brexit einjagen. Wir wunderten uns über die Methoden, mit denen die Gegner eines britischen Ausstiegs in Großbritannien, aber vor allem in Brüssel und Straßburg argumentierten. Da wurde immer wieder behauptet, dass bei einem Verlassen der EU der britischen Wirtschaft der Zugang zum europäischen Binnenmarkt erschwert oder gar verwehrt werden würde.

Diese Argumentation war und ist völlig haltlos. Auch andere Nicht-EU-Länder wie die Schweiz oder Norwegen haben diesen Zugang. Warum sollte er ausgerechnet den Briten nicht gestattet werden? Und wenn die EU mit Hochdruck an Freihandelsabkommen mit den USA (»TTIP«) und Kanada (»CETA«) arbeitet, warum sollte sie dann nicht in der Lage sein, eins mit einem aus der EU ausgetretenen Großbritannien abzuschließen? Im Übrigen sei daran erinnert, es profitieren die Deutschen mehr vom britischen Markt als die Briten vom deutschen. Jedes zweite in Großbritannien gekaufte Auto kommt aus Deutschland! Im letzten Jahr exportierte Deutschland Waren und Dienstleistungen in Höhe von 89 Milliarden Euro auf die Insel. Damit ist Großbritannien unser drittgrößter Exportmarkt.

Die Debatte um den Brexit hat uns noch einmal glasklar vor Augen geführt, dass der Binnenmarkt die entscheidende Errungenschaft der europäischen Zusammenarbeit ist, und nicht andere Faktoren eines »Mehr Europa« wie zum Beispiel der Einheitseuro, eine gemeinsame Sozialpolitik oder eine europäische Steuerpolitik. Wenn heute Deutschlands größter Exportmarkt die USA sein kann, ohne dass die Vereinigten Staaten Mitglied der EU sind, dann kann die EU doch auch wichtigster Handelspartner eines Großbritanniens außerhalb der EU bleiben. In Brüssel und Straßburg werden wir gemeinsam mit unseren Kollegen der ALFA-Partei alles tun, damit es dabei bleibt.

Brexit-Gegner führten im Wahlkampf ins Feld, dass internationale Unternehmen ihre Standorte in Großbritannien zugunsten anderer auf dem Kontinent aufgeben würden. Auch das erschien uns völlig aus der Luft gegriffen. Warum ist Nestlé schon seit Jahrzehnten in der Schweiz? Warum ist die Hauptverwaltung von ABB nach dem Zusammenschluss von ASEA und BBC dorthin verlegt worden? Eine Standortentscheidung, sei es für eine Fabrik, eine Verwaltung oder ein Forschungszentrum, wird von den meist rational denkenden Unternehmern ausschließlich aufgrund der vorhandenen Standortbedingungen getroffen. Ein Auszug Großbritanniens aus der EU muss nicht automatisch zu einer Verschlechterung der Standortbedingungen bei den Arbeitskosten, der Bürokratie oder der Höhe der Unternehmenssteuern führen. Eher kann das Gegenteil eintreten; so wie wir die EU in Brüssel und Straßburg bisher erleben mussten, ist davon auszugehen, dass sich diese Bedingungen in einem Großbritannien ohne Brüssel verbessern. So ist es denn auch keine Überraschung, dass die große Mehrheit der britischen Unternehmen die Mitgliedschaft in der EU zwar befürworteten, einem Brexit aber recht gelassen entgegensehen. Über 60 Prozent von ihnen rechnen nicht mit drastischen Folgen im Falle eines Brexit, ergab eine Umfrage unter 102 britischen Spitzenmanagern. Wir halten auch die vagen Ankündigungen einiger Firmen, sich jetzt zu überlegen, ihre Standorte von der Insel auf den Kontinent zu verlegen, für wenig glaubwürdig. Damit soll zunächst Druck auf die zukünftige britische Regierung ausgeübt werden, doch einen Weg zu finden, der zum Verbleib in der EU führt.

In den Diskussionen über den Brexit erlebten wir immer wieder, dass den Remainern die ökonomischen Argumente für ein Verbleiben in der EU ausgingen und sie dann auf sicherheitspolitische Aspekte auswichen. Auch hier konnten wir ihnen kaum folgen. So argumentierte sogar David Cameron mit dem Verlust von Sicherheit für die Briten im Falle eines Brexit. Die Sicherheit Großbritanniens wird von der NATO garantiert und nicht von der EU. Uns ist nicht bekannt, dass Norwegen, zwar in der NATO, aber nicht in der EU, jemals Defizite in seiner Sicherheit angemeldet hätte, weil es nicht Teil der EU geworden ist.

Nach dem Votum für den Brexit setzen wir uns mit aller Kraft dafür ein, dass die EU sich wieder auf die Vollendung des Binnenmarkts konzentriert und die Fessel der »One-size-fits-all«-Währung durchschneidet. Je mehr die EU sich von ihrer Ideologie des Zentralismus, der Harmonisierung und der Sozialisierung von Bank- und Staatsschulden trennt, umso mehr rückt auch Großbritannien wieder zu uns heran. Wenn das nicht gelingt, müssen wir den Dexit ansteuern.

Mit Großbritannien wird nach unserer Überzeugung »eines der letzten Länder mit gesundem Menschenverstand« die EU verlassen. Wenn Juncker, Schulz, Schäuble, Merkel und Co. so weitermachen, werden weitere Länder das Weite suchen. Bei einem »Weiter so!« sind wir auf Gedeih und Verderb Frankreich ausgeliefert. Der einzig vernünftige Ausweg ist für uns ein Zurückführen der EU auf ihre Wurzeln, auf den europäischen Binnenmarkt. Allein über einen Austritt Deutschlands, besser noch, nur mit seiner Drohung, kann es gelingen, Großbritannien wieder in eine dezentralisierte, subsidiäre und eigenverantwortliche EU zurückzuführen. Es mag paradox klingen, aber ein Brexit kann langfristig durchaus zu einer weniger tiefen, aber durchaus erweiterten EU führen, die von der Bevölkerung weniger misstrauisch beäugt wird.

4. Wie Angela Merkel den Brexit mitverursacht hat

Auch die Brexiteers argumentierten nicht immer ehrlich. So malten sie das Gespenst unkontrollierter Zuwanderung an die Wand, sollte Großbritannien nicht mehr Mitglied in der EU sein. Aus gutem Grund hatte sich Großbritannien nicht am Schengen-Abkommen beteiligt. Die britische Regierung konnte auch als Mitglied der EU in der Flüchtlingskrise immer die Kontrolle darüber behalten, wer in ihr Land strebt, und sich die Zuwanderer aussuchen, die ihm nützen, während sich bei der Flüchtlingspolitik Angela Merkels die Flüchtlinge ihr Land selbst aussuchen und die meisten ungehindert nach Deutschland streben.

Trotzdem überlagerte die Zuwanderungspolitik in den letzten Wochen der Brexit-Debatte alles andere, und so wurde die Merkel'sche Flüchtlingspolitik dann auch zum größten Problem der Remainers. Umfragen auf der Insel ergaben, dass das Flüchtlingsthema die Brexit-Debatte der Briten immer mehr beherrschte, je näher der Abstimmungstermin heranrückte.

Wir haben uns gefragt: Ob sich Angela Merkel wohl darüber im Klaren ist, dass ihre Politik die letzten Prozente für die Brexiteers geholt hat? Natürlich sprach sie sich in London und in Berlin immer klar gegen einen Brexit aus, und selbstverständlich unterstützte sie Cameron in seinem Bestreben, den Briten in Zukunft etwas mehr Abstand von der EU zu gewähren. Sie half auch nach Kräften dabei, dass Cameron in seinem Land mit seinem »Vier-Punkte-Programm« den Eindruck erweckte, er hätte sich in entscheidenden Punkten gegen Brüssel durchgesetzt. Tatsächlich aber wurde Angela Merkel sowohl mit ihrer Euro- als auch mit ihrer Flüchtlingspolitik zum wichtigsten Verbündeten der Brexiteers.

Noch vor den Deutschen reagierten die Briten auf die sich ändernden Bilder von Flüchtenden auf ihren Fernsehschirmen. Als ARD und ZDF noch ebenso stolz wie einseitig über die neuen sympathischen Deutschen mit ihren »Refugees Welcome«-Schildern in der Hand berichteten, beschäftigte sich die BBC längst mit den Bildern endloser Flüchtlingsströme in Richtung Deutschland und mit Analysen dieser Politik für das übrige Europa.

Farage, Johnson und andere Brexiteers hatten ein unschlagbares Argument in der Hand: Den von Merkels Willkommenskultur angelockten Flüchtlingen würde die deutsche Staatsbürgerschaft versprochen; welch anderes Ziel könnte denn die viel beschworene Integration sonst haben? Ausgestattet mit deutschen Reisepässen, hätte sie dann niemand mehr davon abhalten können, sich auf der Insel niederzulassen.

Charles Tannock, Fraktionskollege der Torys im Europäischen Parlament, brachte es auf den Punkt, als er uns sagte: »Wenn Angela Merkel Großbritannien auch nur halb so weit entgegengekommen wäre wie Griechenland, wäre der Brexit vermieden worden!«

5. Der Euro als Anstoß für den Brexit

Diese Überschrift mag verwundern. Was kann der Euro mit dem Wunsch vieler Briten zu tun haben, die EU verlassen zu wollen? Die Briten dürfen doch ihr Pfund Sterling als nationale Währung behalten, und sie haben ihre »Opt-out-Klausel«, dass sie niemals gezwungen werden können, den Euro einzuführen. Im Übrigen gibt es auf der Insel keine politische Kraft und kaum einen britischen Politiker, der sich für die Einführung des Euro starkmacht.

Trotzdem sind wir in Brüssel zur Überzeugung gelangt, dass der Euro eine der Hauptursachen für die wachsende Europamüdigkeit der Briten ist. Obwohl die damalige Premierministerin Margaret Thatcher einen Sonderrabatt für die Briten (»I want my money back!«) ausgehandelt hat, sind sie trotzdem einer der größten Nettozahler in der Europäischen Union geblieben. Nach ihrem Ausscheiden müssen ihre Beiträge von anderen Mitgliedstaaten aufgebracht werden. An wen die Kommission und die meisten Regierungschefs denken, dürfte nicht schwer zu erraten sein. Das wusste schon Helmut Kohl: »Immer wenn es in der EU finanziell klemmt, gucken alle mich an.«

Unser Kollege aus der EKR-Fraktion, Bernd Kölmel, berichtete aus einer Sitzung des Haushaltsausschusses, dass ausgerechnet Vertreter der EVP sich dafür eingesetzt hätten, die Haushaltsansätze nicht nach Maßgabe des wegfallenden britischen Nettobeitrages zu kürzen. Es ist wahrscheinlich, dass sie auch gebeten werden, entsprechende Deckungsvorschläge zu machen.

Im Mai 2010, dem Zeitpunkt des ersten Rettungspaketes und damit der Außerkraftsetzung des finanziellen Beistandsverbots im Vertrag von Maastricht, gab es weder bei den Konservativen noch bei den Politikern der Labour-Partei und schon gar nicht bei den Liberalen ernsthafte Bestrebungen, die EU verlassen zu wollen. Klar, es gab eine europakritische Partei, die »United Kingdom Independence Party« (UKIP), aber sie spielte eine völlig unbedeutende Rolle. Bei den Unterhauswahlen von 2010 erzielte sie gerade mal 3,1 Prozent der Wählerstimmen und gewann keinen einzigen Sitz.

Nur drei Jahre später zeigte sich ein ganz anderes Bild. Bei den Kommunalwahlen 2013 erzielte UKIP plötzlich 23 Prozent und bei den Wahlen zum Europäischen Parlament 2014 schon über 27 Prozent der Wählerstimmen und konnte mit 24 Abgeordneten die größte britische Gruppe nach Brüssel beziehungsweise Straßburg schicken.

Was führte in so kurzer Zeit zum dramatischen Durchbruch von UKIP? Was veranlasste David Cameron vor der Unterhauswahl von 2015 den Briten ein Referendum zu versprechen? Warum kippte die Stimmung auf der Insel so dramatisch gegenüber einer Mitgliedschaft in der EU?

Wir sind zur festen Überzeugung gelangt, dass nicht nur die Berichte über die zahlreichen Rettungsaktionen, die vielen Nachtsitzungen, die Krisengipfel zugunsten des »Euro«, »Europas«, »Griechenlands«, »Spaniens«, Portugals«, »Irlands« und »Zyperns« einen verheerenden Eindruck auf die Briten machten, sondern vor allem auch die von Merkel, Schäuble, Juncker und Co. verschriebenen Rezepte für ein »Mehr Europa!«. Fassungslos wurden die Briten Zeugen immer neuer Vorschläge, die sich weder mit dem Maastricht-Vertrag noch dem Abkommen von Lissabon und schon gar nicht mit ihrer eigenen Vorstellung eines »Europe des Patries« (Charles de Gaulle) vertrugen. Sie erlebten, dass auf dem Kontinent, »um den Euro zu retten«, statt des im Lissabon-Vertrag klar festgelegten Prinzips der Subsidiarität nun Zentralismus angesagt war und sie im Gefolge dieses Strategiewechsels davon betroffen sein würden.

Mit der die Wahrheit auf den Kopf stellenden These, dass der Euro unter einem »Zuwenig an Europa« leide, überraschten Merkel, Schäuble und Juncker immer wieder. Eine europäische Steuer sollte eingeführt werden, ein gemeinschaftliches europäisches Budget aufgestellt, ein europäisches Wirtschafts- und Finanzministerium eingerichtet werden und so weiter. Mit seinem Vorschlag, einen »Europäischen Präsidenten« vom »europäischen Volk« wählen zu lassen, schlug Schäuble dem europäischen Fass endgültig den Boden aus. Wir wissen nicht, ob dieser Vorschlag das Signal der betreffenden Jury war, Schäuble den »Karlspreis« zu verleihen; geschadet hat es ihm dort sicher nicht.

Nicht nur die Deutschen wunderten sich über diesen Vorschlag Schäubles, hatten sie doch von ihm noch nie vernommen, dass es an der Zeit wäre, erst einmal den Bundespräsidenten vom Volk wählen zu lassen. Vor allem die Briten wunderten sich über den grassierenden Zentralismus und den Harmonisierungswahn, der zwangsläufig im Gefolge der Einheitswährung kommen musste.

Nein, so hatten die Briten nicht gewettet. Kein Wunder, dass Nigel Farage und seine EU-feindliche Partei die vielen auf dem Silbertablett dargebotenen Beispiele für einen »Zentralismus außer Rand und Band« aufspießen konnten. Zu Recht, denn Großbritannien sah sich plötzlich in einem Club, der anderen Regeln folgte als denen, in den es eingetreten war, sodass selbst ein Anhänger einer EU souveräner Staaten wie David Cameron keinen Ausweg mehr sah, als die Flucht nach vorn zu ergreifen und das Referendum anzuberaumen.

In den letzten Wochen vor der Entscheidung verspürten wir bei vielen europäischen Politikern Angst und teilweise sogar Panik.

Politiker aus Brüssel und den europäischen Hauptstädten haben mit ihren Warnungen vor den desaströsen Folgen eines Brexit letzten Endes nur Wasser auf die Mühlen der Brexiteers gegossen.

Juncker hat in einem Interview vor dem Referendum von sich selbst gesagt: Wann immer er über den Brexit gesprochen habe, sei das mit einer Zurückhaltung geschehen, die man von ihm eigentlich nicht gewohnt sei; er wisse um die Unbeliebtheit der Kommission im Vereinigten Königreich. Er fügte hinzu: »Zu den Konsequenzen eines Brexit habe ich gesagt, dass der Deserteur nicht mit offenen Armen empfangen wird.«

Ein Kollege aus der EKR-Fraktion hat auf die Frage, wie das in den Ohren eines Briten klinge, geantwortet: »Angesichts des hohen Blutzolls britischer Soldaten in den beiden Weltkriegen wird das Wort noch lange in unseren Ohren nachhallen.«

Im selben Interview hat Juncker übrigens eingestanden: »Zu viel Europa tötet Europa!« Worauf Henkel nicht widerstehen konnte, auf Facebook daran zu erinnern, dass Juncker selbst der eifrigste Totengräber sei.

Der Präsident des Europäischen Rats, Donald Tusk, verortete die Schuld für die wachsende Euroskepsis und den Grund für die »Brexit-Krise« bei den Utopien der »europäischen Eliten«. Ganz offensichtlich zielte er damit auf die Kommission, vergaß aber, dass er als Teil dieser Elite noch bis vor Kurzem selbst mit eifrigen euromantischen Aussagen zur wachsenden Euroskepsis beigetragen hatte.

6. Was nun?

Das nach unserer Meinung stichhaltigste Argument gegen den Brexit sowohl aus britischer als auch europäischer und deutscher Sicht war der Sprung ins Ungewisse. Als Cameron vor der Haustür seines Dienstsitzes (10, Downing Street) in London das Datum des Referendums und seine Empfehlung abgab, sprach er von dem Risiko des »Leap in the dark!«. Auch uns war unmöglich, vorherzusehen, was bei einer Entscheidung für den Brexit passiert. Eines erscheint uns jetzt sicher: Die Europäische Union hat sich dramatisch verändert. Welches wird das nächste Land sein, das die »ever closer Union« verlassen wird? Finnland, das sich mit dem Euro im Vergleich zu Schweden und Dänemark – beide ohne den Euro – schon jetzt in einer benachteiligten Situation wähnt und nur aus dem Euroverbund ausscheiden kann, wenn es vorher aus der EU austritt? Oder vielleicht auch Italien, das im Zusammenhang mit Angela Merkels Euro-Dominanz von einem »Il Quarto Reich« spricht?

Wir geben es zu, wir sind beide nach dem Votum für den Brexit nicht ganz unglücklich. Führt das nicht endlich zu einem Überdenken der derzeitigen Europapolitik und damit zwangsläufig auch zu einer Neubewertung des Festhaltens am Einheitseuro? Wir sind der Meinung, dass das knappe Votum der Briten für einen Brexit eine Verpflichtung für alle Europapolitiker darstellt, sich vom Projekt der »Vereinigten Staaten von Europa« endgültig zu verabschieden und einen geordneten Ausstieg aus der Einheitswährung vorzubereiten.

XII. WARUM LASSEN WIR UNS DAS GEFALLEN? DIE THERAPIE

Die dänische Schriftstellerin Janne Teller beschrieb im Frühjahr 2016 im Feuilleton der *FAZ* ihre Empfindungen gegenüber Deutschland und Europa unter der Überschrift »Was die Last der Geschichte bewirkt hat«. Obwohl ihre Mutter in Österreich geboren und aufgewachsen und der Vater ihres Vaters aus Deutschland eingewandert war, sprach sie in ihrer Jugend ausschließlich dänisch. Sie und ihre Geschwister hätten gerade so gut deutsch sprechen können oder zumindest beide Sprachen nebeneinander.

Teller äußert den Verdacht, dass ihre Geschwister und sie zweisprachig aufgewachsen wären, wenn es sich um eine andere Sprache als die deutsche gehandelt hätte. »Die Geschichte wirft lange Schatten«, sie beschreibt, wie feindselig die dänische Gesellschaft gegenüber dem »bloßen Gedanken des Deutschtums« eingestellt gewesen sei. Wenn Klassenkameraden sie angreifen wollten, hätten sie besonders gern den Ausdruck »Tyskertos« (Deutschenflittchen) verwendet.

Später im Gymnasium und an der Universität wurde Deutschland meist ignoriert oder mit einer endlosen langweiligen Fahrt über die Autobahnen in Richtung des »eigentlichen Europas« gleichgesetzt. Auch sie benutzte den Terminus »Deutschland untertunneln«, um den Wunsch zum Ausdruck zu bringen, auf diese Tortur verzichten zu wollen. Als Praktikantin in Brüssel wurde ihr zwar klar, dass sie eine Selbstwahrnehmung hatte, die sie »auf den Fluren und Korridoren« nicht wiederfinden konnte. Obwohl niemand, wirklich niemand, dem sie begegnete, auch nur eine Minute daran gedacht hätte, die jüngere deutsche Generation für die Untaten ihrer Großeltern verantwortlich zu machen, glaubte sie zu erkennen, dass man »mit Deutschen nicht so leicht und nicht so eng Freundschaft schließen konnte wie mit jungen Leuten anderer Nationalität«.

Die Dänin mit deutsch-österreichischen Wurzeln ist sich sicher, dass Deutsche eine »Last der Geschichte im Namen der in ihren Pass eingetragenen Nation« mit sich herumtragen. Sie entdeckte, wie sehr das heutige Deutschland sich zu seiner Verantwortung bekennt, und schreibt, dass das »Bedürfnis nach Sühne nicht bloß in der nationalen Identität gegenüber den Nachbarn, sondern in jedem einzelnen Aspekt des alltäglichen Lebens verwurzelt ist«.

Zwar hebt sie die zahlreichen Gedenkstätten, Stolpersteine, Veranstaltungen, Messingtafeln und natürlich das Berliner Mahnmal für die ermordeten Juden Europas positiv hervor, bemerkt dann aber durchaus auch kritisch, dass kaum eine politische Entscheidung getroffen werde, ohne dass eine Verbindung zur besonderen Verantwortung des Landes hergestellt würde.

»Natürlich steht der Nationalsozialismus angesichts des schieren Ausmaßes organisierten Schreckens nahezu oder gänzlich unvergleichlich da. Aber wenn wir die Kongolesen nach ihrer Meinung über die Herrschaft Leopolds II. fragten, die nahezu zehn Millionen das Leben kostete, nach manchen Schätzungen die Hälfte der damaligen Bevölkerung des Kongos, liegt dann ein Vergleich – zumindest hinsichtlich der Notwendigkeit von belgischer Buße – tatsächlich so fern?« In der Tat, Henkel und Starbatty leben nun schon zwei Jahre in Brüssel, aber irgendwelche Hinweise auf diese Schreckenstaten sind ihnen bisher nicht zu Gesicht gekommen. Auch wenn die Türkei den Völkermord an den Armeniern leugnet, konnten sie im Europäischen Parlament für eine Resolution stimmen, die daran erinnerte.

Die Schlussfolgerung von Janne Teller lautet:»Die deutschen Reparationen stehen einzigartig in der Weltgeschichte da, sodass man versucht sein könnte, jetzt, nach mehr als siebzig Jahren, da kaum noch ein Täter am Leben ist, die Frage zu stellen, wozu denn all diese fortgesetzte Schuld, Sühne und Rechenschaft gut seien.«

Die Autoren finden den Beitrag der dänischen Schriftstellerin aus zwei Gründen bemerkenswert. Zum einen, weil sie feststellt, dass die Bewältigung der Flüchtlingskrise das »wahre Maß an Menschlichkeit in Diskurs, Politik und Tun der verschiedenen europäischen Länder enthüllt«. Sie bewundert den deutschen Spitzenplatz in der europäischen Rangliste der Menschlichkeit und kritisiert die Vorgehensweise anderer Regierungen einschließlich ihrer eigenen.

Zum anderen beklagt sie zwar die seit 2013 mehr als 8000 ertrunkenen Flüchtlinge, ihr kommt aber nicht in den Sinn, dass ein Teil zumindest wohl aus prekären, aber sicheren Lagern in nicht umkämpften Zonen sich erst in Lebensgefahr gebracht hat, weil sie Merkels Einladung gefolgt sind.

Janne Teller führt zu Recht aus, dass die Deutschen ihre Lektion gelernt haben und sie über die in ihrem Namen verübten Untaten nicht hinwegkommen; sie meint abschließend:»Darüber kommt man niemals hinweg.« Wolfgang Schultheiss, als ehemaliger Botschafter mit der Wahrnehmung unseres Landes durch ausländische Beobachter vertraut, schrieb in einem Leserbrief an die *FAZ*:»Es ist inzwischen unbestritten, dass ›Schuld‹ eine individuelle moralische und juristische Kategorie ist.« Er erinnert daran, dass sogar Bundespräsident Richard von Weizsäcker in seiner berühmten Rede vom 8. Mai 1985 den Begriff der Kollektivschuld ablehnte und stattdessen von Kollektivhaftung sprach und dass auch einer seiner Nachfolger, Bundespräsident Horst Köhler, in einer Rede vor der Knesset betonte, dass der Holocaust zwar zur »Identität der Deutschen« gehöre, »aber nicht im Sinne einer persönlichen Schuld, auch nicht im Sinne einer genetischen Veranlagung, aber doch als Befund, wie wir Deutschen von anderen Nationen gesehen werden«.

Hier möchten wir die Aussage des damaligen Bundespräsidenten korrigieren: Weniger sehen uns andere Nationen so, als dass wir glauben, immer noch so gesehen zu werden. Wir sehen uns selbst so; oder um noch deutlicher zu werden: Viele deutsche Politiker, Meinungsführer und Medienvertreter wollen, das wir uns so sehen.

Nicht nur die Flüchtlingskrise, das haben die Autoren versucht aufzuzeigen, legt Zeugnis dafür ab, was ein vom Helfersyndrom befallenes Volk alles an Gutem leisten kann. Sie zeigt aber auch, welche katastrophalen Nebenwirkungen »das Gute« haben kann, wenn es nur der Maxime der Gesinnungsethik folgt.

Janne Teller ist eine glaubwürdige Stimme dafür, dass die Ursache für beides, das Gute und die Nebenwirkungen, in der von den Deutschen bewusst und unbewusst getragenen Last liegt.

Nicht Ausländer erinnern uns an diese Last. Ob bei der Vorreiterrolle im Klimaschutz, den zahllosen Rettungspaketen in der Eurozone: Immer wieder sind es Vertreter der deutschen Elite, die, um ihre Rettungstaten zu rechtfertigen, bedeutungsschwer auf unsere besondere historische Schuld hinweisen. Wie oft wurden Henkel und Starbatty in Brüssel und Straßburg gefragt, warum die Deutschen, ohne zu murren, dabei sind, mit ihrer Klimapolitik ihrer eigenen Industrie den Garaus zu machen, warum deutsche Steuerzahler klaglos Milliarden aufbringen, um die Schieflagen in anderen Ländern zu finanzieren, warum sie Hunderttausende Flüchtlinge ins Land lassen, ohne zu wissen, wer sie sind, woher sie kommen und was sie wollen. Nicht nur Vertreter unbeteiligter Nationen stellen uns diese Fragen; selbst solche aus den Ländern, die von der deutschen Selbstlosigkeit profitieren.

Die Antwort gibt Janne Teller:»Die Geschichte wirft lange Schatten!« Vor 15 Jahren führte Henkel mit dem damaligen Botschafter Israels, Shimon Stein, ein längeres Gespräch über die jeweilige Wahrnehmung der Wirkung, die dieser Schatten auf die deutsche Gesellschaft hat. Er wunderte sich, dass auch Deutsche, die schon aufgrund ihres Alters nichts mit den Naziverbrechen zu tun gehabt haben konnten, immer wieder von»Schuld« sprachen, und meinte, es sei nicht nur genug, es sei viel besser, stattdessen von»Verantwortung« zu reden.

Der vor uns liegende Patient Deutschland wird sich erst dann von seinem Helfersyndrom befreien, wenn seine Elite aufhört, dem Volk immer wieder die Schuld (und dadurch Schulden) ihrer Großeltern auf die Schultern zu laden. Er muss stattdessen anfangen, verantwortungsvoll zu handeln. Angela Merkels Gesinnungspolitik hat in entscheidenden Feldern großen Flurschaden angerichtet. Dazu zählt auch das Wiedererstarken der AfD. Nachdem Henkel und Starbatty gemeinsam mit den anderen Abgeordneten des Europäischen Parlaments – Kölmel, Lucke und Trebesius – und weiteren 5000 bis 6000 Mitgliedern aus dieser Partei flüchteten, waren alle Umfrageexperten, Parteienforscher und Medienvertreter der Ansicht, dass diese Partei nun unrettbar verloren sei.

Die Gründe und Hintergründe für das Scheitern des moderaten Flügels der AfD werden noch gesondert aufzuarbeiten und zu veröffentlichen sein.

Im Sommer 2015 stürzte die Partei nach unserem Auszug in der»Sonntagsfrage« auf 3 Prozent ab.

Es war Merkels Flüchtlingspolitik im Allgemeinen und ihre in Deutschland und im Nahen Osten als Einladung an alle Flüchtlinge interpretierte Reaktion auf die Bilder vom Budapester Bahnhof im Besonderen, die nicht nur die AfD wie ein Phönix aus der Asche auferstehen ließen. Der stellvertretende Vorsitzende der AfD, Alexander Gauland, freute sich öffentlich über das»Geschenk«, das Merkel seiner Partei mit ihrer Flüchtlingspolitik bereitet habe. Einmal ganz davon abgesehen, dass wir für eine derartige Freude kein Verständnis aufbringen, hat er im Kern mit dieser Aussage recht, denn die AfD war bereits auf dem Weg in die Bedeutungslosigkeit. Die Schriftstellerin Monika Maron meint in der *FAZ*, Merkels Flüchtlingspolitik spiele den Falschen in die Hände. Wer nicht Pegida oder AfD wolle, habe keine politische Heimat, da es nur Merkel oder Merkel gebe. Merkels Politik ist auch der Grund für die desolate Lage der großen Volksparteien, CDU/CSU und SPD. Der offensichtliche Linksrutsch der CDU hat aus der Sicht vieler Wähler zu einer »zweiten SPD« und zu einer Auszehrung der SPD geführt. Viele konnten in der Flüchtlingspolitik nicht mehr zwischen Angela Merkel und Claudia Roth unterscheiden.

Die CDU mal als Unternehmen betrachtet, müsste der Aufsichtsrat den CEO, in diesem Fall Angela Merkel, sofort aufs Altenteil schicken und durch einen neuen Firmenchef ersetzen. Da sich im eigenen Unternehmen zurzeit kein vorzeigbares Eigengewächs anbietet, müsste er einen Headhunter mit der Suche nach einer geeigneten Person beauftragen. Er würde ihn zuerst zu Friedrich Merz schicken, dem einzigen, dem heute zuzutrauen ist, diese Volkspartei relativ schnell wieder aufzurichten. Zwar hat er der aktiven Politik den Rücken gekehrt und ist sicher auf Angela Merkel nicht besonders gut zu sprechen. Auch hat er sich inzwischen mit lukrativen Engagements in der Wirtschaft auf nationalem und internationalem Parkett gut eingerichtet. Böte man ihm aber beides an, Parteivorsitz und Kanzlerschaft, er würde sich der Herausforderung bestimmt stellen. Er scheint auch bestens geeignet, den Mitgliedern der CDU wieder Mut zu machen, gerade in der Flüchtlingspolitik. Hatte er nicht schon vor Jahren den vom Islamkritiker Bassam Tibi geprägten Begriff der »Leitkultur« in die öffentliche Diskussion eingebracht?

Wir sind davon überzeugt, im gleichen Maße wie die CDU aus dem Umfragekeller herauskäme, würde die AfD in diesen absteigen. Ein Rücktritt Merkels, gepaart mit dem gleichzeitigen Vorschlag ihrerseits, Merz zu ihrem Nachfolger zu krönen, würde nicht nur der CDU helfen. Es wäre ein letzter, überfälliger und vielleicht bedeutendster Beitrag Merkels für unser Land. Allein, die CDU steht in Nibelungentreue zur Kanzlerin. Auf dem letzten Parteitag haben die CDU-Delegierten ihr für eine eher belanglose Rede sogar noch mit einer zehnminütigen Standing Ovation gehuldigt. Innerparteiliche Kritik an ihrer Politik nimmt zwar zu, sie wird aber auch weiterhin nur hinter vorgehaltener Hand und unter vier Augen geübt. Wir erleben das immer wieder in Brüssel und Straßburg in den Gängen, Fahrstühlen und den Parlamentshallen. Diese Partei muss erst noch weitere Landtagswahlen verlieren und in der Bundestagswahl abstürzen, bevor jemand sich aufrafft, das Ruder herumzureißen.

Um das zu verhindern, böte sich als zweite Alternative der »Einmarsch« der CSU in die anderen fünfzehn Bundesländer an. *Focus*-Herausgeber Markwort lancierte diese Idee in seiner sonntäglichen Talkshow zuerst, und eine Zeit lang sah es so aus, als würde der bayerische Ministerpräsident Seehofer die alte schon von Franz Josef Strauß weiland in Wildbad Kreuth in die politische Debatte eingeführte Idee wiederaufleben lassen. Die von Markwort genannten Umfrageergebnisse bei der Sonntagsfrage sind ihm sicher auch bekannt, nach denen ein bundesweiter konkurrierender Auftritt von CDU und CSU im Ergebnis beiden Parteien insgesamt um die 100 Mandate mehr im nächsten Bundestag sichern könnte, als wenn sie es bei der bisherigen Aufstellung beließen. Gleichzeitig würde sich das Ergebnis für die AfD halbieren! Wie schon so oft, fehlt es Seehofer jedoch an Mut.

Eine zentrale Frage bleibt zum Schluss: Hat es sich ergeben oder ist es politische Absicht, dass das gesamte deutsche Volk nach Vollendung der Einheit und Freiheit Deutschlands noch nicht in freier Entscheidung über seine Verfassung abgestimmt hat? Das Grundgesetz wurde 1948 in wenigen Wochen unter alliierter Oberaufsicht von den damals damit beauftragten Verfassungsmüttern und -vätern erstellt. In Artikel 146 stellen sie fest, dass es nach »Vollendung der Einheit und Freiheit Deutschlands … seine Gültigkeit an dem Tage verliert, an dem eine Verfassung in Kraft tritt, die von dem deutschen Volke in freier Entscheidung beschlossen worden ist«. Wir wollen die Qualität des Grundgesetzes nicht infrage stellen; aber wir müssen doch über unsere Verfassung abstimmen dürfen. Welches hohe Maß an Identifikation und Klärung könnte eine öffentliche Debatte des Grundgesetzes bei den Bürgern hervorrufen.

Wir sind zur Überzeugung gelangt, dass es keine andere Demokratie auf der Welt gibt, in der Parteien mit so viel Macht ausgestattet worden sind wie in unserer. Versetzen wir uns in die Lage der Autoren des Grundgesetzes, so erscheint es verständlich, dass sie versucht haben, das Fundament für eine stabile Demokratie zu schaffen, die nicht durch Nebenregierungen geschwächt wird. Doch scheint es uns abwegig zu sein, fast 70 Jahre nach Inkrafttreten des Grundgesetzes – mit Hinweisen auf unsere Vergangenheit –, zugunsten der Parteien den deutschen Bürgern weniger Rechte als Bürgern anderer Demokratien zuzubilligen. Wir sind davon überzeugt, dass ein Teil der vielfach beklagten Politikverdrossenheit nicht in einer angeblichen Demokratie-, sondern in einer Parteienverdrossenheit liegt.

Wir stellen auch fest, dass es – außerhalb konstitutioneller Monarchien – kaum noch Demokratien gibt, in denen das Volk sein Staatsoberhaupt nicht selbst wählen darf. Auch Italiener und Österreicher, die nach dem Krieg ihre Staatsoberhäupter nicht per Volksabstimmung, sondern durch Parteigremien wählen mussten, haben ihre jeweiligen Verfassungen entsprechend verändert.

Warum nicht wir? Dass damit auch eine Neubestimmung der Rolle des Bundespräsidenten und der Bundesregierung einhergehen muss, ist für uns ebenso selbstverständlich wie die Einsicht, dass Persönlichkeitswahlen auch auf anderen politischen Ebenen möglich sein sollten. Wir wollen hier keine detaillierten Vorschläge für Änderungen einer vom deutschen Volk zu bestimmenden Verfassung machen. Das sollte einem »Konvent für Deutschland« vorbehalten bleiben, einem Gremium, das am besten der Bundespräsident einberuft. Dass nach unserer Meinung eine Neubestimmung der Rolle Deutschlands in Europa als souveräner Staat, die Bewahrung des Föderalismus und einige klug dosierte plebiszitäre Elemente dazugehören müssen, sei aber erwähnt. Am 23. Mai 2016, dem »Tag des Grundgesetzes«, schrieb Martin Walser in der *BILD* über den Artikel eins des Grundgesetzes: »Die Würde des Menschen ist unantastbar«:

»Dieser Satz ist für mich der wichtigste Satz der öffentlichen deutschen Sprache. Er ist auch von allen Sätzen aus Politik und Geschichte der schönste Satz! UNANTASTBAR! Einem so feinen Wort begegnet man in politischen Texten selten genug.«

Wir schließen uns Walser an. Das heißt aber nicht, dass das Grundgesetz unantastbar sein muss. Schließlich wurde es auch schon vielfach – oft aus nichtigem Anlass – geändert. Vor allem, und das ist nach unserer Meinung ein unwiderlegbares Argument, sollte der Auftrag erfüllt werden, der in Artikel 146 GG festgelegt wurde. Weigern sich die um ihre Macht, ihre Sonderstellung und ihre umfangreichen finanziellen Privilegien bangenden Parteien – man denke allein an die über 300 Millionen Euro, die die Parteienstiftungen oft zur Versorgung ihrer aussortierten oder zwischengelagerten Politiker zur Verfügung haben –, den finalen Auftrag des Grundgesetzes zu erfüllen, dann sind die Deutschen weiterhin die Bürger eines Landes mit einer geschriebenen Verfassung, das dem Souverän das Recht vorenthält, über seine Verfassung selbst abstimmen zu dürfen. Ein Volk, das, ohne zu murren, akzeptiert, dass seine politische Führung ihm nicht gestattet, über seine eigene Verfassung abzustimmen, gehört auf die Couch!

Unserem Patienten muss eine neue Therapie verordnet werden. Einige Rezepte werden in diesem Buch von uns empfohlen. Die Medizin mag dem Patienten bitter schmecken, aber sie ist für seine Gesundung unerlässlich. Vor allem braucht unser Patient neue Ärzte. Merkel allein für seine Leiden verantwortlich zu machen wäre genauso unfair, wie es verhängnisvoll wäre, die Folgen ihrer gesinnungsorientierten Politik auszublenden. So wie Verantwortung an die Stelle von Schuld treten muss, muss Gesinnungsethik durch Verantwortungsethik ersetzt werden.

PERSONENREGISTER

Das Geheimnis des schmutzigen Geldes – ein atemberaubender Politthriller von beklemmender Aktualität

Vor der US-Botschaft in London wird die bestialisch zugerichtete Leiche eines korrupten chinesischen Handelsattachés gefunden. Der Scotland-Yard-Ermittlerin Rebecca Winter erscheint die Tat zunächst als Ritualmord: ein Racheakt der chinesischen Mafia. Doch bald schon muss sie erkennen, dass der Attaché eine brisante Rolle spielte in einem sich zuspitzenden Konflikt zwischen Washington und Peking, der sich zu einem veritablen Krieg entwickeln könnte.

Unversehens gerät sie zwischen die Fronten eines internationalen Machtkampfes ungeahnten Ausmaßes, in dem es für beide Seiten um viel, sehr viel Geld geht. Bald muss Rebecca feststellen, dass hier Kräfte am Wirken sind, die bereit sind, alles zu unternehmen, um die Ermittlerin daran zu hindern, eine Verschwörung offenzulegen, für die schon der Attaché sein Leben lassen musste ...

www.europa-verlag.com

THORE
D. HANSEN

CHINA
DAWN

THRILLER

EUROPAVERLAG

Klappenbroschur, wISBN 978-3-95890-045-5

EUROPAVERLAG